国家社会科学基金
博士论文
出版项目

债券违约处置中的政府定位

Positioning of the Government in the Disposal of Bonds Defaults

段丙华　著

中国社会科学出版社

图书在版编目(CIP)数据

债券违约处置中的政府定位／段丙华著．—北京：中国社会科学出版社，2020.7
ISBN 978-7-5203-6119-4

Ⅰ.①债… Ⅱ.①段… Ⅲ.①债券市场—行政管理—研究—中国 Ⅳ.①F832.51

中国版本图书馆 CIP 数据核字（2020）第 040857 号

出 版 人	赵剑英
责任编辑	宫京蕾
责任校对	秦　婵
责任印制	郝美娜

出　　版	中国社会科学出版社
社　　址	北京鼓楼西大街甲 158 号
邮　　编	100720
网　　址	http：//www.csspw.cn
发 行 部	010-84083685
门 市 部	010-84029450
经　　销	新华书店及其他书店
印刷装订	北京君升印刷有限公司
版　　次	2020 年 7 月第 1 版
印　　次	2020 年 7 月第 1 次印刷
开　　本	710×1000　1/16
印　　张	17.75
字　　数	248 千字
定　　价	108.00 元

凡购买中国社会科学出版社图书，如有质量问题请与本社营销中心联系调换
电话：010-84083683
版权所有　侵权必究

出版说明

为进一步加大对哲学社会科学领域青年人才扶持力度，促进优秀青年学者更快更好成长，国家社科基金设立博士论文出版项目，重点资助学术基础扎实、具有创新意识和发展潜力的青年学者。2019年经组织申报、专家评审、社会公示，评选出首批博士论文项目。按照"统一标识、统一封面、统一版式、统一标准"的总体要求，现予出版，以飨读者。

全国哲学社会科学工作办公室

2020年7月

序

自从2014年以来，我国债券市场发生了前所未有的变化，债券违约犹如开闸之后的河水汹涌而来，大有一发而不可收拾之势。按照正常的商业逻辑，债券违约是信用风险得到市场定价和分担的直接表现，也是债券市场健康发展必不可少的一环。但在我国，债券违约长期以来被视为"洪水猛兽"，无论是地方政府和监管机构，还是债券发行人以及债券投资者，都不能接受债券违约的出现。由于债券是一种基础性的证券品种，债券市场是金融市场的重要组成部分，债券的信用状况直接关系着金融机构的资产负债表健康与否，因此债券违约的滥觞无疑会加剧金融不稳定甚至会诱发区域性系统性的金融风险，债券违约处置由此被赋予了更多的经济与社会含义。在"防范化解重大金融风险"的公共政策语境下，政府参与债券违约的处置不可避免，但由此引发了一系列值得深思的问题：政府在债券违约处置中的角色如何定位？政府介入债券违约处置的正当性依据何在？债券违约中的"隐性担保"与"刚性兑付"现象如何评价？等等。这些问题在学界的讨论显得匮乏零散，缺乏体系化的研究视角和整体主义的建构立场，难以为快速变化的债券市场提供长远的制度建设方案。难能可贵的是，段丙华博士过去数年中一直在系统、深入地研究债券违约处置的相关法律问题，摆在读者面前的这本专著就是其孜孜以求的学术硕果结晶。

探究债券违约处置中的政府定位，核心在于厘清债券市场风险防范体系中政府与市场的关系这一老生常谈却历久弥新的问题，难点则在于如何妥适划定政府参与债券违约处置的法律边界。在党的十八届三中全会做出"使市场在资源配置中起决定性作用和更好发挥政府作用"的重大理论论断之后，学界再次掀起了政府与市场关系的研究热潮，其中不乏真知灼见，但也有部分论者简单化地认为市场的决定性作用当然适用于包括债券市场在内的所有金融领域，想当然地认为在债券市场应当祛除政府管制并推行市场自治，似乎只要政府还权于市场就万事大吉了。这种观念既缺乏对债券违约本源性问题的深入研究，也缺乏对我国债券市场殊异性问题的应有关注，无益于问题的解决甚至会贻误制度实践。我始终认为，对政府与市场关系的认知，切忌陷入"非此即彼"的逻辑误区，既不能认为行政化的债券违约处置机制差得"一无是处"，也不能认为市场化的债券违约处置机制好得"天衣无缝"。我国债券市场政府主导型的制度变迁模式及由此形成的路径依赖，决定了在债券违约处置中完全"去政府化"既是不可能的，也是不可欲的。理想的债券违约处置机制应当是在坚持市场优先、风险分配正义、投资者倾斜性保护三大原则的基础上，在筹资者、投资者与金融中介组织之间建立起良好的激励约束机制，在政府与市场之间建立起适时替代和良性互动的机制，在市场发展与风险防范之间取得动态的平衡。

受"重股轻债"的惯性思维影响，债券市场法制在我国是一个相对孤寂的学术领域，有价值的学术论著较为稀缺。在我能触及的文献资料范围之内，本书应该是第一部全景式展示债券违约处置中政府定位法律问题的学术著作，且该书立足于实践前沿，直面社会重大现实关切，问题意识强烈，创新性突出，既具有理论意义，亦不乏实用价值。令人印象深刻的是，本书对债券市场的"刚性兑付"进行了正本清源，纠正了一种流行的误解；提出了政府介入市场风险处置的应急性原则，为政府定位提供了基本遵循；体系化求证了债券违约处置中政府角色实现的制度保障机制，包括违约债券市场转让机制、债券违约信息处理机制、债券违约声誉规制机制等，为"防范化解重大金融风险"攻坚战提供了路径指向。当然，本书也有些不足之处，比如结构安排优化问题、债券违约的数据分析与案例运用问题等，均还可以再斟酌或补充完善。

本书作者段丙华副教授在硕士和博士阶段均在我指导下学习和研究金融法，日积月累，终有所成。在攻读博士学位期间，他发表过数篇有深度的学术论文，展示出扎实的学术功底和敏锐的问题意识。特别是其博士论文，在外审和答辩环节均获得了较高评价，后又喜获国家社科基金后期资助，这对于青年学者而言是极大的激励。结束在武汉大学法学院的学业后，丙华开始任职于同城的中南财经政法大学法学院，在完成从学生到教师角色转换的同时，也逐渐在学界站稳脚跟并崭露头角，本书的出版可以说是他向学术纵深处进军的加冕礼。看到自己的学生不断成长，我非常开心并深感欣慰，同时也祝福丙华在未来的时间里不忘初心，牢记使命，砥砺前行，不断取得更大的进步。

是为序。

冯果
武汉大学法学院院长、教授、博士生导师
2020年3月10日于珞珈山

摘　　要

在我国债券市场成立之初，债券市场主要为国企融资和经济发展政策服务，政府往往为债券的还本付息承担兜底责任，形成债券市场政府兜底的"刚性兑付"现象，债券一度成为政府担保下的无风险投资。随着债券市场的深化改革推进，政策要求打破刚性兑付和推进债券市场风险防控市场化、法制化。自2014年以来，债券市场违约事件愈演愈烈，市场稳定和投资者理性面临巨大冲击。在此背景下，"政府兜底"问题饱受诟病，债券违约处置中的政府身影面临巨大质疑。

在塑造健康的商事信用和市场信用的市场化改革背景下，如何实现契约自由与法律强制、市场自治与国家强制相融合，是债券市场风险防控的发展趋势。本书围绕债券违约处置中的政府定位这一个中心，挖掘债券市场刚性兑付和政府兜底的争议误区，厘定政府作用存在的理论基础，界定政府角色的"央地配置"和内容分工，并构建债券违约处置中的政府行为及其约束机制。定位债券违约处置中的政府角色、职能及行为框架，既有助于解决债券违约纠纷的法律适用和市场监管问题，也有助于厘定债券市场契约自治与公权干预的界限。

当前争议对于债券市场刚性兑付及其与政府隐性担保的关系，尚未达到实质交锋的状态，并在债券违约现象、危害的本源认识等诸多方面存在误区，以致产生"去政府"与否的片面思维。债券市场的刚性兑付与政府信用兜底存在复杂的因果关系，宏观意义上的

"打破刚性兑付"不能简单地等同于破除债券市场政府兜底,亦不是意味着要消除债券违约处置中的政府作用。实际上,在我国债券市场30余年的发展过程中,2014年以后债券违约风暴的出现并非首次,政府在债券违约处置中的地位呈现出一个演变的过程。政府作用对于实现债券兑付,包含着债券主体与品种的多样化信用发展、债券市场的结构和功能演进、债券的投资背景改变、市场约束机制从弱到强发展、债券违约处置中的社会期待发生变化、政府主导的主观意愿减弱以及债券违约处置中的主体博弈等深刻的历史原因和复杂的市场因素。因此,化解债券市场刚性兑付和政府兜底的矛盾,厘定债券违约处置中的政府地位,需要深入考察政府作用对于实现债券契约目的是否有依据及其障碍如何化解。其关键在于,要通过建立债券违约处置中政府参与的确定性和权威性,来消除以往政府作用的不稳定性、侵犯市场决定性作用的可能性及其带来的不良的市场信用效应。

政府力量介入债券违约处置活动,遵循着债券违约处置及政府治理的法律逻辑。在经济法与商法的价值关怀下,政府与市场定位应遵从适度干预、有限干预和法治干预的逻辑,政府参与证券市场需符合政府应急性原则。证券法视野下的政府作用在于维护证券市场的制度规范,并保障其能正常发挥作用,以保障市场交易公平公正,控制和化解市场风险,维护市场秩序,并进一步促进市场健康发展。而债券契约作为本质上的商事契约,具有内容的发展性、交易的组织性和义务的关系性等特征,具有超越传统民事合同的公共性。同时,与民法中合同违约行为的不同之处在于,债券违约基于债券行为产生,具有商法和金融法上的特殊性。对其法律规制不仅应当考虑合同法规则,更应该吸收公司法和证券法的法律规制因素。债券契约所体现出的契约群与契约链的特征,构成了债券运行的风险本质,债券违约体现出超越一般民事债权关系领域的强烈的社会性和市场性,且债券违约的法律后果存在市场失灵。这些特征体现了债券违约处置是为矫正和维护债券交易的公共秩序,需要综合运用政府力量和市场手段引导债券投融资矛盾市场化、法治化解决，其本身就是一项私人权利实现和市场秩序维护的"公私合治"活动，需要私权和公权的合力共治。同时，政府在经济领域固有风险处置职能和政策执行职能，政府作用在债券违约处置中还存在现实依赖。因此，政府参与债券违约处置不仅具有理论上的正当性基础，还具有实践上的正当性基础。

政府力量作用于债券违约处置，除了需要充分的正当性基础，还需要遵循一定的现实基础及符合一定的限度，这体现为政府定位所应考量的因素、依据和思路。我国当前债券违约处置面临多头规范导致债券违约处置缺乏统一路径、债券违约处置的商事自治理念不明确、债券持有人保护的制度体系低效甚至无效等制度困境，并且存在厘定债券违约处置的统一与特殊、突出债券违约处置的市场化导向、协调投资者保护与市场培育目标以及平衡债券违约处置的监管定位等现实需求。进一步，债券违约处置中政府定位面临的核心问题是政府错位，即政府存在越位和缺位的现象，政府作用要么是不当地过度存在，要么是不足地缺乏保障。而政府发生错位的原因在于政府信用与市场信用混同，表现在政府对市场缺乏足够尊重以及缺乏明确的政府行为机制。而债券违约处置中政府定位的比较经验表明，要实现债券市场的成熟发展，需要区分政府作用的模式、范围以及程度，制定合理的政府作用机制。其中，政府信用支持需要考量债券违约事件的涉众性、违约风险的扩散性以及投资者承受能力的强弱性等因素，可以选择经常性支持、特殊支持及违约后的支持等模式，和财政支持和非财政性支持等方式。

债券违约处置中的政府作用表现为政府的多种角色。债券违约处置中的政府角色，可以从形式上界定为中央政府的指导与协调角色，和地方政府的属地处置角色。中央政府在债券违约处置中的指导与协调角色，主要包括宏观引导金融监管的协作与配合，指导和协调各个地方政府的具体行动及处置职责。中央政府居于主导和指导地位，地方政府需要严格履行中央的宏观市场调控政策，克服地方保护主义、消除短视行为，在自身利益追求上应力求与中央保持一致，共同实现债券市场的长远发展和经济繁荣的长期目标。内容上，债券违约处置中的政府需要承担市场服务者、利益协调者和市场监管者等基本角色，以及政策执行者和投资责任等或有角色。多向度和多层次的政府角色，体现了债券违约处置中政府定位的复杂性，将政府定位立体化，使政府人格化特征更加栩栩如生、更加鲜活。

在不同的角色定位下，对于政府应当如何行使权力和约束权力，需要设计不同的政府行为机制。在债券违约处置中，政府的市场服务者角色可以通过债券违约事件评估机制、违约债券市场转让机制以及债券违约信息处理机制来实现；政府的利益协调者角色可以通过债券违约先行赔付机制和债券违约过错追责机制来完成；政府的市场监管者角色可以通过债券违约监督报告机制、债券违约声誉规制机制以及债券市场危机救助机制来实现；政府的融资责任者角色则需要构建政府债券违约的偿债机制；而政府作为政策执行者和弥补自身失灵，则可以通过政府处置失灵的矫正机制来实现。债券违约处置中的政府角色界定和政府组织与行为机制构建，从理论和制度两个立体的层面回答了政府定位。

关键词：债券契约；债券违约处置；刚性兑付；政府兜底；政府定位

Abstract

When it is founded, the bond market mainly services for the state-owned enterprises' finance and economic development policy. The government often secretly guarantees for bonds' liability, which has formed the "rigid redemption" phenomenon, and bonds once became a risk-free investment under the government's guarantee. With the deepening reform of the bond market, the policy demands to break the rigid payment and to promote the marketization and legalization of the risk prevention and control of the bond market. Since 2014, more and more bonds default, and market stability and investor rationality are facing a huge impact. Against this background, the government' role in the disposal of bond defaults has been criticized for the issue of "the government's implicit guarantee".

Under the background of the market-oriented reform to build healthy commercial credit and market credit, it is the trend of bond market's risk prevention and control to realize the integration of contract freedom and law's enforcement, market autonomy and state enforcement. This book focuses on the government's position in the disposal of bond defaults, explores the controversial misunderstandings of rigid payment in the bond market and the government's assistance, defines the theoretical basis of the government's role, defines the "central and local allocation" of the government's role, and constructs the government's behavior and constraint mechanism in the disposal of bond defaults. To define the role, function and behavior framework of government in disposal of the bond defaults will help to balance the relationship between government and market in the bond market, and to seek the solution of contradiction in bond defaults.

Current controversy on rigid payment in bond market and its relationship with government's recessive guarantee has not yet reach a common substance, and has lots of misunderstanding on many aspects such as what is default and how does the harm produce, which leads to a one-sided thinking of "simply eliminate government or not". It has complex causality between rigid payment and government's guarantee. The ask of breaking the rigid redemption in the macro sense cannot be simply equal to abolish the government guarantee, also does not mean to get rid of the role of the government in bond default disposal. In fact, in more than 30 years' development process of bond market in our country, the bond defaults storm since 2014 is not the first one, and the status of government in bond defaults disposal present a process of evolution. Government play a role in bond redemption contains profound historical reasons and complex market factors such as the development of credit of bonds subject and varieties, the evolution of the bond market's structure and function, the change of bond investment background, the development from weak to strong of market restraint mechanism, the change of social expectation in the disposal of bond defaults, the weaken of government's dominated intention and the competition between different subjects. Therefore, to dissolve the contradiction between rigid redemption and government's implicit guarantee and set the government's position in disposal of bond defaults, it needs further investigation on what's the basic of government attaining the goal of bond contract and how to dissolve its' barriers, whose key is to eliminate the instability of government, the possibility of violating market's decisive role and the adverse effects to market credit by establishing deterministic and authority of government involvement in the disposal of bond defaults.

Government forces' intervening in the disposal of bond default should follow the legal logic of bond default disposal and government governance. As a commercial contract, the bond contract has the characteristics of developmental content, organizational transaction and relational obligation, and also has a rich connotation. Different from the default in civil law, based on bond behavior, bond default has particularity in commercial law and financial law, whose legal regulation should not only consider contract law, but also absorb corporation law and securities law. The characteristics of chain and flock of contract reflected in bond contracts constituted the nature of bond risk. Hence bond default reflects strong sociality and marketability which overstep the field of general civil relationship. Disposal of bond default itself needs comprehensive government power and the market means, for the purpose of achieving debt contract, as the core of benefit balancing, according to the requirement of investor protection and market construction, designing to guide the contradictions in bond investment solved in a market-oriented and law-oriented way. At the same time, "government positioning" as a traditional topic in politics or economics has its certain meaning in securities law, which is that the government shall protect the regulations of securities market and guarantee its normal work to facilitate fair market transaction, control and dissolve market risk, and promote a further healthy development of market. The theory basic of government involvement in the disposal of bond defaults is the principle of emergency, whose justification lies in the market needs of default disposal and the government responsibility in economic field, including publicity of bond's legal relationship, failure of market restraint mechanism, government's function in risk management and policy implementation and the realistic dependency on government.

In order to realize the purpose of bond contract, the disposal of bond default needs not only the regulation of Contract Law, Company Law and other private laws, but also the security of public law such as Security Law. At present, the disposal of bond default is faced with the predicament of limited contract interpretation and insufficient organizational protection in the regulation of private laws, as well as the dilemma of insufficient guarantee of public law. For the legal realization of the purpose of bond contract, the single legal path of contract has defects, and it needs the joint efforts of corporate legal system and securities legal system. In the development history of modern Corporate Law, the most viewpoints have accepted the contract protection of bondholders of private law as a reasonable way to regulate the moral hazard of corporate bankruptcy. However, the main factors to achieve the purpose of the contract are the enforcement mechanism of the contract, the agency of the debtor's organization and the negotiation ability of the investor. As a result, the bondholders have no reason to require the debtor company to act in the interests of the debtor company in a manner that is reasonable or contrary to their own interests, except that the contract itself creates or establishes a protective right. Therefore, it is necessary to introduce some substantial fair rights in the group law and the organizational law, and treat the bondholders and shareholders equally. In addition, the normative review and guidance of contract, and security means of securities supervision as administrative penalty also play an important role in cultivating market credit and maintaining government credit in bond default disposal activities.

Besides based on legitimate theory, government forces acting on the default disposal need follow certain realistic foundation and conform to a certain extent, which is shown by the factors, basis and way of locating government, namely the foothold. Difficulties faced by the government and specific problems to be solved in bond defaults include four aspects. Firstly, the government locates in a wrong place, namely the phenomenon of offside and absence of government. The government is either excessively existing, or lack of security. The reason is that government credit is mixed with market credit and there is no clear governmental action mechanism. Secondly, the mode, scope and degree of government action are varied in a global perspective. We should take mechanisms that conform to national conditions. Thirdly, current legal dilemma faced in the default disposal include unified specification path lacked in the disposal, unclear idea of commercial autonomy and inefficient or invalid bondholders' protection system. Fourthly, the realistic requirements of default disposal include setting the particularity and unity of disposal, outstanding the market-oriented idea, balancing the goal of protecting investor and cultivating market, and coordinating regulation positioning. The foothold determines the role and responsibilities of government in the disposal of bond defaults.

Formally, the role of government in the disposal of bond defaults can be delineated as the central government's role of guiding and coordinating as well as the local government's role of regionally disposing. The central government needs to guide the financial supervision and coordinate local governments. Local governments need to strictly implement macro market regulation from central government, overcome local protectionism, eliminate short sight, and strive to keep consistent with the central on interest and to achieve the long-term development of the bond market and the long-term goal of economic prosperity. Concretely, the government ought to act as market servant, interest coordinator, market regulator in general, and policy executor as well as financing obligor in special.

In different roles, different government behavior mechanisms should be designed for how the government should exercise power and restrain power. In the default disposal of bonds, the role of market servant can be realized through bond default event evaluation mechanism, market transfer mechanism for bonds in default and bond default information processing mechanism. The role of interest coordinator can be accomplished through anticipatory compensation system and fault responsibility claiming mechanism. The role of market regulator can be realized through reporting mechanism, reputation regulating mechanism and market crisis rescue mechanism. The role of financing obligor needs to construct government repayment mechanism. And the role of policy executor can be realized through correction mechanism of government's failure in disposal. The role delineation and construction of organization and behavior mechanism draw the outline of government's position in disposal of bond default from two stereoscopic angles of theory and system.

In terms of structure, the first chapter makes an in-depth analysis of the two crises in China's bond market, clarifies the contents and reasons for the transformation of government, points out the practical difficulties and theoretical differences of government positioning in the disposal of bond default, andrefines the core of the problem in government positioning. The first chapter puts forward a basic analysis path that it is not a simple eliminating administration or government, but is to know clearly why the government should intervene in bond default disposal process, to find the defects of market rule in bond defaults mechanism, and to identify the boundaries of government intervention in the market by constructing the government behavior mechanism in bond defaults disposal. Following the conclusion of the first chapter, the second chapter analyzes the legal logic of the government's intervention in the disposal of bond defaults, and demonstrates that the government should play a certain role in the disposal of bond defaults, namely, the necessity and legitimacy of government intervention in the disposal of bond defaults. Furthermore, the third chapter points out the problems faced by the disposal of bond default, analyzes the dislocation of government positioning, and points out how the government positioning should proceed, that is, the main factors to be considered and the train of thought to be followed. After determining the basis of government positioning in the disposal of bond default, the fourth chapter constructs the path of government positioning from the perspective of government role and government function. The fifth chapter defines the government behavior mechanism and corresponding norms in the disposal of bond default in terms of system, which is the logical advancement of the argumentation conclusion of the previous four chapters from value to system and from problem to countermeasures.

Key words: Bond Contract; Disposal of Bond Defaults; Rigid Payment; Government's Implicit Guarantee; Government Positioning

目　　录

绪　论 ………………………………………………………（1）

第一章　债券违约处置中政府地位的转变与争议厘清………（27）
　　第一节　两个时期的债券违约处置中的政府地位…………（27）
　　第二节　债券违约处置中政府地位的转变…………………（40）
　　第三节　对债券市场"刚性兑付"与"政府兜底"
　　　　　　关系的辨正：警惕"去政府"论 …………………（50）

第二章　政府参与债券违约处置的法理逻辑…………………（66）
　　第一节　证券法中的"政府定位"命题 ……………………（66）
　　第二节　债券违约处置的法律逻辑…………………………（78）
　　第三节　政府的固有职能及违约处置中的现实依赖………（96）

第三章　债券违约处置中政府定位的问题与经验……………（102）
　　第一节　债券违约处置的制度困境 …………………………（102）
　　第二节　债券违约处置中的政府错位………………………（114）
　　第三节　债券违约处置的现实需求…………………………（122）
　　第四节　债券违约处置中政府定位的比较借鉴……………（129）

第四章　债券违约处置中政府角色的理论界定………………（145）
　　第一节　政府角色界定的路径及其价值……………………（147）

第二节　债券违约处置中政府角色的"央地配置" ……（154）
　　第三节　债券违约处置中政府的基本角色 ……………（163）
　　第四节　债券违约处置中政府的或有角色 ……………（175）

第五章　债券违约处置中政府角色的制度实现 ……………（180）
　　第一节　债券违约处置中的政府服务 …………………（181）
　　第二节　债券违约处置中的政府协调 …………………（194）
　　第三节　债券违约处置中的政府监管 …………………（204）
　　第四节　债券违约处置中的政府责任 …………………（214）

结　语 ………………………………………………………（221）

参考文献 ……………………………………………………（226）

索　引 ………………………………………………………（255）

后　记 ………………………………………………………（257）

Contents

Introduction ·· (1)
    1 The Points and Values ································· (1)
    2 Related Status and Reflections ························ (5)
    3 Main Contents and Methods ·························· (20)

Chapter 1   The Transformation and Disputes of Government's Status in the Disposal of Bonds Default ········ (27)
  Section 1 Government's Status in the Disposal of Bonds Default in Two Periods ·· (27)
  Section 2 Transformation of Government's Status in the Disposal of Bonds Default ·· (40)
  Section 3 Clarification Between the "Rigid Payment" and "Government Guarantee": Prevent the "De-Government" Trend ··· (50)

Chapter 2 Legal Logic of Government's Participation in the Disposal of Bonds Default ························ (56)
  Section 1 "Government Positioning" in Securities Law ········ (56)
  Section 2 Legal Logic of Disposal of Bonds Default ············ (78)
  Section 3 Inherent Functions of Government and Its Realistic Dependence in the Disposal ························· (96)

Chapter 3 Problems and Experiences of Government Positioning in the Disposal of Bonds Default ……………… (102)

Section 1 Institutional Dilemma of Disposal of Bonds Default ……………………………………………… (102)

Section 2 Dislocation of the Government in Disposal of Bonds Default ……………………………………………… (114)

Section 3 Realistic Demand for Disposal of Bonds Default … (122)

Section 4 Comparative Reference ……………………………… (129)

Chapter 4 Theoretical Definition of Government's Role in Disposal of Bonds Default ……………………… (145)

Section 1 Paths and Values of Government's Role Definition ……………………………………………… (147)

Section 2 Allocation of Government's Role in Disposal of Bonds Default ……………………………………………… (154)

Section 3 The Basic Role of Government in Disposal of Bonds Default ……………………………………………… (163)

Section 4 The Contingent Role of Government in Disposal of Bonds Default ……………………………………… (175)

Chapter 5 Realization of Government's Role in Disposal of Bonds Default ……………………………………… (180)

Section 1 Government Services in Disposal of Bonds Default ……………………………………………… (181)

Section 2 Government Coordination in Disposal of Bonds Default ……………………………………………… (194)

Section 3 Government Supervision in Disposal of Bonds Default ……………………………………………… (204)

Section 4　Government Responsibility in Disposal of Bonds
　　　　　　Default ··· (214)

Conclusion ··· (221)

Reference ··· (226)

Epilogue ··· (256)

绪　　论

一　问题提出与研究价值

（一）研究背景

2017年7月14日至15日，第五次全国金融工作会议在北京召开，设立国务院金融稳定发展委员会，防控金融风险和深化金融改革成为当前金融市场发展的重中之重。随着规模扩大和服务实体经济能力的增强，债券市场在经济发展中的战略性意义日益凸显，债券市场的风险防控机制成为资本市场建设的重心。我国债券市场在成立之初以企业债券为主要市场，债券市场主要为国企融资和经济发展政策服务，[①] 政府基本为债券的还本付息承担兜底责任，形成债券市场政府兜底的"刚性兑付"思维，债券一度成为政府担保的无风险投资。在20世纪90年代曾出现过债券违约事件，政府在债券违约的纠纷解决中占据主导地位。[②] 随着债券市场的不断完善和发展，债券品种逐渐多元化，出现公司债券、政府债券、金融债券等券种，债券市场的功能定位也逐渐回归资金融通的本质，债券市场

[①] 冯果：《资本市场为谁而存在——关于我国资本市场功能定位的反思》，《公民与法》2013年第6期。

[②] 1994年9月《国务院办公厅转发中国人民银行、国家计委关于企业债券到期不能兑付问题处理意见的通知》曾提出，政府及主管部门应采取积极措施，妥善处理到期企业债券的兑付问题。

的信用体系培育和投资者保护制度建设日益并重。

2014年"11超日债"违约事件的出现,在当时被视为打破了债券市场"刚性兑付"的神话,但其最终的处置是政府出面协调使得投资者获得全额赔付,本质上还是保障了债券的"刚性兑付"。不过,自"11超日债"发生违约以来,债券市场的违约事件集中爆发,如2015年4月国企债"11天威MTN2"、2015年4月中小企业私募债"13大宏债"、2015年10月央企债"10中钢债"、2015年11月超短融"15山水SCP001"等债券违约事件。2018年受多重因素影响,债券违约风险加快暴露,2019年公司信用类债券到期兑付较为集中,债券市场仍面临违约风险加大的压力。① 比较重大的如"东北特钢"和"山水水泥"甚至出现连环违约现象,各种类型的债券违约事件对市场信心和投资者理性造成较大冲击。应该如何认识和对待债券违约,引起理论和实践的重大关注。政府在债券违约处置中的"隐性担保"角色也逐渐开始引起反思,② 要稳步有序打破"刚性兑付"已成为基本共识。③ 2014年5月份国务院就已在《关于进一步促进资本市场健康发展的若干意见》中提出,要健全债券违约监测和处置机制。随着债券的市场化、法治化改革,构建科学有效的债券违约处置法律机制成为亟待解决的现实课题。2019年12月28日,《中华人民共和国证券法》在经历四次审议之后,由第十三届全国人民代表大会常务委员会第十五次会议修订通过,明确规定了债券持有人保护机制、受托协议下的先行赔付机制、代表人

---

① 中国人民银行金融稳定分析小组:《中国金融稳定报告2019》,第75页。
② 陈梦阳:《东北特钢为何走上破产重整之路》,《人民日报》2016年10月11日第023版。
③ 洪艳蓉:《公司债券违约零容忍的法律救赎》,《法学》2013年第12期;冯果:《债券的证券本质与债券市场法制化——〈证券法〉修订背景下的债券法律体系重构与完善》,黄红元、徐明主编:《证券法苑》第17卷,法律出版社2016年版,第1—14页;段丙华:《债券市场风险防范的法治逻辑——"债券市场风险防范法制建设高峰论坛"会议综述》,《证券市场导报》2016年第10期;窦鹏娟:《新常态下我国公司债券违约问题及其解决的法治逻辑》,《法学评论》2016年第2期。

诉讼等重要的债券投资者保护措施。

在理论方面，自2013年我国公司注册资本制度改革以来，公司法上债权人保护问题再次成为学界关心的话题，资本制度对债权人保护功能的效用引发学术担忧。而传统的债权人保护的讨论集中于股东责任、公司管理者责任、公司法人格否认制度、破产法制度等零散的制度，债券持有人作为公司债权人极为特殊的一种类型，其特殊的权益保护制度尚待充分关注和有效完善，且债券法制的瓶颈也尚待突破。[①] 与此同时，随着商事组织发展与资本市场的多层次演进，公司法和合同法对公司组织、公司合同、金融合同的解释和适用逐渐体现出模糊性或者局限性，[②] 合同法对债券交易的适用局限日益显现。商事与金融纠纷的解决日益需要理论的挖掘与创新，特别是需要体系性、自主性和多元化的研究。[③] 面对日益加剧的债券违约纠纷，债券违约处置的法律适用和市场监管与债券法制发展亟待理论创新。债券以及债券市场契约自治与公权干预的理论需要完善和深化，债券法制建设更是需要债券基础理论的构建。

（二）问题和价值

与民法中合同违约行为的不同之处在于，债券违约基于债券行为产生，具有商法和金融法上的特殊性，对其法律规制不仅应当考虑合同法规则，更应该吸收公司法和证券法的法律规制因素。同时，债券违约的发生具有社会性和市场性，债券的风险特征决定了违约处置的重要性，各方主体在债券违约处置中的法律定位和权限安排

[①] 蒋大兴：《被忽略的债券制度史——中国（公司）债券市场的法律瓶颈》，《河南财经政法大学学报》2012年第4期。

[②] 王乐兵：《金融创新中的隐性担保——兼论金融危机的私法根源》，《法学评论》2016年第5期；王利明：《论合同法组织经济的功能》，《中外法学》2017年第1期；黄辉：《对公司法合同进路的反思》，《法学》2017年第4期；蒋大兴：《公司法中的合同空间——从契约法到组织法的逻辑》，《法学》2017年第4期；冯果、段丙华：《公司法中的契约自由——以股权处分抑制条款为视角》，《中国社会科学》2017年第3期。

[③] 陈洁：《转型时期我国证券法学研究的特点及趋势》，《证券法苑》第8卷，法律出版社2013年版，第58—81页。

需要明确规范，债券投资者权益保护与市场风险自负的理念应当实现平衡。实践上，债券违约事件的处置缺乏统一依据、思路不明确、手段不充足、主体定位不明；理论和制度上，债券规范需要突破合同法的局限性、债券法律规则割裂而且混乱、债券法律关系的基础理论匮乏、法学对债券违约的研究不足。债券违约处置中现实和理论的矛盾在于，债券市场对违约事件保持着政府隐性担保的惯性期望，而债券市场实现风险处置的市场化、法治化已是市场成熟发展的大势所趋和政策所向。当前债券违约尚处于集中爆发时期，厘清债券违约处置中的监管思维和政府信用边界已经刻不容缓。债券违约处置中政府定位的深入研究，既有助于解决债券违约纠纷的法律适用和市场监管问题，也有助于厘定债券市场契约自治与公权干预的界限，既具理论意义又紧贴实践需求。

在塑造健康的商事信用和市场信用的市场化改革背景下，如何实现契约自由与法律强制、市场自治与国家强制相融合，是债券持有人利益法律保护的发展趋势。与既有研究不同的是，本书着重改变以往分散、碎片化的研究视角，期望构建以代表商事信用的债券契约为核心的债券违约处置路径。同时，传统观点与规制路径将债券债权的契约保护简单合同化，导致债券持有人保护制度分割并缺乏统一基础，是导致债券实践缺乏商事信用基础的制度缺陷，本书尝试补正这一制度现状并丰富商法上的契约理论研究。本书立足于债券违约处置中的权力与权利规范，将债券商事交易与债券市场规制紧密结合，探寻债券违约法律治理的本质和框架，力图实现公司法中债权人保护与证券法中投资者保护制度体系的融贯性。本书期望，通过梳理以公司债券为核心的债券违约处置的规则资源，总结债券违约风暴的实践经验与教训，深刻反思"刚性兑付"问题，进而准确定位政府；同时，抓住2019年12月新《证券法》修订通过的契机，推动《公司法》关于债券规则的联动修改，厘清《合同法》对债券违约的法律适用，实现债券违约法律制度在逻辑上的统一自洽和内容上的衔接配合。本书尝试以债券契约机制的执行和保障为中心来明确政府定位，构造以化解债券违约风险为目的的债券法律实施框架，围绕债券交易的商事特质创新性构建债券违约处置法律机制，同时期待能完善债券法制的基础理论，促进债券市场风险防范机制的市场化法制化建设。

具体而言，本研究的实践意义在于：（1）为政府参与债券违约处置提供一套科学有效的法律机制，解决债券违约的市场监管与法律适用问题；（2）在一定程度上统一协调割裂的债券监管模式和规范模式，为监管竞争提供现实可行的解决路径；（3）通过违约处置的法制化机制构建，矫正债券市场扭曲的定价机制、促进债券市场信用建设和投资者理性培育。理论意义在于：（1）注重交叉研究，超越债券风险研究偏重于金融学、管理学和经济学等的瓶颈，发展债券风险的法学研究；（2）完善以违约风险控制为核心的债券法制体系，找出债券市场"刚性兑付"问题的症结所在，厘清政府在债券违约处置中的定位，提出政府参与的、以债券契约关系的规范与保障为中心的债券违约处置路径；（3）在认识合同法对债券契约的解释与适用限度的前提下，完善债券契约的执行和实现法律机制；在证券法上完善债券持有人的保护规则体系，深化债权人保护理论和证券投资者保护理论；（4）从债券契约的视角挖掘与建构债券行为中的商事合同理论，完善债券法制的理论基础。

二 相关研究现状与反思

以美国为代表的成熟市场对债券持有人权利以及债券违约风险研究时间更长，法学和经济学方面的研究都相对比较充分，但因美国较高程度的市场化和判例法体系与我国存在不同的实践和理论环境，而债券市场的法制建设具有鲜明的地域性，特别是与国情紧密相连的政府定位问题。[1] 在发展我国债券法制时应当以我国实情为基础和起点，认真考虑制度的借鉴与转化适用。我国学界对债券的研

---

[1] 何显明：《没有普适的政府角色模式》，《人民论坛》2009年第16期。

究更多地集中于金融学、经济与管理学等领域，法学研究对债券市场以及债券法制一直少有涉及。近年来，随着债券市场实践的发展和顶层设计对债券市场法制建设的强调，债券市场法律问题开始受到更多的关注。

(一) 政府定位

宏观研究视角下，政府定位一般存在政治、经济与文化三个方面的讨论，主要包括"政府与政府""政府与市场""政府与社会"三个基本范畴。[1] 债券违约处置中的政府定位问题属于"政府与市场"关系这一基本范畴。经济生活中的政府定位问题，以"政府对市场的必要干预、弥补市场失灵"为基本共识，[2] 在经济发展的"十三五"规划背景下，当前研究以十八届三中全会提出的"市场在资源配置中起决定性作用"为核心依据和方向。[3] 在政府的角色和功能定位上，存在角色和功能一体、角色指导功能两种研究模式，[4] 更多的学者未对政府角色与功能进行层次化区分，少数学者提出角色定位与功能定位的区分和相互关系。[5] 在政府作用、职能或者职责方面，研究结论共同指向"服务型政府""有限政府"以及

---

[1] 彭澎：《政府角色论》，中国社会科学出版社2002年版，第217页；李辉、王学栋：《政府角色的隐喻：理论意蕴与现实启示》，《行政论坛》2012年第4期；燕继荣：《中国政府改革的定位与定向》，《政治学研究》2013年第6期。

[2] 何显明：《市场化进程中的地方政府角色及其行为逻辑——基于地方政府自主性的视角》，《浙江大学学报（人文社会科学版）》2007年第6期；文一、乔治·佛梯尔：《看得见的手：政府在命运多舛的中国工业革命中所扮演的角色》，《经济资料译丛》2017年第2期。

[3] 胡钧：《科学定位：处理好政府与市场的关系》，《经济纵横》2014年第7期；毕于榜：《市场起决定性作用前提下的政府角色定位》，《环渤海经济瞭望》2014年第12期。

[4] 根据中国知网的统计，题目中包含"政府角色"字段的文章大约4200篇，包含"政府定位"字段的文章大约3800篇，而包含"政府角色"字段的文章大多为"政府角色定位"或"政府角色转变"等研究。

[5] 彭澎：《政府角色论》，中国社会科学出版社2002年版，第7页。

"效率政府"的定位,① 而"法治政府"是其根本。②

(二) 债权治理与债券风险管理

视角与方法上,金融学与经济学对债券偏重于实证研究,集中于从市场效率的角度分析债券契约条款设计的融资效率、负债融资对企业治理绩效的影响以及债券风险管理措施等方面。

2016年,对"契约理论"作出重要贡献的哈佛大学Oliver Hart教授和麻省理工学院Bengt Holmstrom教授获得了诺贝尔经济学奖,其主要发现在于契约的不完备性,因此在契约机制中不仅应当考虑条款设计更应当关注其监督和执行,③ 契约经济学理论逐渐在管理学、法学等交叉学科领域表现出巨大的发展空间和价值,④ 同时,也存在理论上的不完全性。⑤ 在投资契约中,投资者能掌握的关于债务

---

① 张文显:《治国理政的法治理念和法治思维》,《中国社会科学》2017年第4期;朱光磊:《全面深化改革进程中的中国新治理观》,《中国社会科学》2017年第4期;燕继荣:《中国政府改革的定位与定向》,《政治学研究》2013年第6期;王宁宁、肖红春:《自我所有、分配正义与政府角色》,《伦理学研究》2015年第2期;周佑勇:《法治视野下政府与市场、社会的关系定位——以"市场在资源配置中起决定性作用"为中心的考察》,《吉林大学社会科学学报》2016年第2期;董亚男:《有效政府角色的理论溯源与现实塑造》,《东北师大学报(哲学社会科学版)》2012年第5期。

② 江必新:《法治政府的制度逻辑与理性建构》,中国法制出版社2014年版,第8页以下。

③ 刘文革等:《不完全契约与国际贸易:一个评述》,《经济研究》2016年第11期;杨瑞龙、聂辉华:《不完全契约理论:一个综述》,《经济研究》2006年第2期。

④ 倪娟:《奥利弗·哈特对不完全契约理论的贡献——2016年度诺贝尔经济学奖得主学术贡献评介》,《经济学动态》2016年第10期;徐习兵、王永海:《不完全契约、企业能力与内部控制》,《审计研究》2013年第6期;杨宏力:《不完全契约理论前沿进展》,《经济学动态》2012年第1期;黄训江:《生态工业园生态链网建设激励机制研究——基于不完全契约理论的视角》,《管理评论》2015年第6期;王远胜、周中举:《论政府实施部门PPP项目合同风险管理——基于不完全契约理论的分析》,《西南民族大学学报(人文社科版)》2017年第4期;朱慈蕴、沈朝晖:《不完全合同视角下的公司治理规则》,《法学》2017年第4期。

⑤ 程恩富、方兴起:《评2016年诺奖得主奥利弗·哈特的不完全企业契约理论——兼论"社会经济契约"概念和理论》,《福建论坛(人文社会科学版)》2017年第1期。

人的信息始终是有限的、不对称的，投资者对信息披露的反应在债券契约的制定中反映不明显，①说明当前市场下的债券投资者欠缺投资交易中谈判的主动性和积极性，如何在制度上加强对债券契约的引导与执行对债券违约风险的控制显得无比重要。对于债券契约的限制力，现有文献认为其决定因素主要为合同的强制执行机制、债务人组织的代理问题以及投资者的谈判能力，而契约刚性是条款限制力的重要因素，包括政府债券等公共债务契约，同时契约的发展与补充机制对其限制力的体现也是极其重要的。②而有研究指出信用风险对债券契约中治理型条款有重要影响，契约刚性的内在作用机制尚待法律上的进一步研究。③对于债券契约的作用，有研究指出债券契约在解决组织代理问题上也发挥着重要作用，④主要是对组织股东与管理者等主体的权益制衡。在债务契约的特征上，研究认为其主要体现为债务成本和债务期限结构，内部控制质量和公司诉讼会影响债务契约，质量高的内部控制可以缓和投融资双方在契约中的紧张关系。⑤在风险投资契约条款中，管理参与条款是企业风险最主要的出口、最重要的条款，⑥科学合理的契约条款能够有效促进企业

---

① 张弛：《内部控制质量对债券契约条款的影响研究》，硕士学位论文，天津财经大学，2012年。

② 黄双双：《债券契约条款的限制力研究》，硕士学位论文，东北财经大学，2015年。

③ 章睿：《流动性风险和信用风险对债券投资者保护条款设计影响的实证研究》，硕士学位论文，东北财经大学，2015年。

④ 张烨翔：《债券契约条款与企业的会计稳健性》，硕士学位论文，东北财经大学，2015年。

⑤ 林斌等：《内部控制、公司诉讼与债务契约——基于A股市场的经验研究》，《审计与经济研究》2015年第3期；李晓慧、杨子萱：《内部控制质量与债权人保护研究——基于债务契约特征的视角》，《审计与经济研究》2013年第2期。

⑥ 姚铮等：《风险投资契约条款设置动因及其作用机理研究》，《管理世界》2011年第2期。

成长，比如股权回购条款和估值调整条款等。[1] 同时，债券持有人面临的契约风险，要远远超出违约行为本身，比如公司并购、私人股本和杠杆收购、证券化和项目融资都具有合同条款（契约）的特征。这些契约触发技术即使没有资不抵债，借款人也会违约。因此，借款人可能会拖欠贷款，即使他们有足够的现金来偿还债务。[2] 对债券契约条款设计和分类的研究，基本借鉴域外债券契约条款的分类，在标准上存在细微差异，大体上皆从投资者保护的角度进行分析。

金融学与经济学上的债权治理一般是指企业融资结构中债权对企业治理的作用和影响，主要存在合同治理、控制权治理以及流动性治理三种形式，对于债权是否能发挥治理作用尚存在相对立的观点，[3] 但基本认同债权存在治理效用，大部分研究趋于共同探讨与挖掘债权不同程度的治理作用和影响因素。[4] 一般认为，债权治理属于公司外部治理机制，与股东内部治理机制相对应，但存在相互作用并应当协同联结，[5] 并且在银行债权研究中更为重要

---

[1] 姚铮等：《风险投资契约条款设置对风险企业成长绩效影响研究》，《财务研究》2016年第1期。

[2] Emanuele Borgonovo, Stefano Gatti, "Risk Analysis with Contractual Default：Does Covenant Breach Matter?" *European Journal of Operational Research* 230, 2013, pp. 431–443.

[3] 丁希炜：《金融改革与债权治理机制研究》，博士学位论文，南京大学，2011年；钟海燕：《公司治理作用机制下的债权治理效应研究》，《经济与管理》2012年第11期。

[4] 张文魁：《企业负债的作用和偿债保障机制研究》，《经济研究》2000年第7期；王满四：《企业负债的债权治理机制分析》，《广州大学学报（社会科学版）》2006年第8期；陈晓红等：《债权治理机制、企业特征与成长性——来自中国中小上市公司的经验证据》，《管理工程学报》2008年第4期；杨继伟等：《债权治理与盈余质量：来自中国证券市场的经验证据》，《管理评论》2012年第9期；屈雯、常丽娟：《债券融资、内部控制有效性与债权治理效应——基于我国上证A股的实证研究》，《西安电子科技大学学报（社会科学版）》2015年第5期；张亦春等：《债权治理对企业投资效率的作用研究——来自中国上市公司的经验证据》，《金融研究》2015年第7期。

[5] 王旭：《中国上市公司债权人治理机制及效应研究》，博士学位论文，山东大学，2013年。

和突出。① 在经济学上的三种经典融资结构理论中，M-M理论认为，加强债权人对企业的监督、限制甚至控制能有效保护债权人权益，但同时会约束企业的发展能力，提高债务代理成本，故应当在债权治理与谋求经济绩效之间寻找控制代理成本的平衡点，而最优融资结构从来都离不开对具体环境和具体制度的探讨。② 有研究注意到债权治理的方式应当深入研究，并讨论了"债权人会议制度""债券受托人制度""债权人派生诉讼制度",③ 而对债权治理更多地与破产机制相联系。④ 近年来研究指出，发债主体可以通过债券契约设计提高对债券投资者的保护，从而降低融资成本,⑤ 这说明债券契约能在债权人治理方面发挥作用。完善和成熟的公司治理水平能够有效提高债务融资水平，降低企业违背债务契约的可能性。⑥ 在负债或者说债券契约对公司治理的有效性上，存在有促进作用和无促进作用的不同认识，但大部分研究认为债券契约能够在公司治理中发挥重要作用,⑦ 债务契约治理功能的实现需要完善的法律机制和高度市场化的实践环境。在契约本身的效用和机制上，有研究提出加入信息交流机制和道德风险补偿机制。⑧

---

① 王满四等：《银行债权监督与公司内部治理——研究综述》，《工业技术经济》2014年第6期；简泽：《银行债权治理、管理者偏好与国有企业的绩效》，《金融研究》2013年第1期。

② 张维迎：《公司融资结构的契约理论：一个综述》，《改革》1995年第4期。

③ 沈晨光：《债权人参与公司治理问题研究》，博士学位论文，首都经济贸易大学，2012年。

④ 周雪峰：《中国上市公司债务融资治理研究——基于非效率投资与破产威胁效应的视角》，博士学位论文，东北财经大学，2013年。

⑤ 陈超、李镕伊：《债券融资成本与债券契约条款设计》，《金融研究》2014年第1期。

⑥ 张玲、刘启亮：《治理环境、控制人性质与债务契约假说》，《金融研究》2009年第2期。

⑦ 田侃等：《"次优"债务契约的治理绩效研究》，《经济研究》2010年第8期。

⑧ 王爱和：《传统契约设计模型的不完全性及其改进》，博士学位论文，华中科技大学，2012年。

在债券信用风险管理方面，研究主要集中于风险识别、预警和处置的统计分析工具，[1] 涉及采用创新型信贷方式、制定保护性契约条款、加强自身建设和资金控制等方面，[2] 同时对制度上的信息披露、信用评级、信用工具和预警制度等有所探讨。[3]

(三) 契约治理与关系治理

法律治理从来离不开管理学和经济学等学科，债券违约处置中的政府定位在一定程度上就是实现政府对债券违约的法律治理。管理学上，对组织管理存在关系治理与契约治理这一对基本概念，对治理模式的本质认识是寻求法律治理规则的前提，债券违约的法律治理应当及时对其进行反思、吸收和转化。

关系治理一般认为是通过社会（非正式）关系来调节和弥补正式规则的刚性，这种非正式关系包括信息共享、人际关系影响下的治理行为，等等，在硬性规则之外强调基于关系的弹性调适。[4] 正式治理被一般认为是合同或者契约，与关系治理之间的关联存在互补、互替、互损三种不同观点。[5] 关系治理更多地包含了信任、合作、协同交流等人本性的内容，[6] 其构成包括内部规则和外部行为，主要因

---

[1] 刘海龙：《债券定价与债券风险预警方法综述》，《系统管理学报》2016年第1期；唐旭：《中国债券市场信用风险分类及特点》，《债券》2015年第11期。

[2] 王千红、张敏：《我国中小企业信用违约风险识别的实证研究》，《上海经济》2017年第1期。

[3] 陈秀梅：《我国债券市场信用风险管理的现状及对策建议》，《宏观经济研究》2012年第2期；曾铮：《金融市场的风险处置》，《中国金融》2017年第2期；藏波等：《企业债券违约的治理结构重塑——现状、原因与有效规制》，《新金融》2016年第9期。

[4] 李敏、李良智：《关系治理研究述评》，《当代财经》2012年第12期。

[5] 孙华等：《"互补"还是"替代"？——关系治理、正式治理与项目绩效》，《山东大学学报（哲学社会科学版）》2015年第6期；谈毅、慕继丰：《论合同治理和关系治理的互补性与有效性》，《公共管理学报》2008年第3期；杨德勇、郑建明：《契约治理的内在逻辑、内生演进与三大扩展》，《国际贸易问题》2010年第1期。

[6] 张闯等：《契约治理机制与渠道绩效：人情的作用》，《管理评论》2014年第2期。

素包括交易频率、不确定性和资产专用性等。① 有学者认为,关系治理包括各种正式和非正式的制度,核心在于持续性互动,具有动态治理的功能。② 关系治理和契约治理的理论逐渐在多领域展现出巨大的应用能力和发展潜力,为研究很多具体问题提供了颇具价值的工具和视角,③ 对公司治理及其绩效问题更为集中和突出,④ 有研究将债权人会议制度、债权受托制度以及债权人派生诉讼纳入债权治理的方式。⑤

(四) 债券契约、债券违约处置与债券持有人利益保护

传统公司法上的公司治理问题限于探讨股东与公司管理层之间的代理问题,通常采取股东会、董事会和监事会之间权利义务架构的研究范式,更加偏重于讨论"股东中心主义"或者"董事会中心主义"。随着理论与实践的发展,法学研究的视野逐渐拓展至债权人保护原则下债权人参与公司治理或公司利益相关人参与公司治理,将传统研究中公司的"外部人"纳入属于"内部事务"的公司治理主体之中,并取得了一些理论进展。而对债券契约以及债券违约风险处置的讨论,自2014年"11超日债"发生违约之后,研究才开始更多地关注债券违约风险防范机制。

通常,公司资本制度被认为是保护公司债权人的核心制度,后

---

① 陈灿:《国外关系治理研究最新进展探析》,《外国经济与管理》2012年第10期。
② 李应:《关系契约治理动态性研究》,《经济问题探索》2012年第8期。
③ 邓娇娇等:《中国情境下公共项目关系治理的研究:内涵、结构与量表》,《管理评论》2015年第8期;肖萍、朱国华:《农村环境污染第三方治理契约研究》,《农村经济》2016年第4期。
④ 陈浩、刘明:《从非正式契约角度看利益相关者参与现代公司治理的影响——基于"雷士照明控制权之争"的案例研究》,《现代管理科学》2015年第5期;邓娇娇等:《关系治理研究的发展及演化趋势——基于共词聚类与文献分析结合视角》,《华东经济管理》2015年第5期;程永明:《探索日本公司治理变革的一部力作——评李博〈日本公司治理契约关系变革研究〉》,《东北亚学刊》2013年第3期。
⑤ 沈晨光:《债权人参与公司治理研究》,博士学位论文,首都经济贸易大学,2012年。

来从资本制度表征的"资本信用"发展为"资产信用",① 资本制度设计和债权人保护的相关性发生分离演进。② 对债权人保护的视野不再单一注重资本制度,③ 而是发展至公司法人格否认制度、信息披露、资产监督等多方面。④ 我国债权人保护理论一直处于发展和完善之中,特别是我国2013年公司注册资本制度改革之后,股东出资责任的适用、企业社会责任承担、债权人对资产的知情权和异议权、破产保护及其他创新机制被纳入讨论。⑤

公司治理从来离不开股东、公司和债权人三大主体的权义安排,对于债权人保护原则下债权人参与公司治理问题,学界也一直比较

---

① 赵旭东:《从资本信用到资产信用》,《法学研究》2003年第5期;赵旭东:《资本制度变革下的资本法律责任——公司法修改的理性解读》,《法学研究》2014年第5期。

② 邓峰:《资本约束制度的进化和机制设计——以中美公司法的比较为核心》,《中国法学》2009年第1期;刘燕:《公司法资本制度改革的逻辑与路径——基于商业实践视角的观察》,《法学研究》2014年第5期。

③ 也有学者对此作出反思,参见蒋大兴《质疑法定资本制之改革》,《中国法学》2015年第6期。

④ 仇晓光:《公司债权人利益保护的法经济学分析》,博士学位论文,吉林大学,2010年;朱慈蕴:《公司资本理念与债权人利益保护》,《政法论坛》2005年第3期;朱慈蕴:《公司法人格否认:从法条跃入实践》,《清华法学》2007年第2期;朱慈蕴:《全球化与本土化互动中的公司制度演进》,法律出版社2015年版,第75—77页。朱慈蕴教授长期关注资本制度、公司法人格否认、信息披露、资产监督等制度的债权人保护功能,并多有洞见,兹不列举。也有学者不认可公司法人格否认制度对债权人保护的必要性,参见孟勤国、张素华《公司法人人格否认理论与股东有限责任》,《中国法学》2004年第3期。

⑤ 朱慈蕴:《股东违反出资义务应当向谁承担违约责任》,《北方法学》2014年第1期;胡田野:《公司资本制度变革后的债权人保护路径》,《法律适用》2014年第7期;冯果、南玉梅:《论股东补充赔偿责任及发起人的资本充实责任——以公司法司法解释(三)第13条的解释和适用为中心》,《人民司法(应用)》2016年第4期;黄辉:《公司资本制度改革的正当性:基于债权人保护功能的法经济学分析》,《中国法学》2016年第6期;罗培新:《论资本制度变革背景下股东出资法律制度之完善》,《法学评论》2016年第4期;蒋建湘、李依伦:《认缴登记资本制下债权人利益的均衡保护》,《法学杂志》2015年第1期;黄耀文:《认缴资本制度下的债权人利益保护》,《政法论坛》2015年第1期。

关注，当然，也存在分歧。有学者认为公司治理应当以股东和公司利益为主，[①] 部分学者认为应当加强公司治理的公共性，[②] 应当注重债权人等多方主体参与，在治理手段上，包括派驻管理人、转股持股、合同等形式。[③] 同时，基于资本市场法制的发展和金融创新，债券持有人和金融契约的法律规制对传统公司法上债权人保护问题提出更多挑战，[④] 市场风险视角下，债券持有人利益保护面临重构，董事对债券持有人的信义义务、持有人会议等制度等受到关注。[⑤] 在后危机时代，债券持有人基于投资和系统性风险控制的原因，应当被纳入公司治理的主体之中。[⑥] 有学者将限制性条款视为实现公司控制（治理）的一种形式，认为其对公司的投资决策能够产生积极影响。[⑦]

对于债券持有人的权利保护路径，有学者指出公司法和证券法承担了不同角色和功能：公司法保护投资者的所有权益，而证券法保护投资者的交易权益；前者多为多样性、授权性规则，而后者多

[①] 叶林：《公司利益相关者的法学分析》，《河北学刊》2006年第4期。

[②] 蒋大兴：《论公司治理的公共性——从私人契约向公共干预的进化》，《吉林大学社会科学学报》2013年第6期。

[③] 金玄武：《论债权人参与公司治理的模式——基于公司社会责任视角的考察》，《政法论丛》2009年第4期；王伟炜：《债权人参与公司治理研究》，博士学位论文，中国政法大学，2011年。

[④] 解正山：《对衍生合同在破产中豁免的反思——系统性风险的视角》，《法学评论》2016年第4期；王乐兵：《金融创新中的隐性担保——兼论金融危机的私法根源》，《法学评论》2016年第5期。

[⑤] 吴祺：《债券持有人保护理论的重构》，《厦门大学法律评论》第十四辑，厦门大学出版社2007年版，第62—96页；伍坚、黄入凌：《债权人参与公司治理视野下的债券持有人会议制度研究》，《上海金融》2016年第7期；Takehiro Nobumori, "Aspects of Collective Will of Bondholders under Japanese Law", *Georgetown Journal of International Law*, Summer, 2004, pp. 755-794。

[⑥] Steven L. Schwarcz, "Rethinking Corporate Governance for a Bondholder Financed, Systemically Risky World", *William & Mary Law Review* 58, March, 2017, pp. 1335-1364.

[⑦] Greg Nini et al., "Creditor Control Rights and Firm Investment Policy", *Journal of Financial Economics* 92, (2009), pp. 400-420.

为统一性、强制性规则。[1] 股东与债券持有人之间存在的利益冲突,大股东存在风险转移和自利行为的倾向（隧道效应）,[2] 其根源包括股息、稀释、投资扭曲和投资不足等。[3] 对债券持有人保护的具体机制,存在三种不同认识：合同保护、信义义务以及市场约束机制。一种观点认为,有效的合同执行机制是实现债券持有人权利的关键,法院在债券持有人的权利执行上至关重要。[4] 另一种观点认为,债券持有人权利的传统合同规制是存在局限性的,信义义务的设置也是缺乏效率的,市场约束机制也存在适用的现实障碍,应当从契约的市场解释着手、从契约执行的角度来实现债券持有人的权利保护。[5] 在对公司信义义务的构造与适用上,有学者认为,应当引入公司法作为团体法和组织法的实质公平权利,[6] 即债券持有人应当与股东一样,平等受管理人的信义义务保护。[7] 也有学者认为债券持有人保护的合同认定已经符合市场需要,债券合同机制足以描述和保护债券持有人权益,信义义务的设置是没有必要的。[8] 在债券持有人的权利保护手段上,采取法定的强制手段如罚款、监禁还是保障私人执行

---

[1] James J. Park, "Reassessing the Distinction between Corporate and Securities Law", *UCLA Law Review*, Vol. 64, Issue 1 (January 2017), pp. 116-183.

[2] Jensen, M., Meckling, W., "Theory of the Firm: Managerial Behavior, Agency Costs, and Ownership Structure", *Journal of Financial Economics* 3, 1976, pp. 305-360.

[3] Cheng-Few Lee, Alice C. Lee, *Encyclopedia of Finance*, New York: Springer US, 2013, p. 46.

[4] Mehnaz Safavian, Siddharth Sharma, "When Do Creditor Rights Work?" *Journal of Comparative Economics* 35, 2007, pp. 484-508.

[5] Dale B. Tauke, "Should Bonds Have More Fun? A Reexamination of the Debate over Corporate Bondholder Rights", *Columbia Business Law Review* 1, 1989, pp. 1-136.

[6] Victor Brudney, "Corporate Bondholders and Debtor Opportunism: in Bad Times and Good", *Harvard Law Review*, June, 1992, pp. 1821-1878.

[7] Lawrence E. Mitchell, "The Fairness rights of Corporate Bondholders", *New York University Law Review* 1165, 1990, pp. 1165-1129.

[8] George S. Corey et al., "Are Bondholders Owed a Fiduciary duty?" *Florida State University Law Review*, Summer, 1991, pp. 971-992.

机制如对交易的审查和规范，① 需要考察具体市场的实际情况，并不存在一套最优选择的机制。②

在证券法研究视角下，对债券契约和债券违约处置法律机制的研究为数不多。当前对债券契约的研究集中于债券契约中的"限制性条款"，主要为条款的类型化及其功能与规制研究，③ 现有债券条款研究，离不开借鉴美国经验，因为美国所采行的充分市场化逻辑下契约自治成为主要规制点，其债券限制性条款的实践发展与研究皆较为成熟。④ 限制性条款能够实现对债券持有人的保护，但会增加发行人公司的融资成本，降低市场融资活力，⑤ 并且制定成本较

---

① Simeon Djankov et al., "The Law and Economics of Self-dealing", *Journal of Financial Economics* 88, 2008, pp. 430-465.

② Simeon Djankov et al., "Private Credit in 129 Countries", *Journal of Financial Economics* 84, 2007, pp. 299-329.

③ 刘迎霜：《公司债：法理与制度》，法律出版社2008年版，第251页以下；冯果等：《债券市场风险防范的法治逻辑》，法律出版社2016年版，第168页以下；孙点婧：《偿债保障条款的契约困境及其补救》，《金融法苑》总第93辑，中国金融出版社2016年版。

④ 罗伯塔·罗曼诺、陈秧秧：《司法判决与金融创新：债券契约中保护性约定的一个案例》，《证券法苑》2011年第4卷，第404—409页；Steven L. Schwarcz & Gregory M. Sergi, "Bond Defaults and the Dilemma of the Indenture Trustee", 59 *ALA. L. REV.* 1037, 1045 (2008); Yvonne M. Rosmarin, "Stopping Defaults with Late Payments", *Clearinghouse Review*, 154-156 (1992); Note, "Creditors' Remedies in Municipal Default", *Duke L. J.* 1363, 1369 (1976); David Hahn, "The Roles of Acceleration", 8 *DePaul Bus. & Comm.* 229, 233-235 (2009-2010); Billett, M. et al., "The Effect of Growth Opportunities on the Joint Choice of Leverage, Maturity and Covenants", *Journal of Finance* 62, 2007, pp. 697-730.

⑤ 这种保护性契约在解决股东和债券持有人利益冲突的同时，会导致代理问题：股东可以掠夺债权人利益，股东倾向于使公司和自己利益最大化而从事高风险投资经营活动，可能支付更高股息，而这种利益冲突会提高公司的决策成本，从而降低公司的总价值。参见Cheng-Few Lee, Alice C. Lee, *Encyclopedia of Finance*, New York: Springer US, 2013, p. 46.

高,① 成为衡量股东和债券持有人契约关系的一个关键因素。② 对于债券市场风险的法律规制，国内研究尚处于起步阶段，冯果教授等著的《债券市场风险防范的法治逻辑》（法律出版社 2016 年版）一书属国内系统性研究债券市场风险法律防范的首次尝试，涉及投资者保护、债券管理制度、债券限制性条款、信用评级、信息披露、违约风险化解等多方面制度建设。现有对债券违约的法律规制研究，内容分散于担保物处置、合同规制、司法程序等环节,③ 同时，对债券市场的信用评级规范、中介主体责任、信息披露制度改善等也有所涉及,④ 以商事信用为核心统一化发展债券法制成为基本共识。⑤

---

① Smith, C., Warner, J., "On Financial Contracting: An Analysis of Bond Covenants", *Journal of Financial Economics* 7, 1979, pp. 117-161.

② Robert C. Nash et al., "Determinants of Contractual Relations Between Shareholders and Bondholders: Investment Opportunities and Restrictive Covenants", *Journal of Corporate Finance* 9, 2003, pp. 201-232.

③ 王瑞娟、姬江帆：《债券违约求偿途径及相关问题探讨》，《债券》2015 年第 9 期；段丙华：《美国债券违约风险化解路径及启示：基于市场演进》，黄红元、徐明主编：《证券法苑》第 17 卷，法律出版社 2016 年版，第 261—283 页；冯果、段丙华：《债券违约处置的法治逻辑》，《法律适用》2017 年第 7 期；孙彬彬等：《债券违约了怎么办？——债券投资者保护机制和司法救济程序梳理》，《银行家》2016 年第 6 期；陈秧秧：《公司债发行缘何半途折戟？——"11 超日债"违约与兑付警示录》，黄红元、徐明主编：《证券法苑》第 17 卷，法律出版社 2016 年版，第 224—239 页。

④ 彭兴韵：《信用债券违约现状与对策》，《上海证券报》2016 年 5 月 27 日第 012 版；陆巍峰等：《我国债券市场违约处置的现状及市场化处置方式探讨》，《金融市场研究》2016 年第 2 期；杜国庆：《债券违约风险市场化处置机制研究》，《西部金融》2015 年第 8 期。

⑤ 洪艳蓉：《公司债券的多头监管、路径依赖与未来发展框架》，《证券市场导报》2010 年第 4 期；洪艳蓉：《公司债券违约零容忍的法律救赎》，《法学》2013 年第 12 期；冯果：《债券的证券本质与债券市场法制化——〈证券法〉修订背景下的债券法律体系重构与完善》，黄红元、徐明主编：《证券法苑》第 17 卷，法律出版社 2016 年版，第 1—14 页；段丙华：《债券市场风险防范的法治逻辑——"债券市场风险防范法制建设高峰论坛"会议综述》，《证券市场导报》2016 年第 10 期；徐聪：《论转轨背景下证券法治逻辑与制度的现代化——兼评〈证券法（修订草案）〉"一读稿"》，《法学评论》2016 年第 2 期；窦鹏娟：《新常态下我国公司债券违约问题及其解决的法治逻辑》，《法学评论》2016 年第 2 期。

而集中研究债券（违约）风险的成果各具视角，如以降低内生交换经济成本为视角，[①] 或者针对法律制度提出完善之策。[②]

（五）述评

通过文献梳理，可以得出以下认识。

经济学与金融学上认为，债券投资中，债权人（主要指银行债权人）应该并且能够在公司治理中发挥作用，债权治理的绩效对公司发展具有重要作用。负债有利于改进公司治理和提高治理绩效。债权人在公司治理中发挥作用并最终影响公司绩效的途径包括：影响经营管理者的工作努力水平和其他行为选择；规定公司控制权的分配；通过信息传递功能影响投资者对企业经营状况的判断。债权产生治理作用的机制包括市场机制（信用评级等声誉机制、破产制度等）、合同机制（自主协定）和共同治理机制（银行监控、相互持股等企业共同治理）。债权治理效应弱化的一个主要原因是政府信用对市场机制的干预。未来研究方向可考虑将传统外部债权治理与内部治理机制结合起来，或者说将公司治理机制统一化、整体化，并应适当拓展研究对象，关注非银行债权人的治理机制。重要的是，政府信用如何对债权治理产生弱化效应及其克服是非常重要而且亟待解决的问题，而债券违约处置中的政府定位问题正是反思这一"政府兜底"思维和现象的犀利视角。

管理学上，契约治理与关系治理的理论发展能为解决债券契约的法律治理问题提供有益视角和工具，对于深刻认识与发展债券、债券契约、债券法律关系与债券违约处置这一法学研究体系具有必要性和重大意义。

对于债券违约及其风险控制的研究视角，金融学与经济学偏

[①] 芮云凯：《企业债券违约的法律规制》，硕士学位论文，华东政法大学，2016年。

[②] 周慧：《论公司债信用风险的法律控制》，博士学位论文，中国政法大学，2008年。

重于产品的结构设计和对风险产生与传播的实证判断。与管理学上契约治理与经济学上以追求效率的债权治理和宏观债券市场风险管理不同,法学研究应以权利(权力)义务规制和实现法益平衡为中心,追求风险和责任分配的正义与权力和权利行使的正当性。对于债券违约这一法律行为,在权利义务的配置上,需要以市场客观运行规律为基础进行科学有效的法律规制。债券契约是债券行为的商事基础,在识别、降低以及化解债券违约风险上,法律规制应以债券契约的规范与保障实施为建构路径。规范债券行为,旨在维护投资安全、促进投资效益、确保市场公正和发展商事信用,在保障债的目的实现的同时,维护规范的市场秩序。

在债券违约中权益规制的问题上,当前对规范与保障债券持有人权利的解读上集中于控制权配置与制衡、相机治理与破产制度、企业人格否认、塑造银企关系、发展债券市场等的制度效率剖析或宏观管理建议,而对微观上债券持有人对违约风险发挥治理作用的机制、违约处置的内在机理和以公平正义为核心的权义规制尚未触及。毫无疑问,对债券契约以及债券违约的规制本质上更多的是法学问题,研究债券违约风险的治理问题涉及众多主体的利益平衡,法学研究责无旁贷并且应当有所回应,而其中,政府定位问题是科学处置债券违约的核心。故而,对债券契约以及债券违约风险的法学研究应当有所深入,并且应当体系化,也亟待加强对其他学科内容的吸纳和转化(交叉研究)。经济与管理学科的功能是揭示市场客观规律,其所展现的规律正是证券法学研究的市场基础,这是债券违约处置市场化法治化的当然逻辑。

总体而言,债券违约处置由于其领域、历史演进等特殊性,其中的政府定位问题具有强烈的时代特征。既有研究多多少少围绕着债券契约、债券违约风险、政府定位等问题进行,而对于债券违约处置中的政府定位问题这一实践和理论重点尚未触及。大多研究在谈论债券市场"刚性兑付"问题时，浅尝辄止、泛泛而谈，缺乏实践上的深入反思和理论上的体系性探索。于债券违约处置而言，现有研究对债券基础法律关系存在认识上的不足，忽略了债券交易的商事特殊性，对债券契约的本质挖掘尚不系统和深入。债券行为主体关系极具特殊性，具有分散性、涉众性、组织性等特征，其法律规制体系除了公司法以外，还包含合同法和证券法。现有债券违约处置法律规范混乱而且割裂，在债券违约处置的规范适用中，合同法、公司法应与证券法衔接协调，保持内在逻辑的统一与自洽。债券违约处置中的政府定位及其法制实现，不仅应突出债券投资者保护，更应体现对商事交易的自由、效益与安全的维护和对市场信用体系的培育，并促进建立以公司商事信用为核心的统一债券法制体系。

三 研究内容与主要方法

（一）基本概念的一般界定

1. 债券及其类型

根据斯普林格（Springer）出版社 2013 年出版的《金融百科全书》，"债券"（bond）被解释为"公司的一项长期债务"，"通常包括有担保的和无担保的债务，债券一般有面值，又称为基本价值或面额，被记载于债券证明书"。① 世界银行组织发布的 2017 年《国际债务统计报告》指出，债券是一项由公共部门担保并公开承诺，或者由私人部门发行的持续一年或更长时间的债务融资工具，债券通常给予持有者无条件的固定货币收入或通过合同确定的可变货币收入。②

---

① Cheng-Few Lee, Alice C. Lee, *Encyclopedia of Finance*, New York: Springer US, 2013, p. 26.

② World Bank.2017.*International Debt Statistics* 2017, p171.https://openknowledge.worldbank.org.

根据关于各类债券的法律法规定义,[①] 债券皆应依照法定程序发行,其共同的内涵为"发行主体约定在一定期限内还本付息的有价证券"。一般而言,债券本质上是一种资金借贷的证明,是发行人为融资需求向投资者发行并按条件以约定的利息偿付资金的债权债务凭证,[②] 是一种有价证券。债券发行人与债券投资者产生债权债务法律关系,[③] 投资者获得相对比较确定和稳定的回报。

当前在债券市场上的债券交易品种分类复杂,存在主体分类、交易场所分类、交易结构分类、交易方式分类及其他分类等多种分类路径,如《深圳证券交易所债券市场投资者适当性管理办法》第2条将公司债券、企业债券和资产支持证券统称为债券。由于本书讨论核心集中于债券行为中的主体,故依债券发行主体对债券进行一般区分。理论上,债券根据发行主体不同大致可区分为两大类,即政府债券和公司债券。政府债券包含国债、主权债券、政策性银行债券和地方政府债券,等等。政策性银行债券由于其政府信用的特殊性,可归类为政府债券,我国政策性银行债券发行主体为国家开发银行、中国进出口银行和中国农业发展银行。地方政府债券根据有收益项目发行和没有收益项目发行区分为一般责任债券和专项

[①] 《地方政府一般债券发行管理暂行办法》第2条规定,地方政府一般债券,是指省、自治区、直辖市政府为没有收益的公益性项目发行的、约定一定期限内主要以一般公共预算收入还本付息的政府债券。《企业债券管理条例》第5条:"企业债券,是指企业依照法定程序发行、约定在一定期限内还本付息的有价证券。"《公司债券发行与交易管理办法》第2条:"公司债券,是指公司依照法定程序发行、约定在一定期限还本付息的有价证券。"《全国银行间债券市场金融债券发行管理办法》第2条第1款:"金融债券,是指依法在中华人民共和国境内设立的金融机构法人在全国银行间债券市场发行的、按约定还本付息的有价证券。"《银行间债券市场非金融企业债务融资工具管理办法》第2条规定,非金融企业债务融资工具是指具有法人资格的非金融企业在银行间债券市场发行的、约定在一定期限内还本付息的有价证券。

[②] 冯果:《债券的证券本质与债券市场法制化——〈证券法〉修订背景下的债券法律体系重构与完善》,黄红元、徐明主编:《证券法苑》第17卷,法律出版社2016年版,第1—14页。

[③] 冯果:《证券法》,武汉大学出版社2015年版,第10页。

债券。广义上的公司债券指公司作为发行人发行的债券，由于公司所有制性质、公司领域等种种主体特性，存在狭义的公司债券、企业债券（国企债券、央企债券）、城投债、金融债券、非金融企业债务融资工具［公开发行的中期票据、短期融资券；非公开定向发行的债务融资工具（PPN）］等类型。狭义的公司债券指不具有前述主体特殊性的公司发行的债券，根据公司规模大小可分为中小企业私募债、创业板私募债和由我国证券监督管理委员会（证监会）核准的上市公司公开发行的公司债券。由于结构性金融的创新，债券市场中的产品存在多种以结构安排为显著特性的债券或者说债券类产品，如主要由证券公司、信托公司和保险公司等金融机构发行的资产证券化类的固定收益产品，可转换债券，可交换债券，等等。金融创新背景下，我国传统"股债二分法"下的债券种类尚无确定的范围。

需要说明的是，前文依主体所作的债券分类并非一定严密无漏。为突出研究问题，后文论述将以实践中出现和较大可能出现违约的或不太可能出现但具有重要理论意义的债券类型，依照债券发行主体存在的主要信用特性进行展开。本书研究范围主要涉及地方政府债券和广义的公司债券，不包括国债、国际债券市场的主权债券等极其特殊的债券违约，但在具体论证过程中可能会对特殊债券做出必要的借鉴性分析。

2. 债券违约与债券违约处置

债券的法律属性为契约，一般意义上的债券违约是指对债券契约义务的违反，包括对债券契约一般性条款的违反和对重要条款的违反。一般性违约并不必然影响债权人投资收益，但可能会增加发生根本性违约的风险，又称技术性违约。对重要条款的违反主要指发行人不能按照契约履行还本付息的义务，可称为根本性违约。中国证券业协会于2017年3月发布的《公司债券受托管理人处置公司债券违约风险指引》第2条规定，"公司债券违约风险是指发行人偿还公司债券本息存在重大不确定性，或发行人未能按期足额偿还公司债券本息"，并分别简称为预计违约和实质违约。值得注意的是，由于债券本身属于债券二级市场上的交易对象，在债券回购交易中也可能发生违约行为，此时的"违约"并非债券本身的资金兑付义务的违反，而是债券回购协议的违反，即债券回购协议双方不能按照回购条件履行资金或债券的提供与交收义务，严格来讲属于"债券回购违约"。由于债券的标准化契约本质，债券回购以债券为基础，债券回购违约行为与债券本身违约行为存在紧密关联，二者形成债券市场的风险传导链条，对债券市场的风险影响重大。故而，在风险控制视角下，对债券违约的思考宜从宽讨论债券本身违约以及债券交易违约。

"债券违约处置"一词并非成熟的法律术语，但其运用在解决债券违约产生的问题中，具有一定合理性和重要意义。一方面，在多种法律法规中，政府职能存在危机处置、应急处置等描述，比如2014年修正的《预算法》第35条、2014年9月发布的《国务院关于加强地方政府性债务管理的意见》、2016年10月发布的《地方政府性债务风险应急处置预案》中皆对风险事件适用"处置"一词。另一方面，债券违约事件作为债券市场的风险之一，对其监管规范多用"处置"描述。比如，在证监会公司债券监管部的职能介绍中，有"负责债券市场风险处置工作"，[①] 2014年5月发布的《国务院关于进一步促进资本市场健康发展的若干意见》指出要"健全债券违约监测和处置机制"，2017年3月发布的《深圳证券交易所公司债券存续期信用风险管理指引（试行）》第二条即使用"化解信用风险和处置违约事件"用语。又如，2015年10月发布的《中国证监会派出机构监管职责规定》第3条、第22等多条规定使用"风险处置、债券违约事件处置"，2016年3月16日第十二届全国人民代表大会第四次会议批准的《中华人民共和国国民经济和社会发展第十三个五年规划纲要》在第16章中多次提到"风险防范处置、评估处

[①] 证监会官网：http://www.csrc.gov.cn/pub/newsite/gszqjgb/。

置"。总而言之，用"债券违约处置"来描述债券违约的纠纷化解与风险规制的问题，在当前法律规范语境下约定俗成，并且具有政府监管的共同关注内容。从债券违约监管和规范的内容不难得知，"债券违约处置"在一般意义上是站在市场事后监管的角度，旨在对发生债券违约的事件，稳步有序地解决债券发行与交易各方主体利益平衡、债券市场风险控制以及债券市场信用调整等问题。

3. 政府定位

前已述及，政治学与经济学站在宏观视角研究政府定位，其包含"政府与政府""政府与市场""政府与社会"三个基本范畴。一般意义上，政府定位是在其角色和职能实现的过程中一种制度化的行为机制，通常在政府与其他主体的关系和活动中体现。[①] 讨论政府定位是要解决政府在某一具体领域的实际问题，脱离实际领域的政府定位没有具体意义。在宏观意义上，政治学与经济学研究中的"政府"通常与"国家"交替使用。与其他学科的视野不同，法学研究视角下的"政府"与"国家"是存在区别的，特别是在经济法的公权干预视野下。国家是抽象的社会整体利益的代表，通过法律的形式来实现其目的，而政府是具体的社会整体利益的保障者，是法律的执行者和规范对象，政府定位应当以法律的形式确定和遵从法定的模式。[②] 经济法上的法律治理即为对市场的各种规范，包括引导、扶持和限制等，政府本身并不参与具体的法律关系。[③]

根据法学视野下的政府定位思路，政府指具体的政府行政力量，国家立法机制与司法机制属于应然层面的制度构造范畴，同时，政

[①] 李长源：《新型农村社区建设进程中乡镇政府角色定位与重塑》，《中共青岛市委党校（青岛行政学院）学报》2015年第1期。

[②] 冯果、万江：《社会整体利益的代表与形成机制探究——兼论经济法视野中的国家与政府角色定位》，《当代法学》2004年第3期。

[③] 陈婉玲：《经济法权力干预思维的反思——以政府角色定位为视角》，《法学》2013年第3期；张德峰：《我国合作金融中的政府角色悖论及其法律消解》，《法学评论》2016年第1期。

府定位的分析与判断皆立足于法制构造的价值判断与机制构建之下。因此，本书中的债券违约处置中政府定位的内涵是，政府行政力量在债券违约处置中的地位、角色、职责和行为（约束）机制，而不是与公民相对的国家概念；是要解决政府作为法律执行者在债券违约处置中应扮演的角色和承担的职责，以及应当如何实现政府定位的法制化。

（二）思路与方法

本书研究将沿着"提出问题→分析原因→基本观点→法理论证→制度构建"的进路，遵循如下思路：实践上债券违约处置中政府定位的转变及其原因—债券违约处置中政府定位的核心问题与解决路径—债券违约处置中政府定位的法理基础—实现债券违约处置中政府定位的路径与法制构建。内在思路如下图所示：

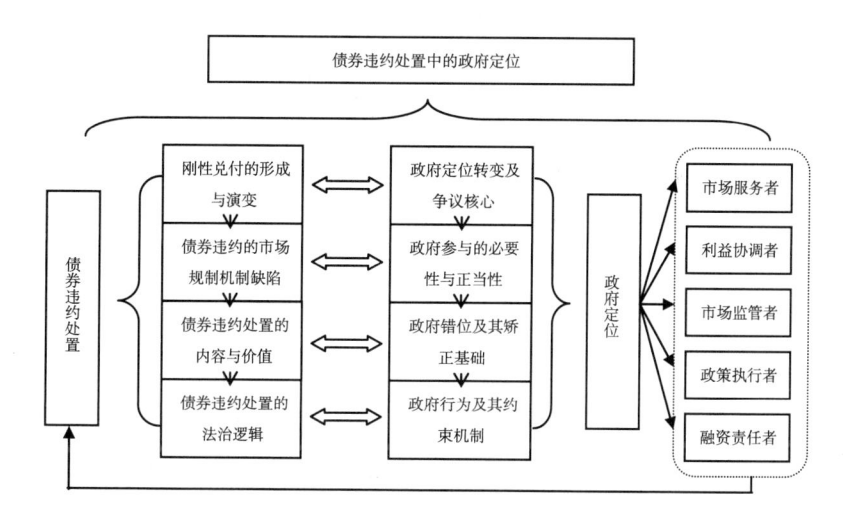

```
                    ┌─────────────────────────────┐
                    │    债券违约处置中的政府定位    │
                    └─────────────────────────────┘
        ┌──────────┬──────────────┬──────────────┬──────────┐
        │          │ 刚性兑付的形成│ 政府定位转变及│          │ 市场服务者│
        │          │   与演变     │   争议核心   │          │          │
        │          ├──────────────┼──────────────┤          │ 利益协调者│
        │债券违约   │ 债券违约的市场│ 政府参与的必要│ 政府定位 │          │
        │ 处置     │   规制机制缺陷│  性与正当性  │          │ 市场监管者│
        │          ├──────────────┼──────────────┤          │          │
        │          │ 债券违约处置的│ 政府错位及其矫│          │ 政策执行者│
        │          │   内容与价值 │   正基础    │          │          │
        │          ├──────────────┼──────────────┤          │ 融资责任者│
        │          │ 债券违约处置的│ 政府行为及其约│          │          │
        │          │   法治逻辑   │   束机制    │          │          │
        └──────────┴──────────────┴──────────────┴──────────┘
```

具体而言，第一章深入剖析我国债券市场上发生过的两次债券违约危机，厘清其中政府定位发生转变的内容与原因，指出债券违约处置中的政府定位面临的实践困境和理论分歧，并提炼政府定位所要解决问题的核心。第一章提出一个基本的分析路径，即债券违约处置中的政府定位问题，并非简单的"去行政""去政府"，实质上是要清楚地认识政府为何要介入债券违约处置过程，发现债券违约市场规则机制的缺陷，并通过构造债券违约处置中的政府行为机制来明确政府介入市场的界限。沿着第一章结论的分析路径，第二章分析政府介入债券违约处置的法理逻辑，论证政府应当在债券违约处置中起到一定的作用，或者说债券违约处置需要政府干预的必要性和正当性。进一步，第三章指出债券违约处置本身面临的难题，分析债券违约处置中政府定位存在的错位问题，并指出政府定位应当如何进行，即政府定位应当主要考虑的因素和遵循的思路。在确定债券违约处置中政府定位的依据之后，第四章从政府角色和政府职能的角度构造政府定位的路径。第五章在制度上确定债券违约处置中的政府行为机制和相应规范，是对前四章的论证结论从价值到制度、从问题到对策的逻辑推进。整体上，第一章确定第二章、第三章、第四章和第五章论证的基本内容，第二章构成第三章的理论前提，第三章构成第四章的直接依据，第四章构成第五章的基本框架，第五章是对第四章的具体化和深化；第四章和第五章是全书的结论部分，是对第一章的直接回答，第二章和第三章是该回答的具体论证过程。全书五章构成层层递进的论证逻辑，整体上形成立体化的研究框架。

  方法上，本书主要采用比较研究、案例分析、规范分析以及交叉研究的方法。具体通过对比不同时期债券违约处置中的政府定位以及域内域外债券违约处置中的政府定位，分析债券违约纠纷的司法裁判和债券违约处置中政府定位的实践案例，整理混乱的债券违约处置和债券违约处置中政府定位的制度规范，以及结合经济学中的政府定位和债券违约风险管理、政治学中的政府定位和管理学中的治理模式，来研究债券违约处置中的政府定位这一法律治理问题。

第 一 章

债券违约处置中政府地位的转变与争议厘清

第一节 两个时期的债券违约处置中的政府地位

在进一步分析债券违约风暴之前，有必要对我国债券市场的发展作出一般性的宏观考察。

新中国成立以后，中央人民政府为解决财政问题，于1950年1月批准发行新中国第一笔公债"人民胜利折实公债"。[1] 彼时仅有债券，并无债券市场。1981年，恢复国债发行，债券以场外银行柜台交易为主，国债和国库券不允许公开流通转让，直至1986年才可以在场内交易。[2] 1982年，由金融机构发行的金融债券产生。[3] 1984年，我国将企业债券的发行正式纳入国家资金计划，集体所有制企业允许发行企业债券。1990年底，上海证券交易所成立，场内交易成为主要市场。1994年，随着政策性银行的成立，政策性金融债券

---

[1] 张洪海：《我国债券市场的发展历程》，《辽宁经济》2010年第1期。
[2] 徐国栋：《股票和债券的若干法律问题》，《中国法学》1992年第5期。
[3] 中央国债登记结算公司编：《债券市场》，中国金融出版社2008年版，第19—20页。

产生。① 1997年，人民银行将商业银行限制在全国同业拆借中心交易，银行间债券市场形成。

至此，债券市场雏成，大致经历了场外柜台市场为主、以交易所市场为主和以银行间场外市场为主的三个发展阶段。② 2004年以前，债券市场上的品种主要有国债、企业债券（金融债券）、特种债券等，③当时企业债券发行受严格限制，由央行核准并由商业银行强制担保，实质上具有准政府信用的特征。2005年，中国人民银行推出了短期融资券。2006年，资产支持债券获准发行。2007年，中国证监会推出了公司债券。2008年，中国人民银行推出中期票据。④债券市场由单一的企业债券发展至多样化的债券品种。2005年以后以企业自身商事信用的债券品种陆续出现，特别是2007年银监会限制银行对企业债券施行担保以后，真正意义上市场信用债券开始发展起来。

由于在我国债券市场的历史演进中，违约事件的发生具有鲜明的时代特征，2007年以后市场上才具有（至少形式上）真正以市场主体自身商事信用为基础的债券种类，本书以2007年为债券违约处置中政府定位产生转变基础的转折点。本书在债券市场的宏观发展背景下，以债券违约处置中的政府地位为视角，将2007年以前称为"单一信用发展时期"，将2007年以后称为"多样化信用发展时期"。"单一"与"多样化"描述的是债券的信用基础，2007年以前市场上的债券主要以政府信用为基础，2007年以后债券开始逐渐以商事信用为基础并日益受到重视。此处仅对信用分类作一般描述，后文将会对信用划分进行详细论证。债券市场的本质和方向即当是

---

① 张洪海：《我国债券市场的发展历程》，《辽宁经济》2010年第1期。
② 肖宇、罗滢：《中国债券市场的发展路径》，《宏观经济研究》2009年第2期。
③ 张育军：《什么叫"有价证券"？》，《中国金融》1990年第12期。
④ 崔宏：《中国企业债券市场呼唤"债券违约"》，《银行家》2009年第10期。

债券商事信用的回归,此已成为学界共识。①

一 "单一信用发展时期"的债券违约及其处置中的政府地位

(一)"单一信用发展时期"的债券违约事件

在债券市场的"单一信用发展时期",行政性管制严重,债券市场基本处于非市场化运行状态,②比如企业债券发行须中国人民银行严格审批,不同债券的交易场所严格受限。市场各方主体对"债券违约"敏感而陌生。债券发生违约事件可以说是"不敢想象"的,第一层含义是投资者面对债券违约是完全不能接受的,第二层含义是发行债券的企业和代理销售的证券机构面对债券违约会被视为"重大失败"。债券发生违约基本等同于"重大社会事件"。尽管市场对债券违约讳莫如深,在"单一信用发展时期",债券违约事件也并非没发生过。

大部分学者认为是 2014 年 "11 超日债" 打响了我国债券违约的 "第一枪",③ 从我国债券市场的宏观发展历程来看,是有误的。事实上,我国债券市场在 20 世纪发生过严重的违约危机。在 20 世纪 80 年代至 90 年代,一度出现债券兑付困难的时期,并形成重大社会问题。债券市场的违约兑付问题曾引起广泛关注和讨论。④

---

① 洪艳蓉:《公司债券违约零容忍的法律救赎》,《法学》2013 年第 12 期。段丙华:《债券市场风险防范的法治逻辑——"债券市场风险防范法制建设高峰论坛"会议综述》,《证券市场导报》2016 年第 10 期。

② 何德旭、高伟凯等:《中国债券市场:创新路径与发展策略》,中国财政经济出版社 2007 年版,第 21 页。

③ 范传贵:《国内首例债券违约 债权人陷维权困境》,《法制日报》2014 年 4 月 12 日第 004 版。

④ 项庆、王世林:《对我国债券工作的思考》,《计划经济研究》1990 年第 2 期;张胜林、张善林:《对企业债券偿还能力情况的调查》,《中国金融》1994 年第 3 期;黄晓明:《企业债券安全性探讨》,《现代法学》1994 年第 4 期;韩德洋、张晓宇:《当前经济纠纷的成因及其法律对策》,《政法论坛》1995 年第 4 期;徐伟、金晶:《企业债券不能按期兑付辨析》,《中南财经大学学报》1996 年第 1 期;李红雨、刘礼和:《债券持有人的权利谁来维护?》,《中国质量万里行》1996 年第 9 期。

据有学者调查，1992年底，仅宜昌市就有近4000万元的企业债券面临到期兑付，而其中有95%以上无兑付资金保障。① 在当年宜昌市的债券本息兑付中，有65%以上被"政府兜底"。1992年，广东南雄五家企业发生2000多万元的债券违约事件，在政府的强力干预下，企业债券在提高利率延期一年兑付后，最终以银行垫付资金结束风波。② 1994年，华东某省发生接近7亿元的债券违约，而其中恶意拖欠的"大有人在"，甚至债券投资者被逼无奈联名人大代表"上书"，债券违约现象成为重大社会问题。③ 1995年6月，轰动一时的陕西国棉九厂2570万元债券到期，至当年10月底，2230万元债券无法完成兑付，④ 最终在陕西省政府多次开会研究和多方筹集资金下使得绝大多数债券完成兑付。1995年，唐山市全市共计27438万元的债券面临到期兑付压力，在代理银行垫付资金和多方转贷已经偿还15932万元的情况下，依然面临重大的兑付难题，一时间政府面临巨大的社会压力。⑤ 除了债券本身违约成为重大社会问题外，债券交易违约也曾引发社会不稳定。一些金融机构和财政证券机构以发售"国库券代保管单"等形式向居民举债，最后不能按期赎回资金引发一系列社会问题。

无独有偶，21世纪以后，2007年以前，也曾出现过债券违约的信用风险事件。2006年7月福禧投资控股公司的短期融资券"06福禧CP01"出现违约风险，其信用等级被降为C级，最终在2007年3月以完全兑付的方式得到解决。市场中还出现了上海电气、天津高

---

① 孔迅：《企业债券到底有多少能兑现》，《经济师》1993年第12期。
② 曾勇：《法乃权益之保障——南雄人行依法解决企业债券兑付资金的启示》，《广东金融》1996年第3期。
③ 曹顺之：《企业债券：歪嘴和尚念的经——企业债券兑付难现象透视》，《山东金融》1994年第9期。
④ 吴锦瑜：《集资易 偿还难——企业债券延期兑付引发的思索》，《瞭望》1995年第48期。
⑤ 张刚等：《企业债券到期偿还难问题亟待解决》，《经济论坛》1995年第16期。

速等极少数违约波折，但终究是有惊无险，并未引起重大审思。①

（二）"单一信用发展时期"债券违约处置中的政府地位

在"单一信用发展时期"，发生的债券违约事件虽然大多最终得到解决，但违约事件的处置过程艰难曲折、问题重重，造成了严重不良的社会影响。政府信用和权威一度面临冲击，市场信用严重缺失，企业债券甚至被戏称为"打给社会的白条"。② 在 20 世纪 90 年代违约事件的处置中，政府扮演着债券兑付的"决定者"角色，债券违约处置的方式和目的只有一个：依靠政府想尽办法完成兑付，而在政府的绝对压力下，其他市场主体如银行、券商等债券中介机构，甚至其他企业，都不得不听命于政府，政府力量在债券违约处置中占据绝对主导地位。

作为担保人或者债券代理销售机构，银行和券商的地位十分尴尬，绝大多数的违约债券由券商和银行被迫垫付资金完成兑付。企业债券在发生兑付困难时，投资者只认定直接"出卖"债券的证券机构。③ 证券代理机构为维护自身信誉，多被迫采取垫付资金的方式代企业偿还本息，比如，武汉证券公司至 1995 年 11 月被迫为企业垫付到期债券超过 5000 万元。④ 实践中也形成了证券代理销售机构是债券兑付当然责任人的思维，比如 1994 年，一位投资者在城市信用社购买了 7000 元某公司债券，在 1995 年到期后找信用社兑付本息，信用社因"没有钱"拒退了投资者。⑤ 在证券代理机构不采取先行赔付时，银行往往面临政府压力不得不通过增加贷款来"支持"兑付。

---

① 崔宏：《中国企业债券市场呼唤"债券违约"》，《银行家》2009 年第 10 期。
② 湘湘：《企业债券：打给社会的白条》，《价格与市场》1995 年第 6 期。
③ 投资者在面对债券违约时处于集体不理性状态，多次发生集体上访、打砸事件，债券发行机构成为"替罪羊"。参见董根茂等《解决企业债券兑付问题刻不容缓——渭南地区企业债券兑付困难的调查与思考》，《陕西金融》1994 年第 8 期。
④ 陈天华：《企业债券为什么不能如期兑付》，《银行与企业》1996 年第 3 期。
⑤ 本刊编辑：《到期债券如何追偿?》，《西南民兵》1997 年第 2 期。

企业债券在运行初期因严格的计划管理，其违约处置中政府处于信用兜底的地位。虽然国务院于 1987 年 3 月 21 日发布的《企业债券管理暂行条例》，其第 3 条明确了禁止摊派发行债券，但企业债券的额度审批制度一直是形成政府信用兜底的根源。1993 年，《企业债券管理条例》被修订后颁布，进一步加强了对债券市场的计划管理。发债企业获得政府给予的市场融资资格，完全由政府计划，投资者在债券投资中得不到应有的重视。当发生债券违约时，发行人"理所当然"地寻求政府帮助，政府也不得不因"计划"行为采取增加国家政策性贷款或强制银行代为兑付的措施，发行人与投资者之间根本未形成基于商业经营的投融资关系。在发生债券违约时，往往是券商和银行胆战心惊、积极寻求解决办法，而投资者往往"理直气壮"。

1994 年，《最高人民法院经济审判庭关于代理发行企业债券的金融机构应否承担企业债券发行人债务责任问题的复函》指出，债券持有人应当向发行人主张权利，债券推销人金融机构垫付资金实行兑付后可以向发行人追偿。[1] 而与此同时，国务院办公厅于 1994 年 9 月 22 日转发中国人民银行、国家计委《关于企业债券到期不能兑付问题处理意见的通知》，要求各级政府及主管部门"必须高度重视，不能失信于民"。[2] 1996 年国务院批转中国人民银行《关于进一步做好证券回购债务清偿工作的请示》，针对当时证券回购债务严重拖欠、清偿难度大的问题做出规定。以发售"国库券代保管单"等

---

[1] 规定内容如下："当企业债券的发行人未按约定期限偿付企业债券的本息时，债券持有人应当向企业债券的发行人和（或）担保人主张民事权利。如果债券推销人金融机构代企业债券发行人垫款向企业债券持有人兑付本息时，该推销人金融机构则成为债券持有人，亦应向企业债券的发行人和（或）担保人主张民事权利。"

[2] 规定内容如下："近一时期，一些地方部分企业债券到期不能及时兑付，引起群众不满。对此，各级政府及其主管部门必须予以高度重视，要根据国家有关政策，采取积极措施，妥善处理到期企业债券的兑付问题，不能失信于民，更不能由此引发社会的不稳定，干扰经济工作的正常进行。"

形式向居民举债，该行为形式上属于债券回购违约，而实质上构成资金拆借，本质上具有发行债券的性质。批复指出，要"发行人"组织牵头保证兑付，由各级政府清查事件并督促清偿，中国人民银行行使处罚权（必要时可以通过法律程序强制划款）。当时政府要求保证兑付的态度可见一斑。

概而言之，在"单一信用发展时期"，政府在债券违约处置中可谓起到"决定性作用"，债券违约能否得到兑付全看政府采取何种态度，法院都无能为力，[①] 比如在一起债券违约事件中，债券代理机构起诉发行人的担保机构，但在政府的地方保护主义下，基层法院甚至不敢受理案件，递交中级法院的起诉状都"被迫"撤回。[②] 政府部门和金融机构往往对债券发行构成了形式上或实质上的担保，不论担保本身合法或合理与否，由于法律制度、观念意识和资金等现实原因，相关信用担保主体往往在债券发生违约时无法产生实际作用。很多企业之间的债券发行担保也实际上在政府干预下达成。当债券发生违约时，发行人的责任地位往往不明晰，出现投资者、银行和券商以及政府成为债券违约处置中主要主体的畸形现象。由于政府对债券发行和交易的管制，基于中央政策响应和追求自身资金利益的原因，地方政府在债券发行和偿还的管理上往往"顾前不顾后"，债券违约事件的大面积爆发引发一定的社会矛盾。政府在债券处置过程中的一系列作为，比如有学者描述债券违约事件"像往常一样，在政府的'关照'下由银行贷款解决"[③]，造成政府兜底解决债券违约纠纷的惯性思维。政府主导的强制兑付导致其无形间已经成为债券信用的背书者，政府的干预导致银行、券商等主体的金融信用不当扩张，债券市场的商事信用被严重扭曲。

[①] 本刊编辑：《购买企业债券要慎之又慎——"兑付难"已成为一个社会问题》，《统计与信息》1994 年第 6 期。

[②] 曾勇：《法乃权益之保障——南雄人行依法解决企业债券兑付资金的启示》，《广东金融》1996 年第 3 期。

[③] 孔迅：《企业债券到底有多少能兑现》，《经济师》1993 年第 12 期。

二 "多样化信用发展时期"的债券违约及其处置中的政府地位

（一）"多样化信用发展时期"的债券违约事件

2007年以后，债券市场上的产品种类日益多元化，结构性金融的创新如资产证券化、各种资金托管计划等，具有稳定收益的证券品种体现出债券的特征，债券市场开始逐渐迸发出巨大的活力。"多样化信用发展时期"债券市场的高速发展，使得债券市场的结构、交易方式以及品种特质和规范越来越复杂，债券违约及其处置的问题也越来越不简单。

自从市场上开始出现真正意义上的商事信用债券以后，很长一段时间内没有发生过债券违约事件，20世纪违约风暴的痛苦记忆逐渐被市场的巨大活力所冲淡。直到2011年，山东海龙股份有限公司濒临破产，其发行的十期融资券面临兑付危机，其主体信用评级由A+级被降至CCC级，潍坊市国资委作为控股股东最终进行担保，从而避免了兑付不能。① 如果说2011年山东海龙违约危机事件还只是"政府兜底"下的惯性事件，市场已经习以为常，那么2014年"11超日债"违约事件，可谓是触痛了市场对债券违约中"刚性兑付"的敏感神经，以其为开端的债券市场违约风暴才刚刚拉开序幕。②

2014年3月，上海超日太阳能科技股份有限公司（违约后重组为协鑫集成科技股份有限公司）于"11超日债"第2期付息日前宣布，就其当期8000多万利息金额仅能支付400万，构成公司债券市场的首例公募债券违约。此后，债券违约事件如雨后春笋般密集出现。2015年4月"中科云网"（ST湘鄂债）、2015年4月国企中期票据"11天威MTN2"、2015年4月中小企业私募债"13大宏债"、2015年5月

---

① 高远：《谁来化解债券违约危机与信托兑付危机》，《现代企业》2015年第2期。
② 以下对违约事件的描述，包括时间、主体行为以及事件进展等未特别注释的信息，皆来自发行人、券商以及监管部门的相关公告等公开资料，渠道以中国债券信息网等官方网站为主。

"12 中富债"、2015 年 10 月央企债"10 中钢债"、2015 年 11 月超短融"15 山水 SCP001"等发生违约事件。仅 2016 年上半年，地方国有企业东北特钢集团三期债券违约："13 东特钢 MTN2""15 东特钢 SCP001""15 东特钢 CP001"，中央国有企业华昱集团和天威集团分别发生"15 华昱 CP001""13 天威 PPN001""11 天威 MTN1"债券违约，民营企业中联物流、宏达矿业以及亚邦集团等发生"13 中联 01""15 宏达 CP001""15 亚邦 CP001"债券违约，外商独资企业南京雨润和山水集团发生"15 雨润 CP001"及"15 山水 SCP002""13 山水 MTN1"债券违约。2017 年上半年，东北特钢继续发生违约："13 东特钢 MTN1"，大连机床连续违约："16 大机床 MTN001""16 大机床 SCP003""16 大机床 SCP002"，山水水泥继续违约："14 山水 MTN001"，中国城市建设控股集团打开连续违约之门："16 中城建 MTN001"，珠江中富继续违约："12 珠中富 MTN1"。2018 年，"15 宏图 MTN001""15 银亿 01""18 洛娃科技 MTN001"等。2019 年，"18 康得新 SCP002""16 国购 01""12 三胞债"等。

以上仅仅是不完全的粗略统计，只是 2014 年以来我国债券市场违约风暴的冰山一角。有研究指出，2014 年大约有 6 只债券违约，共涉及 5 家发行人；2015 年大约有 25 只债券违约，共涉及 22 家发行人；2016 年大约有 63 只债券违约，共涉及 17 家发行人。其中发生连续多次违约的不在少数，共涉及违约金额三年分别大约为 13.4 亿元、132.7 亿元和 528.6 亿元人民币。[①] 2017 年债券违约事件尚在继续发生，如违约新面孔："15 春和 CP001""12 江泉债"等，另包含九只山水集团、中城建以及大连机床等违约老面孔。2017 年至今的债券市场甚至每天都有不同程度的违约危机出现，大有愈演愈烈之势，比如川煤集团继 2016 年 6 月"15 川煤炭 CP001"、2016 年 12 月"13 川煤炭 PPN001"违约之后，于 2017 年 5 月在一周之内又

---

① 兴业证券研究所 2016 年 5 月研究报告。

接连发生"12 川煤炭 MTN1"和"14 川煤炭 PPN001"两起违约事件。① 2019 年 11 月，中国人民银行发布《中国金融稳定报告（2019）》指出，"2018 年全年债券市场违约事件增多，全年公司信用类债券共有 46 家发行人的 130 只债券发生违约，涉及发行金额 1 243 亿元，同比增长 219%；2018 年下半年违约数量明显增多，且 2019 年公司信用类债券到期兑付较为集中，债券市场仍面临违约风险加大的压力"。

（二）"多样化信用发展时期"债券违约处置中的政府地位

通过对本时期债券违约事件的初步观察，可以看出，本时期的违约事件发生时间比较集中，规模大，债券种类多，并且具有显著的行业特性。本时期的债券违约处置由于发行人主体所在的地区、行业以及市场地位等存在差异导致结果不一，政府在其中所体现的作用也不一。由于债券违约事件数量众多，下文将选取具有代表性的债券违约处置案例进行分析，以管窥本时期债券违约处置中的政府地位。

2014 年"11 超日债"作为本时期首起违约的公募债券，在强烈的市场关注下，其处置过程和结果可算具有代表性。② 2014 年 4 月 3 日，其债权人上海毅华金属材料有限公司向上海市第一中级人民法院提出破产重整的申请，经过债权人小组表决同意重整计划后，上海第一中级人民法院于 2014 年 10 月 29 日做出裁定，批准重整计划。2014 年 12 月 17 日超日太阳公司发布兑付公告，委托中国证券登记结算有限责任公司深圳分公司向登记在册的全体"11 超日债"债券持有人，全额履行兑付义务。后"上海超日太阳能科技股份有限公司"名称变更为"协鑫集成科技股份有限公司"，深圳证券交

---

① 参见钟源《川煤集团深陷违约泥潭》，《经济参考报》2017 年 5 月 26 日第 016 版。

② 信息来自中国债券信息网、深交所网站、招商证券 2016 年研究报告及其他公开信息。

易于 2015 年 8 月 3 日同意其股票恢复上市。"11 超日债"违约处置的结果是在上海市政府的协调下，引入新的投资者"江苏协鑫"完成重组，实现投资者的全额兑付，最终以政府出面化险为夷。

如果说"11 超日债"中政府发挥作用立场明确，那么地方国有企业东北特钢集团的债券违约处置之路，则充分体现了政府地位的摇摆不定与无奈抉择的尴尬。2016 年"15 东特钢 CP001"无法完成本息兑付，拉开其多次违约的序幕。大型国有企业的主体身份令东北特钢相关债券的违约处置过程备受市场关注，导致辽宁地区几乎不允许新债发行，成为最具代表性的地方国企公募债违约企业。在发生 9 只债券违约事件后，东北特钢于 2017 年 1 月 15 日到期的"13 东特钢 MTN1"不能按期足额兑付利息，继续违约。全部违约事件共涉及金额有 71.7 亿元之多。在漫长的债券违约处置过程中，辽宁省政府面临不小的压力，采取过多次协调措施但无奈无力保障顺利完成兑付。东北特钢集团在连续多次违约之后，终究无法完成自我救赎。国开行、渤海银行、农行作为东北特钢相关债券的主承销商，于 2016 年 7 月份举行了三期债券持有人会议。[①] 发行人"东北特钢"于 2016 年 10 月份依债权人申请进入破产重整程序，大股东辽宁省国资委表示不预设立场，以有利于企业发展、有利于保护债权人利益、有利于维护职工权益为目的。[②] 政府力量在面对市场的强烈风暴时，不得不放弃"兜底"的努力，向债券违约的市场化处置转变。在面对国企债券违约之时，政府明确表态不进行实质干预，无疑是向市场释放出让市场自我化解风险的重要信号，是债券违约处置中政府地位正悄然发生转变的重要表现。

与东北特钢存在类似情形的是四川煤炭集团。川煤集团是四川

[①] 徐燕燕：《东北特钢债务违约困局：债权人坚决不要"债转股"》，《第一财经日报》2016 年 7 月 27 日第 A06 版。

[②] 陈梦阳：《东北特钢为何走上破产重整之路》，《人民日报》2016 年 10 月 11 日第 023 版。

省最大的国有煤炭企业和唯一的煤炭整合主体。2016年6月15日，川煤集团10亿元短期融资券"15川煤炭CP001"无法完成兑付，成为首家正式违约的煤炭地方国企。与东北特钢结局不同的是，在延期一个多月后，川煤集团全额偿付了"15川煤炭CP001"债券持有人的本息并支付了900多万元的违约金，而偿付资金的来源，是在政府的协调下，由另一家国企提供委托贷款。[1] 四川省政府在对"15川煤炭CP001"等违约风险防控中曾采取措施协调营救，如四川省经济和信息化委员会于2015年12月10日发布《关于下达2016年采购川煤集团等省内重点煤矿电煤分解任务的通知》，2016年成立化解钢铁煤炭行业过剩产能和脱困升级工作领导小组，等等，加强对煤炭行业的风险引导和处置。然而，在不到半年的时间内，川煤集团又发生了违约事件，并且还继续面临巨额债券债务到期无法兑付的危机。直到2019年，川煤集团公司仍存在巨额的债券违约债务。可见，政府救助或者出面协调能直接决定债券能否实现足额兑付，却无法永远解决企业的债券兑付危机，市场的自我控制和调节机制越来越强大。政府力量在债券违约处置中的直接作用终将难以为继，以政府信用作为兜底来保证违约债券的兑付终究不是长久之计。打破债券市场"刚性兑付"的诉求应运而生。[2]

随着债券违约的市场影响逐渐产生并扩大，监管层加强了对债券违约处置的市场化引导。2016年9月8日，中国银行间市场交易商协会发布《投资人保护条款范例》，对投资者的契约保护做出指引性规定。2016年10月27日，国务院办公厅印发《地方政府性债务风险应急处置预案》，对地方政府性债券的风险处置做出规定。2017年3月17日，上交所和深交所先后发布《公司债券存续期信用风险管理指引（试行）》，强调债券发行人和受托管理人等

---

[1] 钟源：《川煤集团深陷违约泥潭》，《经济参考报》2017年5月26日第016版。
[2] 龚雯等：《开局首季问大势——权威人士谈当前中国经济》，《人民日报》2016年5月9日第001版。

主体的责任，引导市场化的风险管理手段。2017 年 3 月 17 日，中国证券业协会发布《公司债券受托管理人处置公司债券违约风险指引》，进一步加强债券违约的市场化处置。2017 年 5 月 30 日，国务院印发《关于开展第四次大督查的通知》，将"防范处置债券违约风险情况"作为重点，并指出"降低政府债务成本，查处违法违规融资担保"。2017 年 7 月 14 日至 15 日，第五次全国金融工作会议召开，国务院金融稳定发展委员会成立，风险防控成为当前市场的关键词。2018 年，中国人民银行、证监会、国家发展和改革委员会联合发布《关于进一步加强债券市场执法工作的意见》，促进债券市场统一执法。上海证券交易所于 2019 年 5 月 24 日发布《关于为上市期间特定债券提供转让结算服务有关事项的通知》，深圳证券交易所、中国证券登记结算有限责任公司于 2019 年 5 月 24 日发布《关于为上市期间特定债券提供转让结算服务有关事项的通知》等文件推出违约债券转让机制，缓释市场风险，债券市场风险防控体制机制正在不断创新。

在中央政策明确推进债券违约处置市场化、法制化改革的背景下，政府对于中央国有企业和地方国有企业发生债券违约，往往还存在隐性兜底的惯性思维。但债券违约处置中政府与市场的联系机制匮乏，导致政府职责不甚明确，以致政府在面对较大规模的债券违约事件时不得不进行艰难的角色抉择。对于具有地方特色的企业，地方政府一般在事前处于经常性的支持状态，违约后往往也陷入艰难境地，一边是对本地未来经济发展的渴望，一边是难以保证兑付的棘手现实。而对于其他一般商事信用债券，有时也基于维护社会稳定的目的承担违约处置的协调压力。总体上，在"多样化信用发展"时期，债券违约处置中的政府作用正在逐渐减弱，政府力量参与的方式由直接向间接转变，政府地位处于弱化的过渡状态。市场化改革的推进和法制化风险处置的发展，使得债券违约处置中的政府地位正在自觉或不自觉地悄然转变。

第二节　债券违约处置中政府地位的转变

从整体和宏观上来看，从"单一信用发展时期"到"多样化信用发展时期"，政府在债券违约处置中一直发挥着一定作用，政府的态度和措施直接影响着债券违约处置的进程和结果。于无形或有形间，债券违约处置中的政府地位主导着债券市场的信用发展，政府对债券市场形成刚性兑付的隐性担保形象未曾发生改变。尽管如此，在两个不同时期，债券违约处置中的政府地位事实上已经发生转变，呈现出的是一个政府主观反省和被动接受的综合过程。

一　债券违约处置中政府地位转变的表现

（一）政府态度从"理所当然"到"小心谨慎"

在"单一信用发展时期"，债券这一形式的融资工具基本为政府解决财政资金和国有企业运行而服务，债券的发行与管理受政府的严格管制。国库券、金融债券也好，企业债券也罢，一旦发生违约事件，政府基于发行审批的严格管制和建立债券市场的目的，抱有"监管父爱"和包办心态，理所当然地主导债券违约处置。从债券违约事件发生的社会后果来看，投资者以及担保银行或代理券商（有时银行作为代理机构）存在奇怪的纠纷逻辑。发生债券违约后，投资者只认定其直接购买债券的对象——债券销售机构，在长期违约的情形下，发生的重大打砸、围堵事件不在少数。而债券销售机构基于销售获利、自身信誉和社会压力等因素考虑，自觉地垫付资金履行兑付，或者不自觉地在政府压力下履行兑付。在资金确实存在困难时，银行和券商不得不与政府斡旋。而此时，债券发行人毫无用处。这种奇怪逻辑的基础在于，当时的债券和债券市场是为国企融资提供便利，而政府又主导着国有企业的计划式发展，国有企业仅仅是政府"延伸的手臂"，政府承担着债券运行的信用责任。计划思维下的"全能政府",承担着社会稳定、市场建设等各方面的职责,政府在短期维稳的社会压力下,往往利用社会职能管理着市场的经济事务。只要发生违约事件,就会有群体事件,政府保证违约债券的最终兑付,导致只解纠纷近渴,却未防市场远忧。"单一信用发展时期"的债券违约处置,甚至法院都"无能为力",[1] 政府"理所当然"主导债券违约处置进程的心态可见一斑。

"多样化信用发展时期",在发生的地方国企债券和央企债券违约事件中,至少涉及6家主体。从其处置后果来看,仅在东北特钢债券违约处置中政府明确表态不进行实质干预而进入破产重整程序,其他事件的违约处置中,基本以政府出面解决而化险为夷,[2] 如在华昱债券和川煤债券中就实现过全额兑付。从违约规模和数量上来看,相比于"单一信用时期"对债券违约讳莫如深,能出现大量国有企业违约事件已经体现出政府态度的转变,因为部分国企公募债券违约,往往已经是政府和股东权衡之后主动放弃挽救的结果。其他非国有企业的债券违约处置中,从前述多次多形式的规范发布可以看出,政府基本上不再抱有包办心态,市场化引导成为基本方向。比如,中城建作为国有控股企业,甚至连续三年发生违约。整体上看,政府在债券违约处置中决定是否要保证兑付时,开始考虑发行主体的重要性、类型、违约影响以及支持成本等因素。易言之,政府在债券违约处置中发挥作用开始变得具有选择性,债券违约处置中的政府态度相比前一时期开始变得"小心谨慎"。

(二) 政府方式从"直接主导"到"间接协调"

"单一信用发展时期"的债券违约处置中,政府作用多以开会研究和多方筹资的形式解决债券违约引发的纠纷和社会矛盾。其中,

---

[1] 曾勇:《法乃权益之保障——南雄人行依法解决企业债券兑付资金的启示》,《广东金融》1996年第3期。

[2] 中金固定收益研究报告:《黑天鹅启示录2014—2016——中国信用债市场违约及准违约案例回顾与总结》2016年10月13日。

政府多以强制银行和券商担保或者垫付资金等方式，或者指定其他国有企业提供委托贷款，以化解兑付危机。债券违约处置中，纠纷化解呈现出政府指令式或命令式的模式，"在政府的'关照'下由银行贷款解决"① 已经形成债券违约处置的惯用模式。同时，投资者和债券中介机构在实践上也形成对政府的严重依赖，发生违约的债券纠纷多以行政的方式得到解决，法院的司法功能未得到充分、有效发挥。以1992年广东南雄和1995年陕西国棉九厂的债券违约处置为例，地方区域性债券违约和特色企业债券违约都在地方政府的强力主导下进行处置，政府意志的体现方式直接而且具体。当然，从结果上看，绝大多数得到全面赔付。

事实上，"多样化信用发展时期"的债券违约处置，依然存在政府"直接主导"的痕迹，比如多起国企债券违约中皆以政府力量的作用得到妥善处置，但政府处置方式已经开始向"间接协调"发生转变。在比较典型的东北特钢违约处置案例中，发行人步入破产重整的程序，政府表态不进行实质干预，债券违约处置中的政府意志不再起决定性作用，政府方式从实质干预向程序协调转变。此外，从两个时期政府发布的规范文件对比来看，政府在债券违约处置中的方式转变也有所体现。"单一信用发展时期"的规范中，政府处于纠纷"裁决者"地位，比如1996年国务院批转中国人民银行《关于进一步做好证券回购债务清偿工作的请示》规定由中国人民银行行使相关纠纷的处罚权，司法解决机制未有足够地位。而"多样化信用发展时期"规范中，大多以对市场主体的引导规范和自律性规范为主，仅在政府债券等较为特殊的债券违约风险管理中体现出一定主导性。概言之，两个时期的债券违约处置中，政府意志在"决定性"和"强制性"上有所弱化。

（三）政府能力从"保证兑付"到"力所不及"

在"单一信用发展时期"，由于市场规模不大而政府宏观管理职能强大，对发生的债券违约事件，政府在能力上基本完成违约债券

---

① 孔迅：《企业债券到底有多少能兑现》，《经济师》1993年第12期。

的全面赔付。当然，并不是政府以财政资金作为兑付资金，而是政府在债券违约处置中通过协调其他市场主体的资金来解决违约纠纷，以实现全面兑付为目的，并且不管难度几何客观上也做到了全面兑付。国务院办公厅于 1994 年 9 月 22 日转发中国人民银行、国家计委《关于企业债券到期不能兑付问题处理意见的通知》，明确要求各级政府及主管部门"不能失信于民"，直接以政府信用作为企业债券的运行基础，要求保证兑付自成言下之意。

"多样化信用发展时期"的债券违约处置中，政府能力开始变得"力不从心"。仅从国有企业债券违约的规模来看，远远超过非国有企业，政府力量依然以实现兑付为最优结果，但市场的自我调整机制已经体现出强大力量。比如，东北特钢在经过政府几番努力后也不得不步入破产程序，又如，内蒙古曾于 2016 年 2 月发布《2015 年全区财政金融形势分析报告》，明确指出要保障兑付，结果在"奈伦债"的违约处置中无能为力。由于债券市场规模的快速扩大和政府宏观职能本身的转变，政府能力对债券违约处置的影响越来越有限，国企违约处置的过程更加复杂和漫长，结果上保证兑付率更低。据研究统计，截至 2016 年 10 月，发生的国企违约事件中，仅有 29%的违约兑付率（兑付额占违约金额的比例）。可见，"多样化信用发展时期"，政府地位转变也体现在政府能力呈现出有限性，政府对债券违约处置的结果已经客观上"力所不及"。

二 债券违约处置中政府地位转变的特征

（一）政府地位转变的被动性

"多样化信用发展时期"，政府地位客观上所发生的转变，尽管在政府态度上存在主观调整，但并不是主动选择的结果，而是市场推进的结果。"单一信用发展时期"的债券违约处置模式，在纠纷化解上取得较好的社会效果，未引起重大的反思和质疑，导致"多样化信用发展时期"的债券违约处置存在路径依赖。而客观上债券市场所发生的产品、结构和规模等方面的改变，导致新时期的债券违约纠纷和所引发的问题更加复杂，政府的主导作用面临效果和能力等方面的挑战。随着银行独立性的日益加强、债券中介机构的市场化发展以及债券交易模式的创新，债券违约的市场和社会影响发生改变。相比之下，"多样化信用发展时期"的债券违约事件，规模更大，持续时间更长，但更加容易被市场接受，并且信用评级、融资体制等市场约束机制在进一步加强。债券市场主体关系的复杂化，进一步加剧了政府在债券违约处置中地位的被动改变。债券违约处置的任务和目的，不再仅仅是保证投资者的本息兑付，市场信用机制的矫正和进一步发展正变得重要。政府已经意识到，惯性的主导处置思维对债券市场的成熟发展危害甚大。并且，政府对市场实质干预的弊端日益凸显，与其造成在债券违约处置中"主导无力"的尴尬，还不如应时应景地面对挑战、做出改变。

（二）政府地位转变的渐进性

"单一信用发展时期"直到2007年为止，政府主导债券违约处置集中在19世纪80—90年代。20世纪以后，2006年7月发生的福禧短期融资券最终获得全额赔付。2011年山东海龙股份有限公司融资券出现兑付危机，最终由潍坊市国资委作为控股股东进行担保，从而避免了兑付不能。2014年"11超日债"在政府的协调下引入新投资者的资金支持，使得投资者获得全面赔付。直到2016年，东北特钢的债券违约令其走上重整道路，辽宁省国资委作为大股东表示不预设立场。2014年至2016年发生的数起国企债券违约事件皆以政府出面而使投资者得到全面赔付，比如华昱和川煤集团。从我国债券市场上出现违约事件的20世纪80年代起，政府在债券违约处置中的决定性主导作用，一直到2016年才开始发生至少形式上的转变。中间30多年的时间，在大大小小的债券违约处置中，政府地位在2007年前后和2014年前后才慢慢有所变化和调整。在2011年至2017年期间，大量债券违约事件的爆发使得政府对市场状况来不及过多选择，政府主导处置的惯性思维经过市场实践的集中检验，逐渐不自觉地发生转变。债券违约处置市场实践的长期性，体现出政府在其中地位转变的渐进性。易言之,政府地位的客观转变并非激进式地发生,而是在长期的债券违约处置的市场实践中,由市场发展而慢慢推进的。

(三)政府地位转变的无序性

根据前述内容,尽管事实上债券违约处置中的政府地位发生了转变,但由于政府地位转变的被动性和渐进性,政府地位转变尚处于探索和试错的阶段,即并非基于理性谋划、按部就班地发生。债券违约处置中的政府地位依然保留着主导的思维惯性,面对新时期下的债券违约事件,并不存在一个确定的变革路径和具体模式,使得政府地位转变在结果上缺乏一致性。政府隐性担保的形成伴随着债券市场发展的整个历程,债券市场在成立之初就被打上了政府信用兜底的烙印。在真正有所改变的"多样化信用发展时期",路径依赖的存在使得债券违约处置中的政府地位在面对市场挑战时,显得飘摇不定。尽管新时期下的政策指明了稳步有序地打破刚性兑付的方向,但因欠缺债券违约处置中具体的政府行为机制以及政策执行力度不一,地方政府在面对债券违约时存在较大的主观选择空间,最终在不同时期、不同违约主体以及不同地域的债券违约事件中,政府地位表现出一定差异。政府地位的无序转变,导致债券违约处置不够科学、高效,同时也使得打破刚性兑付的成本提高和错过一些可能的良好时机。

三 债券违约处置中政府地位转变的原因

两个时期的债券违约处置中,政府地位的被动无序转变,存在着深刻的市场原因和历史原因。找出债券违约处置中政府地位发生转变的原因,有助于进一步探索政府该如何定位。

(一)债券主体与品种的多样化信用发展

前一时期的债券主体主要是中央政府、央行和政策性银行,地方国有企业发行的企业债券也以银行担保为主。债券品种从主要以政府信用为基础，发展至以商事信用、金融信用等多元化信用为基础，是政府在债券违约处置中地位发生转变的重要原因。信用的内涵获得拓展，经历了从伦理学到经济学，再到法学的路径，其核心离不开"践守承诺"这一伦理要义。[1] 经济学上，信用主要指有条件的商品（包括资金）交换，即以收回为条件的付出，或者以归还为义务的获得。[2] 法学对信用本质的研究独具视角，[3] 如2017年6月份公布的《上海市社会信用条例》第2条，将社会信用定义为，信息主体在社会和经济活动中遵守法定义务或者履行约定义务的状态，信用逐渐规范化和效力化。本书认为，信用应是对某种秩序（法定义务或约定义务）的维护和实现，[4] 同时包含一种对主体履约意愿和能力两方面的评价，后者将信用的主观表现客观化，赋予其制度意义。信用的本质应当回归制度与评价，[5] 其描述对象是信任基础。据此，2007年以前以企业债券、国债券和金融债券为主的违约处置中，政府构成了投资者对债券购买的信任对象。债券发行以及交易的严格管制，则形成了投资者获得政府兑付的制度化保护。"多样化信用发展时期"，经济生活中的市场地位越来越突出，随着私募债券、公司债券、短期融资券、非定向融资工具等券种的发展，市场主体与政府的关联度逐渐减弱。以银行与债券发行人的关系为例，在"单一信用发展时期"，银行与发行债券的国有企业存在"政府左、右两个钱袋子"的错误认识，债券违约处置中政府一手主导也就自然而然；而随着国有企业的多次改革和政府职能转变，政府与

---

[1] 石新中：《论信用概念的历史演进》，《北京大学学报（哲学社会科学版）》2007年第6期。

[2] 巴曙松等：《政策性银行商业化改革对债券市场的影响研究》，经济科学出版社2009年版，第1页。

[3] 在民法典的编纂过程中，人格权编中对信用的界定和分类几经调整，但始终表明其是一种人格属性的制度化规范。

[4] 徐国栋：《诚实信用原则的概念及其历史沿革》，《法学研究》1989年第4期。

[5] 翟学伟：《诚信、信任与信用：概念的澄清与历史的演进》，《江海学刊》2011年第5期。

市场主体的关系和责任日益明晰，市场主体的独立性日益加强。随着债券市场中的主体和品种多样化发展，政府整体上不再具有充分的信任依据，债券违约处置中政府"践守承诺"的直接性便逐渐弱化。

(二) 债券市场的结构和功能演进

前一时期，债券市场处于起步阶段，场外柜台交易的长期限制使债券流动性极低，投资者持有的债券大多持有至到期，以获得相对高的利息收益。债券品种的单一和市场结构的单一，造成债券风险集中，债券市场的避险功能缺乏，政府事后的风险化解相比事前的风险控制更加必要和重要。企业债券为主的"单一信用发展时期"，债券市场主要为国企融资和经济发展政策服务。[1] 债券市场与政府融资活动紧密联系，债券投资被认为是政府为建设国家而利用民间资金，债券发行中的固定利息作为当然承诺，政府不得不负责到底。新一时期，债券市场形成以银行间市场为主、交易所市场和其他场外市场并行的市场结构，债券投资者从以个人为主体到以机构为主体。同时，债券流动性得到较大提升，债券持有者多以二级市场买卖赚取投资收益为目的。债券市场的功能开始向其社会功能和市场功能回归，资源的公平、有效配置和促进权利交易功能得到一定发展。债券市场的价格发现和风险配置功能，也实现由弱到强的发展，债券违约的风险相对分散化，市场对风险的自我消解能力加强。在债券市场的结构和功能演进下，债券违约处置所面对的纠纷社会性减弱，债券本身的投资属性得到一定矫正，债券违约处置中政府面临的"群众压力"相对变小，而政府承担的市场发展任务变重。

(三) 债券的投资背景改变

"单一信用发展时期"，债券投资具有资金利用的创造性，而这

---

[1] 冯果：《资本市场为谁而存在——关于我国资本市场功能定位的反思》，《公民与法》2013年第6期。

一"创造"是在政府的推动下形成，而并非市场自发而生。债券市场初期的资金直接来源于个人持有的闲散资金，债券发行所带来的最直接的效应是，将居民的储蓄资金推向投资市场。这在前一时期，等同于债券投资与居民储蓄具有同等收益机制和功能，政府为这一"创造"政策承担了直接的市场变革责任。高收益的吸引力使得最初的债券发行异常火爆，基本上一开放购买就被迅速抢购一空。债券发行的定位偏差和债券运行机制的不明确，导致投资者持有的债券，在理念上和实践上都成为了银行存款的替代产品。债券违约后，债券收益的诉求自然如同银行存款一般，由彼时的政府信用来解决。新一时期，随着投资理念的成熟，风险收益机制更加明确，债券违约导致的利益诉求机制更加多元化，政府的主体信用得到市场商事信用的有益调整和补充。

投资背景的改变除了包括投资行为本身的变迁，也包括债券违约行为的变化。"单一信用发展时期"，政府信用的主体地位导致债券发行人在资金利用中并不以风险为基础，同时在违约态度上并不对投资者负责，发生恶意违约的事件不在少数。而在新一时期，债券违约的发生更多的是由于宏观经济原因和本身经营原因，发行人更加珍惜市场资源和自身的市场信用。违约行为的发生原因和发行人的主观态度的转变，对债券违约处置中的政府作用转变起到一定的推动作用。债券违约处置中对恶意违约的惩治和规范（国企的腐败治理），更多地转向对经营失败的拯救。

此外，两个时期的宏观经济环境有所不同，也导致债券违约处置中的政府地位有所变化。2008年全球金融危机以后，政府投入资金刺激消费，拉动内需。2011年以后，作为宏观经济调整的反应，经济持续下行，GDP增速持续下滑，钢铁、煤炭、建筑等行业整体产能过剩，相关领域的市场主体不断发生资金和经营困难。特别是2019年以来，全球经济增长势头有所减弱，加之中美贸易摩擦局势复杂，部分企业盈利能力趋于下滑，内生偿债能力下降，公司信用类债券到期规模超过 6.3 万亿元,债券市场违约风险急剧累积。① 高信用等级的债券不断减少,低信用等级的企业增加,导致债券市场整体风险加大,债券不能履行本息兑付难以避免。随着供给侧结构性改革,去产能、企业清理以及政府债务整顿等市场调整措施逐渐推进。债券违约处置作为市场清理的重要一环,政府基于政策执行以及地方经济结构调整等原因,不再过分追求债券全面兑付,市场本身的淘汰机制开始得到重视。

(四) 市场约束机制从弱到强发展

债券违约的市场约束机制是指,债券违约导致的市场效应,反过来对债券违约形成一定的抑制作用,是市场本身对债券违约风险的降低和防范。在充分有效的债券市场,价格发行和形成机制以商事信用为基础。债券违约行为的发生,会增加债券发行主体在市场上的融资成本,从而使得市场主体本身会尽量避免违约行为和妥善处置违约事件。同时,债券违约风险作为债券信用评级的主要对象,在债券的发行和交易中,评级直接影响债券价格。债券违约的这种市场自我规避和调节机制的强弱,直接影响债券违约处置中的政府作用。

在前一时期,债券市场处于起步阶段,债券违约的市场约束机制较弱,信用评级机制形同虚设,债券融资成本脱离主体商事信用,债券违约的事后权益调整机制基本由政府完成,政府地位占据违约规制的主导地位。随着债券市场的有效发展,市场自我调节机制越来越强大,债券违约处置中政府保证兑付的必要性降低,政府甚至已经无力保证兑付。② 此外,债券违约的法律规制机制发展也导致政府地位发生转变。债券市场发展的 30 多年来,法制建设的进步毋庸

---

① 中国人民银行金融稳定分析小组:《中国金融稳定报告(2019)》,第 76—77 页。

② 许艳姬、江帆:《寻找债券市场中的"僵尸企业"》,《中国经济导报》2016 年 7 月 5 日第 B01 版。

赘言，从债券违约纠纷的司法裁判情况来看，新时期下的债券违约诉讼求偿、和解和破产机制等制度的运用更为普遍，债券契约的法律执行机制更加完备。债券违约处置已经不再需要过多地政府行政干预，司法机制和行政机制逐渐改变分离的状态，转向配合协作。

债券违约处置中的政府地位发生变化，除上述几个原因外，还包括债券违约处置中的社会期待发生变化、政府主导的主观意愿减弱以及债券违约处置中的主体博弈等原因。前一时期，债券违约中的投资者处于集体不理性状态，债券的全面兑付被认为是政府的直接义务。发行人与政府一同面临的是道德审判，违约行为被视为发行人严重违反道德的行为，投资亏损是被社会所无法接受的。而一系列规范或者政策行为，以及地方政府沉重的债务负担，使得政府在债券违约处置中保证兑付的意愿有所减弱，市场的自我调整机制已经得到重视。同时，不同时期的债券违约事件发生后，投资者、发行人、债券代理机构、银行以及政府之间的博弈关系有所变化，以政府为核心的主体关联度减弱，不同主体的博弈力量格局已经今非昔比。不管是原因还是结果，债券违约处置中的政府地位转变，是科学的转变，是有益的转变，已经体现出债券市场的日趋成熟。但是，在漫长的债券违约处置的市场实践中，政府应当如何定位已经成为困扰理论和实践的难题。基于无序性和被动性等特征，准确认识债券违约处置中的政府定位问题以及如何实现其转变的有效性和科学性，则是需要进一步回答的。

第三节　对债券市场"刚性兑付"与"政府兜底"关系的辨正：警惕"去政府"论

当前对于债券违约处置中政府地位的批判，集中于政府在债券兑付中起到了隐性担保作用，无形中对债券市场的风险形成了兜底。政府的隐性担保行为导致了政府对风险兜底的结果。大部分人认为要打破债券市场刚性兑付的局面，必须消除政府隐性担保行为。少部分人认为债券刚性兑付本有其合理性一面，问题在于如何理解并操作，同时，行政化的违约处置方式亦具有其合理性和现实性。① 对于上述争议，前者观点旨在批判政府力量人为消除了债券的商事信用风险，政府错误地介入了债券市场，将发生于债券市场的"无风险"假象及其危害归责于政府隐性担保。这一"消除政府兜底"的观点往往习惯性地演变为消除政府在债券违约处置中的作用，② 本书称之为"去政府"论。后者观点实质上是指出应当正确对待债券刚性兑付问题、应客观认识政府在债券违约处置中正当性。

"兜底"二字的基本含义是"到底，揭示出全部底细"，可引申为"全部，彻底"。因此，"政府兜底"可解释为政府全部承受债券违约风险。通俗地讲，就是债券违约导致投资者不能全额获赔的损失由政府承担，至于政府是以牺牲公权权威（政府斡旋）还是以直接的资产为代价，则由政府决定。从实际情况来看，政府兜底是政府将本可以进入破产兑付程序的投资收回"折扣机制"避开，运用政府力量通过他方注资、银行支持、企业重组甚至国有资产补偿等方式使得投资者获得全面赔付。其过程中，政府力量所采取的方式并不固定、明确和公开，政府的此种事后保证兑付行为具有不确定性。也因此，政府的这种"担保"被称为"隐性担保"。政府兜底被认为是政府代替市场做出了"债务人不被淘汰、投资者不被伤害"的决定，违背了市场优胜劣汰的自然规律。

依上述分析，当前争议实际上并未有实质交锋点。"消除政府兜底"论者在笼统地、宏观地谈政府不应为市场买单，而"刚性兑付合

---

① 参见段丙华《债券市场风险防范的法治逻辑——"债券市场风险防范法制建设高峰论坛"会议综述》，《证券市场导报》2016年第10期。

② 比如"发债公司应对违约问题时频频出现的政府身影，是公司债券市场化过程中必要的援助之手还是阻碍公司债券健康发展的干预之手？"将消除政府隐性担保问题等同于消除政府在债券处置中的作用。参见洪艳蓉《公司债券违约零容忍的法律救赎》，《法学》2013年第12期。

理"论者更为具体和直接地认为政府力量对债券兑付起作用具有正当性。本书认为，在宏观"去政府"与微观"债券违约处置中的政府作用"的争论之间，还存在"债券刚性兑付是否来自政府力量、有否问题"这一中观层面的风险认识论。要让争议点更为具体和集中，则需要再认识"政府兜底"、债券"刚性兑付"以及二者之间的关系。

具体而言，当前对于债券违约风险的政府兜底现象的批判，在宏观意义上符合打破债券刚性兑付、让市场起到决定性作用的政策取向。但是，深究债券的本质以及债券契约的实现机理可以发现，要打破债券刚性兑付，并非笼统地消除政府兜底这般简单。所谓"政府不兜底"是政府不应保证全面兑付的结果，还是政府就不应该干预债券违约处置？这需要深刻认识债券刚性兑付的本质以及所谓"政府兜底"的危害根源。易言之，应当客观认识政府在债券违约处置中的作用，宜辩证区分政府力量的优劣之处，并非政府作用于市场一定是有害的，其或许有正当性的一面。

一 "刚性兑付"的核心：不以市场为基础的收益

"刚性兑付"的字面含义是金融产品的投资兑付存在一定的强制性和收益的必然性，结果上导致金融投资无风险，其核心是收益脱离于市场而存在，即投资不需以具体的市场经营活动为基础而获取回报。在金融领域的资金利用中，有些方式本来就存在兑付刚性，比如银行存款，即银行必须对存款人履行本金和利息的兑付义务，而不以银行自身的"盈亏"为基础。这种兑付的"刚性"来自国家对居民基本金融服务的最低保障。

刚性兑付的争议来源于商事信托领域。信托投资的法律模式下，受托人按照发行条件，以信托资产为限，以自己名义独立经营受托资产，并向投资者返还投资本金和收益。在此法律架构下，信托投资者基于信任承担资产经营的盈亏风险，受托人经营能力强则投资者获益高，受托人经营能力弱则投资者可能面临亏损。为促进市场资源流动和提升资金利用效率，规则必须将资金的此种投资属性固定，即将资金融通建立在相互信任的基础上。本质上亦即，资金回报须以具体的受托经营情况为依据，而不能脱离具体的市场活动，否则，是增加了市场泡沫，导致市场虚假繁荣，扭曲了市场对经济发展的客观反映。[①]

然而在实践中，信托发行人往往为吸引资金，以各种形式或方式，以自有资金实现投资者的信托投资收益，规避禁止承诺保本收益的监管要求。实质上是发行人人为消除了信托投资的风险，但信托资产经营的不确定性客观上始终存在。这种"刚性兑付"客观上形成信托投资无风险的假象，并成为实践中的潜规则。后来在金融创新的背景下，基金、银行理财等结构性金融产生，资本市场出现"泛资产管理模式"，各类管理人通过各种隐性手段保证投资者实现兑付，形成泛资产管理市场零风险的现象。

对此，需要客观认识金融市场刚性兑付现象的问题所在。刚性兑付现象最直接的危害是违背市场自身的原则和规律，无法实现让市场在资源配置中起决定性作用的目的。具体而言，一是，违背了"风险收益相匹配"和"卖者尽责，买者自负"的市场原则，不能实现市场对非理性经营与投资的约束效应。二是，人为制造的无风险假象会导致市场客观风险积累，增加系统性风险隐患。因为承诺收益导致市场无风险资金定价升高，使得市场资金发生不合理配置。比如，一个直接的后果是，本无风险的银行存款或风险较小的债券市场资金大量流向高风险理财产品市场，留下长期风险隐患。三是，加剧投资者和金融机构的道德风险。金融机构的"刚性兑付"竞争将会使得投资者风险承担意愿更低，风险承受能力也会更差。投资者不敏感使得市场形成投资脱离风险的错觉，在长期的无风险投资理念的侵蚀下，投资者极易发生负面集体恐慌情绪，导致金融风险

[①] 参见宗良《金融产品刚性兑付违背市场规律》，《金融时报》2014年5月19日第009版。

的无序扩大，增加市场的不稳定性。① 同时，金融机构在资金的保值增值上所应尽的忠实勤勉义务被虚化，容易导致过分追求高收益而忽视高风险。四是，增加社会融资成本。市场资源过多地流向高风险领域，中小企业融资成本剧增，实体经济发展受到限制。

总体而言，"刚性兑付"产生于资本天然的逐利性，导致市场失灵、无法完成自我发展，使得政府不能实现对经济的宏观调控和稳定保障。

二 债券具有"刚性兑付"本质：政府作用无可厚非

本书绪论部分在概念界定中已经指明，债券的基本内涵为"发行主体约定在一定期限内还本付息的有价证券"。债券投资者与债券融资者所形成的关系是为法律所确认并保护的债权债务关系。因此，还本付息是债券的本质特征，这种稳定和确定的回报机制以法律为基础，而不是以资金利用主体的市场经营活动为基础。易言之，债券投资的基本特征是，投资者所享有的本息请求权脱离于市场而存在，并非"盈则益、亏则损"。根据上一部分对"刚性兑付"核心的解读，即可认为债券这一金融产品本质上就存在兑付刚性。债券的兑付刚性基础在于法律规定，而存款的兑付刚性基础则在于更高层面的国家保障。

具体而言，债券作为一种受法律保护的契约，其固定的本息支付义务即体现其兑付的刚性，而兑付的刚性机制则来自债券契约义务的法律实现机制。需要强调的是，不同于一般民事合同，债券契约经过债券发行以及交易相关的法定程序检验，其法律实现机制除了法律对私人自治的尊重与促成，更包含了证券市场的公法保障，即不仅体现为法的适用，还体现为法的执行。因此，债券契约法律规范的公权执行构成了债券"刚性兑付"的重要基础，这比一般民事合同的法律实现包含了更多的国家强制力

---

① 邹晓梅：《刚性兑付不应持续》，《中国金融》2014年第8期。

保障。

在法的适用层面，债券契约的法律实现机制存在合同履行机制和发行人破产机制，两种机制的结果分别是投资者获得全面赔付和不能获得全面赔付，后者是在法律的程序、范围和程度下所发生的不能全面赔付，是法律所允许的、附条件的对债券本息支付的"合理折扣"。应当认识到，债券投资者利益被打折扣的这种可能性来自法律预设的破产程序，而不是债券融资者对该笔投资金的经营情况。也就是说，债券的这种利益的折扣机制不是直接来自市场的不确定性，债券投资的回报机制本就与市场活动无关。比如，一般认为，相对于股东，债券持有人无权参与公司经营，因为股东回报以经营为基础，而债权人获得固定收益。

因此，债券的兑付刚性是债券这一投资方式与生俱来的法律特征，存在其固有的合理性和合法性。与前述产生市场危害的"刚性兑付"不同，债券的"刚性兑付"是稳定的、透明的，旨在满足低风险意愿投资者的投资需求，而信托、理财产品等的法律构造本就是为了设置一个高风险的投资模式，以满足市场的差异化需求。问题的本质在于，不同市场的客观风险程度需要与其收益机制相匹配。所以，准确来讲，当前对"刚性兑付"的批判，更多地适用于高风险的金融活动。进而，信托等领域存在的刚性兑付现象违背其市场设置的"高风险高收益"初衷，而债券的刚性兑付本就是符合债券相对低风险低收益的市场功能的。

进一步，债券的刚性兑付特征还体现在法的执行方面。债券由于其发行与交易的市场性，资金进入市场形成公共资源，债券的还本付息特征获得了进一步加强。为了保证债券市场这种低风险的稳定性，政府监管等公权力的保障被设置在债券市场运行的各个环节，比如债券发行核准制、信用评价机制、信息披露机制等。债券契约实现的种种公权执行保障弥补了法的适用的缺陷或失灵，一是法律制度本身的缺失和不完善；二是司法机制的低效甚至无效。这使得债券契约的法律实现机制更为稳定和更具权威性。

如此看来，理解债券市场刚性兑付并找出当前政府定位存在的问题，并不是如打破其他金融领域刚性兑付一般简单。政府在债券契约的法律实现机制中扮演何种角色，则需要深刻认识所谓的"政府兜底"。

三 "政府兜底"错在何处：政府侵犯了市场的决定性吗？

刚性兑付带来的消极影响，是政府兜底面临严重质疑的直接理由。前已述明，在债券违约处置的历史演进中，由于政府力量的主导，形成债券投资收益呈现出无风险的现象，比如，地方政府为"城投债"提供隐性担保已经成为市场默认的潜规则。[①] 尽管发生债券违约，债券投资者最终都能获得全面兑付，由此形成所谓的债券市场的"刚性兑付"现象。与产生刚性兑付争议的信托等高风险金融领域不同，我国债券市场刚性兑付的形成，并不是债券发行人或者债券中间商基于投资吸引承诺而导致的，而是政府在债券发行中提供隐性担保和在债券违约中主导处置的结果。准确地说，债券市场的"政府兜底"是指政府信用为债券投资担保，在债券发生违约之后，政府保证投资者获得全面兑付。政府兜底被普遍认为是导致债券市场形成刚性兑付的直接原因，债券市场的"刚性兑付"现象往往被等同于、泛化为金融领域的刚性兑付问题，政府兜底即因此饱受诟病。

根据前文分析，金融领域刚性兑付的问题是要实现市场决定风险，进而决定投资收益。而前已论证，债券的本质特征就是，其收益机制乃基于法律保护的约定而不是市场。试举一例，股权融资协议中的对赌条款即是将本应由市场决定的收益改变为约定，此种约定因不符合股权融资模式的目的而不被法律认可。相反，在债券融资模式下，基于约定的收益机制是其固有的本质特征。笔者认为，法律设置不同的融资模式，运用不同的制度体系加以规范，本就基

[①] 河山：《谁来给信用违约风险兜底》，《上海证券报》2013年1月10日第F07版。

于其融资工具的科学性、利益关系的平衡性，是不容融资关系双方随意改变的。因此，所谓的政府兜底只不过加强了债券本身就具有的法律刚性。亦即，即使政府不兜底，债券违约处置中，法律也要尽力实现投资者的全面赔付。政府力量的保障，只不过是将本就不需以市场为基础的收益机制变得更为强大，而并非代替了市场作出收益与否的决定。如此看来，所谓的政府兜底本身并没有错。

那债券市场刚性兑付现象以及政府兜底为何受到批判？

政府兜底的形成，是基于其产生投资者获得充分保护和维护市场短期的信用稳定的效果，存在着地方保护主义和政府融资等深层次原因。政府兜底被视为债券市场刚性兑付现象的"罪魁祸首"，被认为严重阻碍了债券的市场化进程，造成一定的金融系统性风险和政府财政风险。[1] 国家金融与发展实验室副主任、中国债券论坛秘书长彭兴韵曾指出，中国债券市场长期存在的"刚性兑付"现象，使得中国债券市场背离了其应有的最重要的信用风险特征，应当打破刚性兑付，还债券市场商事信用的本来面目。[2]

结合前文分析，本书认为，所谓对债券市场刚性兑付现象和政府兜底的批判，在不同层面上至少存在以下几点认识上的误区。

第一，普遍认为债券市场违约"非常态"甚至零违约是有误的。在单一信用时期，债券违约事件也时有发生，甚至导致过严重的社会信用危机。

第二，认为"债券违约"少有发生或未发生，并因此认定债券市场存在"刚性兑付"现象。主观认为的债券市场刚性兑付现象是基于而其所认为"违约现象"并非届时发生债券本息兑付不能，而是发生正常的破产偿债事件，即未有发生过投资者无法获得全面赔付的事件。这样一种债券市场"刚性兑付"的印象，是刻板的、具

---

[1] 洪艳蓉：《公司债券违约零容忍的法律救赎》，《法学》2013年第12期。

[2] 彭兴韵：《信用债券违约现状与对策》，《上海证券报》2016年5月27日第012版。

有偏差的。其原因一方面在于历史上曾发生的违约事件最终得到妥善处理，另一方面在于舆论往往错误地认为，只有债券投资者不能获得全面赔付才是"债券违约"。

第三，将债券市场"刚性兑付"等同于其他金融领域的"刚性兑付"，理所当然地认为债券市场也存在以往谈论其他领域刚性兑付所存在的"脱离于市场的收益"的问题。舆论往往习惯性地谈"刚性兑付""色变"，而忽略了不同金融领域、不同金融工具的兑付属性，是对以往"刚性兑付"印象的错误延续。

第四，在认定债券市场存在"刚性兑付"，并认定债券市场"刚性兑付"存在其他金融领域"刚性兑付"问题的基础上，将笼统的"刚性兑付"危害归咎于政府兜底。刻板印象基于对以往高风险金融领域的"刚性兑付"的认识，把以往的"发行人、资产管理人承诺保本收益"的矛头直指"政府承诺保本收益"，将政府对促进债券目的实现的作用视为所谓的债券市场"刚性兑付"危害的根源。

当前普遍存在的对债券市场的误解，是否意味着争议和批判对"政府代替市场"的担忧就不存在？换言之，在实现债券目的上，政府兜底是否真正地代替了市场做出决定，或者政府兜底也可能侵犯市场"自主决定权"？

债券目的是投资者获得稳定的回报，这种回报机制以法律保护的契约机制为基础。风险来自不确定性，对于债券投资者而言，其风险在于可能无法获得约定的全面回报。根据债券契约的法律实现机制，这种不能获得全面回报的"折扣机制"仅限于破产机制，并且，纵使进入破产程序，投资者获取全面回报也会得到法律的充分保护。因此，债券投资者无法获得全面回报的法律条件是非常严格的，或者说，投资者获得全面回报是法律充分认可并需要极力促进的。从投资风险的角度，债券的这种风险并不直接来自融资者市场经营的风险，如同欠债与否并不以有无偿还能力为前提。在政府兜底的情况下，政府导致这种仅存在于严格法律条件下的投资回报的折扣机制变得更为严格或者不可能,即将债券投资者的这种回报风险化有为无。

不妨先看看正常的债券投资者不能获得全面赔付的大致情形:发行人资不抵债、失去偿债能力,经过破产程序的检验投资者获得一定比例的赔付。正常情况下,发行人丧失偿债能力确实是一种市场风险,这种风险是比该笔债券投资经营失败更为宏观和更为复杂的市场风险,不同于信托等领域对特定投资的经营风险。将债券投资不能获得全面赔付的这种风险理解为需要投资者直接承担的市场风险,显然违背了风险收益相匹配原则,因为债券投资的利息显然低于信托等领域,而高于银行存款利息。这如同不能将商业银行破产的风险施加给存款人一样,存款人所获得的利息是匹配其所承受的较低风险程度的。

深究债券与债券市场,债券投资中的收益不确定性除了来自发行人破产,其实也存在需要投资者直接承担的市场风险。众所周知,债券市场也存在一级发行市场和二级交易市场,发行市场中的债券购买者按照债券契约获得稳定的可期待的本息兑付回报。但在债券二级交易市场的兴起与发展背景下,债券收益率和票面利率之间也形成了一定的波动空间,债券的投资收益也呈现出一定的市场性。债券票面利率是固定的,而债券收益率基于二级市场的行情有所波动,以获取二级市场投机利益为目的的购买者其收益机制以市场行情为基础。可以看到,政府兜底是客观上实现债券按照债券原始契约中所约定的票面利率予以兑付,而并非按照债券持有人买入债券时或者违约时债券的收益率确保兑付。因此,只要政府不对基于二级市场产生波动的利率盈亏进行兜底,即不存在所谓"政府代替市场做出决定"的问题。

以上述分析来看,政府兜底完全可以不改变基于二级市场的收益不确定性。笔者认为,现有批判的部分原因是在此意义层面误认为政府兜底产生了信用替代效应。而政府兜底消除了一级市场本息兑付层面的不确定性,则是根本问题。具体而言,政府兜底将债券买卖中法律允许的回报折扣机制变得不再可能，使得原本相匹配的风险收益机制不再匹配，即导致有收益而无风险，哪怕是非常低程度的风险也是聊胜于无。进而，政府兜底纵使没有代替市场做出直接的风险决定，也使得能够对投资者产生微弱间接影响的发行人破产这一市场风险因素消除殆尽。本来，发行人破产的微弱市场性尚需法律程序的筛选方能对债券投资者产生影响，政府兜底的作用则直接消除了这一可能性。重要的是，债券投资中的这种"折扣机制"存在的可能性是债券投资风险定价的重要因素，也是债券市场商事信用能够自我矫正的重要基础。

所以，政府兜底对于债券市场的"危害"不在于政府力量使得债券获得全面赔付，而是在于，政府力量使得债券投资的结果仅具有获得全面回报这样一种结果，使得投资不再具有不确定性，直接改变了债券本来存在的市场约束机制和法律实现机制下的风险本质。

确定中也包含着不确定。政府兜底的问题还在于，政府力量消除了债券投资不确定性的同时，却存在自身的不确定性。这表现为政府在实现债券目的时，并不具有一套行之科学的、有效的、稳定的、透明的作用机制。政府的兜底形象与政府产生作用的不确定性形成一对矛盾关系，导致形成市场的不合理预期，扭曲了债券投资本可预期的、能够确定的市场风险定价机制：相对固定的本息收回依赖于确定的法律实现机制，而二级投资收益依赖于市场投资预期。易言之，债券市场的刚性兑付本身并不是问题，毕竟保护投资者始终是市场的应有之义，问题在于政府所形成的信用兜底导致了市场风险收益的非正常逻辑。

综上所述，债券本具有刚性兑付本质，多方力量实现债券目的本就是应然常态，债券目的不能实现才是非常态。从债券投资的目的上来看，政府兜底本是无可厚非甚至是应该的，因为政府兜底促成了市场最优结果的实现，最大限度地保护了债券交易。当前着急批判债券刚性兑付的问题在于，忽视了债券市场刚性兑付异于其他金融领域刚性兑付之处。笼统地谈消除债券领域政府兜底、打破债券刚性兑付无疑是打破金融领域刚性兑付盲目的"一刀切"式做法，将债券的目的和金融风险防范本末倒置，有矫枉过正之嫌，至少是不符合债券市场逻辑和债券本质的。解决问题的本质在于落脚于政府是否应在债券违约处置中发挥作用以及如何发挥作用。

最终从债券市场风险的本质角度来看，债券市场的风险控制有其特殊的逻辑，市场对风险的影响或许并不在于市场主体如何在微观上利用债券融资资金经营，而是在于债券融资主体如何在整个资本市场中健康地存在。归根结底，债券市场的风险控制或许并不能完全依靠精妙的主观行为机制，其核心在于要在市场设置和资源配置中确保债券融资规模与客观的市场发展水平相匹配。

四 "打破刚性兑付"不等于"去政府"：需规范政府作用

在清楚认识债券市场"刚性兑付"现象的市场逻辑之后，可以厘定政府兜底行为的规范思路。由于对当前债券市场问题的上述误解，当前争议自然地在解读"打破刚性兑付"和"债券市场风险处置市场化改革"政策时，误以"去政府化"倾向施加于债券市场。这种倾向是金融领域刚性兑付问题一刀切改革的思维使然，是一种看似理所应当实则失之偏颇的误解。对此，有必要深刻认识政策本意和债券市场（至少是债券违约处置）中政府作用的基本逻辑。

至 2016 年，新一时期的债券违约事件呈愈演愈烈之势，涉及资金面越来越广，[1] 为稳定市场和防范系统性风险，债券市场的违约风险控制越发重要。随着债券市场的深化改革推进，打破刚性兑付和债券市场风险防控市场化、法制化是大势所趋。2013 年 11 月，十八届三中全会通过的《中共中央关于全面深化改革若干重大问题的决定》要求，"健全多层次资本市场体系……发展并规范债券市场"。2014 年 5 月份国务院在《关于进一步促进资本市场健康发展的若干

---

[1] 中国人民银行金融稳定分析小组：《中国金融稳定报告（2016）》，中国金融出版社 2016 年版，第 90—91 页。

意见》中提出，要健全债券违约监测和处置机制。中国人民银行在 2014 年发布《中国金融稳定报告（2014）》中指出，要有序打破金融产品刚性兑付制约。在《国务院关于加强地方政府性债务管理的意见》《地方政府性债务风险应急处置预案》《中华人民共和国国民经济和社会发展第十三个五年规划纲要》等政策和规范中，债券市场风险处置的市场化、法制化已经成为明确要求。

实际上，"打破刚性兑付"更多地为宏观意义上的"打破金融领域刚性兑付"，而"打破金融领域刚性兑付"并不能简单置换为"打破债券刚性兑付"。从目的上看，打破金融市场的刚性兑付与债券市场风险处置的市场化、法制化的核心，是要推动市场对风险的自我决定和自我化解。宏观意义上的"打破刚性兑付"落脚于具体的债券市场，则是要使债券市场的自我调节机制在风险防范中起到决定性作用，再具体到债券违约处置环节，则是要使市场力量成为处置中的决定性力量。当打破金融领域刚性兑付这一结果上的目标，和债券市场化法治化防控风险这一方式上的目标相结合时，由于缺乏对债券兑付中政府作用中观层面的风险认识，在对打破债券市场刚性兑付的解读上，宏观而言的"去政府"成为一种重大误解。即认为，要实现债券市场风险防范的市场化、法制化，也要打破金融领域刚性兑付，则是要消除债券违约处置中的政府作用，将对政府兜底的批判异化为排斥政府力量，[1] 存在一种"市场化"即"去政府化"的危险思维。[2]

理论上，实现债券违约处置中的市场决定性作用并非意味着排斥政府作用，更不是因所谓要打破金融领域刚性兑付则要消除债券违约处置中的政府力量。况且，债券所存在的"刚性兑付"本质是

---

[1] 周科竞：《政府不应该为债券违约兜底》，《北京商报》2015 年 11 月 23 日第 006 版。

[2] 张晓琪：《兑付危机不断，违约债券处置机制待完善》，《中国证券报》2017 年 1 月 23 日第 A02 版。

债券违约处置中政府力量存在的重要基础。事实上，债券违约处置这一债券市场风险控制过程，既包含债券的经济风险本质，又存在特殊的法律规范基础，是经济学与法学研究的共同指向和结论的交织融合。

　　经济学家们分析债券违约形成的市场风险，忧虑债务拖欠导致金融危机，指出要降低企业杠杆，他们注重市场的客观反应和现实，偏重结果。法学家们追求公平正义，分析债券违约导致的主体利益失衡，指出要市场化、法制化行事，他们更加注重过程。在风险社会背景下，风险联结起经济学家和法学家们的关注对象。在债券违约处置这一风险的法律治理问题上，无论是市场化、法制化的过程，还是风险控制和利益平衡的结果，都变得非常重要。打破刚性兑付结果的过分追求，或是市场化处置方式的过分强调，都将使得债券市场的风险防控和深化发展目的失衡，就如同经济建设与环境保护存在内在矛盾一样。在债券违约处置的经济学和法学关注的交织下，无形间就将对政府兜底的批判演变为"去政府"的假想。有观点认为，只有打破债券刚性兑付才能建立市场化违约机制，并将政府参与导致的全面赔付结果作为打破与否的标准，这显然颠倒了债券违约处置的因果逻辑。[①] 如上文已述，打破刚性兑付是要矫正刚性兑付所带来的市场扭曲逻辑，市场化法制化防控债券风险也是要建立债券市场发展的良性循环。债券违约处置中结果上的全面赔付与否，并非刚性兑付本身的弊病，因而也不是所谓要消除"政府兜底"的基础。

　　有些观点大谈特谈，要打破刚性兑付打破兜底思维才能真正建立信用市场，并直接将欧美等市场作为我国发展目标。[②] 毋庸置疑，

[①] 杨虹：《打破刚性兑付，市场化违约机制才能建立》，《中国经济导报》2014年3月27日第B02版。

[②] 达萨：《当我们不得不面对债券违约》，《中国企业报》2014年8月12日第005版。

债券市场的发展方向肯定是要走向成熟，但其他国家债券市场的"成熟"，并不一定就是我国所需要的和应当追求的"成熟"。以美国为例，美国债券市场的违约处置中，公司债券违约政府基本上不起作用也不需要起作用，而在市政债券违约中，政府却起到重要作用。① 2008 年，雷曼兄弟公司破产引起金融危机，财政部和美联储采取的紧急救助措施防止了货币市场基金危机的蔓延扩散。金融市场上的政府参与是有着复杂的基础和原因的，因此，债券违约处置中的政府定位，绝非简单的需要政府与否的问题。笼统地说要打破刚性兑付、要消除政府干预是没有意义的，也是不明智的。② 债券市场刚性兑付不能贸然破除，政府在债券处置中的作用也不是一刀切地去除了之。③ 重点在于，应当在客观认识政府力量存在的基础之上，通过明确的规范来阻止或防范政府在债券违约处置中侵犯市场的决定性。

实际上，我国当前的债券市场中，政府信用依然重要，比如地方政府融资平台这一极具中国特色的市场主体，其具有"政府功能延伸"的作用，政府为其融资活动提供信用具有一定的合理性。④ 有学者深刻地指出，"所谓'自由市场'其实是一个成本极其高昂的公共品，它既不自由也不免费，更不会天然存在和有效运作"。⑤ 政府力量的介入，不仅是由于债券市场本身的公共性和社会性，而且还在于债券价格形成和调整机制往往因多重均衡而存在固有缺陷。尤其是，政府必须按照国家政策实现产业发展，去不断平衡债券市

---

① 段丙华：《美国债券违约风险化解路径及启示：基于市场演进》，黄红元、徐明主编：《证券法苑》第 17 卷，法律出版社 2016 年版，第 261—283 页。

② 张承惠：《只要市场能做的，政府就不做》，《上海证券报》2013 年 10 月 9 日第 A01 版。

③ 顾怿磊：《稳步破除"刚性兑付"，信息披露是当务之急》，《中国经济周刊》2014 年 3 月 31 日。

④ 胡改蓉：《回归地方政府融资平台公司的公益性定位》，《法学》2012 年第 10 期。

⑤ 文一、乔治·佛梯尔：《看得见的手：政府在命运多舛的中国工业革命中所扮演的角色》，《经济资料译丛》2017 年第 2 期。

场中的破坏性力量或创造性力量。当前对市场决定性作用的强调并不意味着弱化政府的角色，政府需要在给予市场自由的同时提供适当的支持和引导，以维持市场的良好运行。① 有学者甚至认为，"政府作用不是限于弥补市场缺陷，而是反过来，政府引领市场使它为政府的规划和产业政策的实现服务"。②

因此，对于"破除刚性兑付"，绝不是意味着要促进债券违约而使投资者受到损失，而是承认和允许投资中的正常损失。③ 政府作用在实现债券赔付方面，也就是要允许基于市场风险产生的投资损失，而不是为市场风险买单。债券市场的刚性兑付中，要打破的是以往政府兜底造成的债券投资无风险的人为假象，而不是简单地消除"政府作用"。关键在于认识债券违约处置中，政府作用的存在条件、标准以及限度等问题，而在此之前，需要先厘定政府参与债券违约处置的必要性和正当性基础。

---

① 杨燕青：《专访亚行行长中尾武彦："市场决定"不等于弱化政府角色》，《第一财经日报》2014年4月4日第A07版。
② 胡钧：《科学定位：处理好政府与市场的关系》，《经济纵横》2014年第7期。
③ 杜静：《刚性兑付加剧金融生态失衡》，《证券时报》2014年5月13日第A03版。

第 二 章
政府参与债券违约处置的法理逻辑

既然,打破债券市场"刚性兑付"与"政府兜底"所面临的争议核心在于政府是否侵犯市场的决定性作用。那么,在重新认识债券违约处置中的政府力量时,则不是应有或无的问题,解决之道在于找出其中政府力量所存在的基础和逻辑,并使之按照合理、正当的标准和条件运行。本章所称"政府参与"是指,政府力量介入债券违约处置的过程中,方式上或以政府以主体身份直接参与处置程序,比如政府作为处置协调者,抑或以政府力量间接影响处置结果,比如政府提供先行求偿渠道、落实产业政策等。因为论题本身处在法律语境之中,不同于文化、社会领域的政府参与,政府以立法者、执法者的角色作为法治的基本要求包含在法律机制的构建之中,故而不必专论。易言之,"政府参与"旨在从宏观上找出政府力量在债券违约处置中发挥作用的法律逻辑,而并非强调微观层面上的具体政府作为直接参与处置主体。为此,需要认识政府定位的法律内核,债券违约处置的法律逻辑,进而厘定政府参与债券违约处置的正当性基础。

第一节 证券法中的"政府定位"命题

宏观研究视角下,政府定位一般存在政治、经济与文化三个方面的讨论，主要包括"政府与政府""政府与市场""政府与社会"三个基本范畴。[1] 债券违约处置中的政府定位问题属于"政府与市场"关系这一基本范畴。经济生活中的政府定位问题，以"政府对市场的必要干预、弥补市场失灵"为基本共识，[2] 在经济发展的"十三五"规划背景下，当前研究以十八届三中全会提出的"市场在资源配置中起决定性作用"为核心依据和方向。[3] 在政府作用、职能或者职责方面，现有研究结论共同指向"服务型政府""有限政府"以及"效率政府"的定位，[4] 而"法治政府"是其根本。[5] 综合而言，政府定位问题的核心在于确定政府在具体领域（政治、文化或经济等）的角色和职能。

由于政府力量天然地存在盲目性、扩张性、强制性和不受规制性，对政府定位的认识一般采取限制式或削减式，即将政府的角色和职能限定在一定的明确范围之内，而不是拓宽政府力量的范围。

---

[1] 彭澎：《政府角色论》，中国社会科学出版社 2002 年版，第 217 页；李辉、王学栋：《政府角色的隐喻：理论意蕴与现实启示》，《行政论坛》2012 年第 4 期；燕继荣：《中国政府改革的定位与定向》，《政治学研究》2013 年第 6 期。

[2] 何显明：《市场化进程中的地方政府角色及其行为逻辑——基于地方政府自主性的视角》，《浙江大学学报（人文社会科学版）》2007 年第 6 期；文一、乔治·佛梯尔：《看得见的手：政府在命运多舛的中国工业革命中所扮演的角色》，《经济资料译丛》2017 年第 2 期。

[3] 胡钧：《科学定位：处理好政府与市场的关系》，《经济纵横》2014 年第 7 期；毕于榜：《市场起决定性作用前提下的政府角色定位》，《环渤海经济瞭望》2014 年第 12 期。

[4] 张文显：《治国理政的法治理念和法治思维》，《中国社会科学》2017 年第 4 期；朱光磊：《全面深化改革进程中的中国新治理观》，《中国社会科学》2017 年第 4 期；燕继荣：《中国政府改革的定位与定向》，《政治学研究》2013 年第 6 期；王宁宁、肖红春《自我所有、分配正义与政府角色》，《伦理学研究》2015 年第 2 期；周佑勇：《法治视野下政府与市场、社会的关系定位——以"市场在资源配置中起决定性作用"为中心的考察》，《吉林大学社会科学学报》2016 年第 2 期；董亚男：《有效政府角色的理论溯源与现实塑造》，《东北师大学报（哲学社会科学版）》2012 年第 5 期。

[5] 江必新：《法治政府的制度逻辑与理性建构》，中国法制出版社 2014 年版，第 8 页以下。

由于债券法制包含于合同法制、公司法制和证券法制之中,并不存在单独的《债券法》。在此三种所含公法因素程度递进的法制中,证券法制所体现出的公法属性和私法属性交织最为鲜明也更为复杂。因此,政府力量作为公权因素,在证券法制视域下对其加以理解并研究更为合理和现实。进而,本书在法学视角下转换政治学、管理学以及经济学中的"政府定位"问题时,逐步将研究落脚于具体的证券法制而不是笼统的法学或是金融法制之中。本书拟从宏观到微观来分析政府介入证券市场的正当性逻辑,具体从法理价值关怀到原则基础再到规范基础逐层深入。

需要说明的是,证券法视野下观察债券违约处置中的政府定位并非排斥合同法制和公司法制的规范基础。相反,合同法制和公司法制以及其他涉及的必要法制,都是这一论题的基础和前提,甚至直接构成政府定位的依据。

一 政府与市场关系的经济法与商法关怀

法学研究视角下,政府定位受法律规范的形式约束,这属于政府定位的应然状态,即政府治理的法治化发展要求。而由于法律规范存在滞后性和政策执行需要时效性,政府定位不可避免地存在法外之地。即使事实上如此,政府定位依然应接受法律的价值评判和事后矫正。经济法视野下,政府定位问题集中于政府对经济的调节模式,[①] 其实质是清晰界定政府在市场中的作用和职责范围,即划定政府"有形之手"的边界。在宏观意义上,政治学与经济学研究中的"政府"通常与"国家"交替使用。与其他学科的视野不同,法学研究视角下的"政府"与"国家"是存在区别的。特别是在经济法的公权干预视野下,国家是抽象的社会整体利益的代表,通过法律的形式来实现其目的,而政府是具体的社会整体利益的保障者,是法律的执行者和规范对象,政府定位应当以法律的形式确定和遵

---

① 漆多俊:《经济法基础理论》,武汉大学出版社 2000 年版,第 107—109 页。

从法定的模式。① 经济法上的法律治理即为对市场的各种规范，包括引导、扶持和限制等，政府本身并不参与具体的法律关系。②

学理上，证券法兼具经济法和商法的属性，其中政府定位问题也具有经济法和商法上的特征。"随着国家干预经济活动的增多以及国家干预带来负面效应的增强，经济法必须致力于解决国家干预的方式、干预程度等问题，'适度干预'也是法治国家在对政府过度干预和不当干预付出沉痛代价进行理性反思的结果。"③ 相比于传统民商法的个人自由观和私权自治精神，经济法包含着社会性、经济性及时代性等特殊的价值内涵，因而经济法关怀更加注重对社会整体秩序、社会整体效率、社会整体公平（实质公平）和社会实质正义的维护和追求。④ "经济法是规范和保障政府干预社会经济之法"，⑤这是经济法视野下政府定位的出发点，决定了政府权力对市场秩序调控的基础。

随着依法治国进程的加快，政府与市场关系中的主被动关系正在发生转变。有学者指出，经济法权力干预思维是一种主观的国家意志思维，应当向客观的法治思维转化，进而提出经济法中政府对市场的干预不是权力干预而是法律干预，⑥ 强调政府定位并不是基于意志选择而是市场经济需求。从此意义上来看，政府权力的削减式

---

① 冯果、万江：《社会整体利益的代表与形成机制探究——兼论经济法视野中的国家与政府角色定位》，《当代法学》2004年第3期。

② 陈婉玲：《经济法权力干预思维的反思——以政府角色定位为视角》，《法学》2013年第3期；张德峰：《我国合作金融中的政府角色悖论及其法律消解》，《法学评论》2016年第1期。

③ 冯果：《经济法的价值理念论纲》，《经济法研究》（第14卷），北京大学出版社2014年版，第118页。

④ 同上书，第130页。

⑤ 冯果：《经济法本质探微——经济法概念界定和制度构建的理性基础分析》，《学习论坛》2007年第2期。

⑥ 陈婉玲：《经济法权力干预思维的反思——以政府角色定位为视角》，《法学》2013年第3期。

研究在不同领域（政治学、管理学、经济学）呈现出相同的进路，其分别以市场和法治为根基，共同以点画圆来界定政府的职能边界。毋庸置疑，在市场应当起到决定性作用的经济体制下，需要以法治为依据削弱政府力量的主观性，而强调其对市场的弥补和配合作用。因此，新时代经济法逻辑下的政府权力规范，是权力经济转向法治经济，① 不仅需要保障权力的运行以矫正市场失灵，也需要适时限制权力以防止对市场的过度侵犯。正如有学者提出，政府的经济调节权力运行必须遵循维护市场竞争（竞争性）、合法性、适度性、中立性、公共性等基本原则。② 适应新时代的经济体制，是经济法"时代性"价值的根本体现。

在"社会性"（公共性）价值关怀的视野下，商法所调整的商事法律关系相比于经济法所调整的经济法律关系，其公共性稍弱。但不可否认，相比于传统民法而言，我国商法始终与市场紧密相连，其对市场反应更加敏感，其对市场作用更为直接。③ 改革开放的实质是市场化改革，以市场商事关系为规范核心的商法在其中始终发挥着保障与促进的作用。同时，商法自产生以来就是以市场为本位，具有"市场经济基本法"的地位，④ 其是市场交易之法，旨在促进商事交易的繁荣和市场经济的发展。⑤ 商法关注对象无不涉及政府与市场的关系，比如商事登记制度涉及市场准入，营业制度涉及市场运行，破产制度涉及市场退出，等等。

相比于经济法宏观维护市场整体秩序，商法更为注重保障微观

---

① 冯果：《权力经济向法治经济的伟大变革——中国经济法制建设三十年回顾与展望》，《南都学坛（人文社会科学学报）》2009年第2期。

② 孙晋：《经济法视角下政府经济权力边界的审读——以政府职能转变为考察中心》，《武汉大学学报（哲学社会科学版）》2014年第2期。

③ 柳经纬：《当代中国私法进程中的商事立法》，《暨南学报（哲学社会科学版）》2012年第11期。

④ 徐学鹿：《什么是现代商法》，中国法制出版社1999年版，第5—6页。

⑤ 赵万一、赵吟：《论商法在中国社会主义市场经济法律体系中的地位和作用》，《现代法学》2012年第4期。

市场主体利益。前者从公共规制角度从上而下引导和规范政府力量的运行，后者则从市场保护角度从下而上促进和提升市场活力，二者在规范政府与市场关系上殊途同归。比如，宏观调控法中政府购买服务、政府投资经营需要严格遵循一定的条件和标准以符合市场逻辑，市场规制法中政府对市场做出有影响的行为需要接受公平竞争审查，而商法视野下消费者受到倾斜性保护、破产程序中需要充分满足债权人合法权益。正因商法与经济法的这种互动平衡关系，法治视野下的政府与市场定位体现出主被动关系的波动演进。有学者指出，当前商法机制中的政府定位需要实现职能转型，识别功能上政府由监护转向服务，选择功能上政府由主导转向辅助，规制功能上政府由管制转向治理，调控功能上政府由直接转向间接。[①]

改革开放的历史实践证明，经济与法治的发展是一场政府推进市场的发展。从政府促进市场化改革的角度来看，市场在经济建设中的地位逐步得到提升。1978年党的十一届三中全会召开，标志着中国全面启动改革开放；1992年党的十四大确立了社会主义市场经济体制的改革目标；1993年党的十四届三中全会确立市场在资源配置中的基础性作用地位；2003年党的十六届三中全会提出建设统一开放竞争有序的现代市场体系；2013年党的十八届三中全会提出使市场在资源配置中起决定性作用。所以，市场地位实质上是整体上历经了从"辅助地位"到"基础性作用"，再到"决定性作用"的历史演进。[②] 始终以市场为核心和本位的我国经济法制（商事交易法制），相应地也呈现了政府对市场保障和促进的道路演进。新时代背景下，我国商法体现出强大的市场生命力和活力，政府作用的范围必然成为规范商事交易的基本命题。

因此，在经济法和商法的双重逻辑下，证券法中的政府定位实

[①] 陈甦：《商法机制中政府与市场的功能定位》，《中国法学》2014年第5期。
[②] 李晓西、林永生：《改革开放40年的中国市场经济发展》，《全球化》2017年第7期。

际上也是市场定位，即市场自身的作用和调节范围决定了政府作用的范围。其要义有二：其一，市场能完成自我调整的，政府就不应越俎代庖，政府居于市场的辅助地位；其二，作为实现市场决定性作用的另一面，政府也需要充分发挥引导和保障功能。比如，证券市场存在固有的信息不对称、集体行动等缺陷，政府需要解决效率、成本等问题，同时，基于投资者保护，市场交易的安全维护和良性促进则需要政府保障。故而，证券法作为风险规范和大规模交易规范的核心领域，自然离不开政府发挥其重要作用。特别是，在风险社会的大背景下，严格管控金融风险已经成为市场发展的主要任务，证券法中的政府基于风险控制应当如何定位也成为主要课题。

二 风险背景下的应急性原则

应急性原则产生于行政法领域，通常被称为行政应急性原则。行政应急性原则在20世纪80年代被学者提出，[1] 通常是指"在某些特殊的紧急情况下，出于国家安全、社会秩序或公共利益的需要，行政机关可以采取没有法律依据的或与法律相抵触的措施"。[2] 行政应急性原则能否成为与行政合法性原则和行政合理性原则并列的行政法基本原则，尚存争议，争议点在于行政应急性原则的非法性悖论。[3] 无论行政应急性能否成为行政法上的基本原则，行政紧急权力的存在和行使一直是行政法上的重要内容。

行政紧急权力旨在应对突发的事件或紧急状态，运用非常的政府手段来达到特定的公共目的。事实上，行政紧急权力的行使并非一定非法才能达到特定目的。政府的应急处置手段和措施也可在符

---

[1] 龚祥瑞、陈国尧：《行政应变性原则》，《法学杂志》1987年第6期；罗豪才：《行政法论》，光明日报出版社1988年版，第34—36页。

[2] 罗豪才、湛中乐：《行政法学》，北京大学出版社1996年版，第34页。

[3] 应松年、宋功德：《应对突发事件与依法行政》，《中国改革论坛》2003年第3期；江必新：《紧急状态与行政法治》，《法学研究》2004年第2期；赵颖：《对行政应急性原则研究的回顾与展望》，《行政法学研究》2005年第4期。

合立法精神和一般法律原则的前提下进行,并且事后也接受法律评价并允许救济。① 所以,行政应急性原则的核心其实在于,确立政府在面对社会生活中的紧急状态时能够采取非常态的力量,来保障重大公共利益和人民利益。应急性原则构成政府危机处置职能的理论基础。在行政应急性原则的内容上,对其适用的事件领域、危机阶段和限度上亦存在讨论余地,② 在风险社会背景下,基于风险规制的行政预警和行政应急机制获得发展,风险主题成为应急性原则的重要内容和基础。③ 而以风险为前提的政府应急处置,暗合了证券法的风险规制目的与功能。

我国《证券法》自 1998 年颁布以来,经 2005 年修订及 2013 年、2014 年几次修正,2015 年更是步入大修,在规范证券行为、保护投资者和促进证券市场健康发展的目的上始终非常明确。证券法的公平、公开、公正原则紧密围绕证券在市场中的运行始终,将化解信息不对称和控制投融资风险摆在重要地位。2005 年以来,证券市场的违法犯罪行为日益猖獗,严重扰乱证券市场的秩序,给市场发展和投资者造成巨大损害。证券市场以高风险为特征,系统性安全和投资者合法权益处于证券法保护的重要地位。在《证券法》的 2015 年 4 月 "一审稿" 和 2017 年 4 月的 "二审稿" 中,投资者保护、信息披露制度等内容得到进一步加强,证券市场预警机制、预防机制、应急处置和保障机制等市场风险控制内容得到补充和完善。2019 年 12 月 28 日,全国人大常委会第十五次会议通过了《证券法》的修改,新法将 "投资者保护" 列为专章,建立了投资者保护的诸多新举措。2017 年 7 月 14 日至 15 日,第五次全国金融工作会议在北京召开,国务院金融稳定发展委员会成立,防控金融风险成

---

① 莫于川:《公共危机管理·行政指导措施·行政应急性原则——公共危机管理中的行政指导措施引出的行政法学思考片断》,《公法研究》2005 年第 1 期。

② 刘莘:《行政应急性原则的基础理念》,《法学杂志》2012 年第 9 期。

③ 戚建刚:《风险规制的兴起与行政法的新发展》,《当代法学》2014 年第 6 期。

为当前发展的重要主题。在供给侧结构性制度改革政策下，去产能、降低杠杆等稳步推行，产业清理下的证券市场风险控制得到进一步加强。①

于债券市场而言，自 2014 年出现违约事件以来，债券违约风暴呈愈演愈烈之势，债券市场的风险防范与化解得到空前重视。2014 年 5 月份国务院发布《关于进一步促进资本市场健康发展的若干意见》，指出防控风险的市场任务，强调健全债券违约监测和处置机制。此后，2014 年 9 月发布的《国务院关于加强地方政府性债务管理的意见》、2016 年 10 月发布的《地方政府性债务风险应急处置预案》、2017 年 3 月发布的《深圳证券交易所公司债券存续期信用风险管理指引（试行）》等规范，将债券市场的风险防控工作进一步细化和深化。2016 年 3 月 16 日第十二届全国人民代表大会第四次会议批准的《中华人民共和国国民经济和社会发展第十三个五年规划纲要》，亦将证券市场的风险防控和处置列为重要任务。

可见，不管是股票市场还是债券市场，风险防控都是证券市场发展的恒久命题。证券的天生投资属性决定了证券法防控及化解市场风险的目的和功能。既然证券法具有风险规避和风险控制的固有目的和功能，那么在风险防控的手段和措施上，应急性原则便产生了适用的基础和前提。证券法上对市场风险的规范可分为事前事中和事后三个阶段，风险暴露和产生以后，就需要得到及时有效的化解。风险的事前防范应为常态，因为风险一旦爆发将会导致市场和投资者遭受损失，是需要避免和控制的。所以风险爆发导致的风险处置，相对于风险的常态化防范而言，是非常的和突发的"紧急"状态。这种紧急状态不同于行政应急性原则下的社会生活中的紧急状态，其发生于经济生活，程度上可能也并非公共安全事件那样广泛。但是，政府的职能本来存在于社会、经济、政治等多个领域，

---

① 冯果、段丙华：《供给侧制度改革与我国上市公司退市制度的完善》，《楚天法学》2016 年第 6 期。

这种发生在经济生活中的风险紧急状态，通常也需要政府力量予以一定回应，在性质上与行政应急性原则下的政府回应并无二致。

因此，在证券法这一经济风险领域，以政府应急力量为基础的应急性原则，具有证券市场风险防控的重要价值，特别是在事后风险处置环节，政府应急性处置甚至必不可少。种种特征表明，在证券法的整体风险防控体系中，是存在应急性原则这一制度内核的。应急性成为政府介入证券市场原则基础，而市场风险则是触发应急性的核心因素。

本书挖掘证券法上的应急性原则，符合风险市场背景下对证券市场风险防控的重大诉求，对科学有效化解证券市场风险具有积极意义。在借鉴行政应急性原则的基础上，可以如此界定证券法上的应急性原则：在发生重大的证券市场风险事件中，为维护证券市场的健康发展秩序，保护投资者合法利益，政府为代表的行政主体可以采取一定的紧急措施，以降低和控制市场损失。这种政府的非常态的应急处置手段，是社会生活中政府公共管理职能向经济领域的自然延伸。政府的逻辑起源与目的即在于保护财产，[1] 在紧急状态下，公民的财产面临严重的威胁，政府更是应当拥有一套非常机制动用紧急行政权力，来保护财产利益。[2]

但是，证券法上的应急性原则应以行政应急性原则为基础，在适用条件、范围和程度上更为严格和明确，因为证券市场的财产性损失，在本质上不如社会生活中生命损失或财产损失重大和广泛。比如 SRAS、地震等导致的公民重大利益受损，远比证券市场的重大风险事件导致的投资损失和市场损害要广泛和严重，其公共性更强。这需要在确立政府应急性原则的同时，强调政府权力行使的合法性

---

[1] 徐邦友：《政府的逻辑：现代政府的制度原理》，上海人民出版社 2011 年版，第 20 页。

[2] 参见江必新《法治政府的制度逻辑与理性建构》，中国法制出版社 2014 年版，第 275 页。

原则和比例原则，不得使其沦为政府滥权的傀儡。因此，证券法上的应急性原则也应当设置紧急处置措施的救济机制，以确保投资者等市场主体利益获得更为充分的保护，并促进公共权力介入市场能够更为有效和公正。

三 政府参与证券市场的公共性基础

前文已经指出，证券市场发挥着分散风险的重要功能，[①] 证券法由于其特殊的关注对象——证券，投资风险与收益机制的规范成为其核心。因此，证券法视野下的政府定位问题，集中于政府对证券市场的风险监督和管理。同时，证券法兼具公法和私法属性，天然地包含着公共力量对私主体关系的介入这一政府定位的核心范畴，其价值与模式上遵从政府与市场的经济关系定位。在经济定位上，为发挥市场在资源配置中的决定性作用，政府不该是一个命令型政府，而应是一个能够帮助市场主体实现优势和修复缺陷的引导型政府。[②]

在公共权力与私人权利的交织下，政府参与证券市场，存在着其特殊的法律逻辑。以下，笔者从法的制定意义、法的实施需求两个层面阐释政府参与证券市场的公共性基础。

在法律规范的制定上，有学者将法律对公司这一市场主体的影响划分为三个阶段，最基础的阶段是某种法律体系的简单存在，如合同法、侵权法等；第二个阶段是比较复杂的关于公司的法律，如公司法；第三个阶段是证券法，确定公司对外销售证券的规则。[③] 基础阶段首先可以理解为基本的私人财产权规范和保护规则，其次是市场交易主体的组织法规则，再次是市场交易形式的行为法规则。

---

① 冯果主编：《证券法》，武汉大学出版社 2014 年版，第 17 页。

② 参见林毅夫《新结构经济学：反思经济发展与政策的理论框架》，苏剑译，北京大学出版社 2014 年版，第 156 页。

③ ［美］弗兰克·B. 克罗斯、罗伯特·A. 普伦蒂斯：《法律与公司金融》，伍巧芳、高汉译，北京大学出版社 2011 年版，第 9—10 页。

当然，这三个阶段的认识并不是截然区分的，只是在法律作用的偏重上有所理解上的意义，并非彼此孤立。以公司法和证券法为例，二者都兼具有组织法和行为法的规则，只是在法律目的上有组织或者行为上的侧重。可以看到，在以公司组织为核心的市场规范体系中，证券法以公司法和合同法为基础和前提，在"私法"与"公法"的属性交织上呈现出递进式，体现为公共规制对私人自治干预的程度加强。法律作用的核心始终围绕私人自治，只是在从私人到市场组织再到社会公众这一主体演进上，其强制性逐渐扩张。这种对私法自由强制性的扩张，是由法律规制对象的公共性所决定的。[1]公共性是"私主体"向"公共主体"演进的一种组织化程度，[2] 前者是市场生活中孤立的一对一交易主体，后者是市场生活中一对多、多对多或者具有普遍性的交易主体。因此，在制定意义上，证券法是政府对市场交易的强制规范和矫正之法，政府定位就是认识政府在私人主体在组织化演进过程中的作用空间和模式。

证券法除了在规范制定上存在政府定位的基础，在法律实施上也离不开政府力量的保障。在公司权力和权利实现的历史演进视角下，公司利益与社会利益在一定的历史条件和发展时期下，皆需要不同程度的外在力量来实现，而这种外在力量主要来自政府。[3] 证券法作为公司交易行为规制之法，在证券交易中的组织体利益、市场利益以及私人利益的平衡中，政府这种主要的外在力量必须得到正视。况且，现代化的公司治理越来越要求和强调内部机制与外部机制的结合，[4] 公司组织体本身的团体利益和成员利益也需要统一协调，政府本身的公共性和强制性决定了其公共意

---

[1] 参见强昌文《公共性：理解软法之关键》，《法学》2016年第1期。
[2] 参见蒋大兴《论私法的公共性维度——"公共性私法行为"的四维体系》，《政法论坛》2016年第6期。
[3] 张瑞萍：《公司权力论——公司的本质与行为边界》，社会科学文献出版社2006年版，第89页。
[4] 郭富青：《公司权利与权力二元配置论》，法律出版社2010年版，第71页。

志和利益的代表性。① 私人利益、组织体利益、市场利益到社会公众利益，其法律实现机制是多样而且复杂的，私权的利益诉求从来都离不开公权力量的配合与支持。所以，在证券市场这一极具公共性的交易领域，政府作用对各种利益的整合是必不可少的。② 在证券法的实施意义上，政府力量的明确界定和政府作用的实现是非常重要和关键的。

综上言之，政府定位不仅存在政治学、管理学和经济学等学科的独特意义，在法学特别是证券法上，也存在其特殊的关注内容和意义。证券法以市场、交易和风险为规范或保护的核心，证券市场存在各种公私力量博弈和利益交织，市场风险的消解和利益平衡需要多方力量共同完成，政府参与的基础在于交易的公共性。详言之，证券法中政府定位的实质在于，维护市场整体安全的同时限制政府公权对市场决定性的侵犯，维护市场主体合法利益的同时提升市场活力；体现为：维护证券市场的制度规范，并保障其能正常发挥作用；控制和化解市场风险，并最终促进市场的健康稳定发展。

第二节 债券违约处置的法律逻辑

前部分内容指出，政府参与证券市场存在风险干预和商事交易公共性的法理基础。而债券违约处置这一法律治理活动，内在地包含了对债券交易公共性的维护和对证券市场风险的防控，存在其特定的法律内容和目的。以下从债券契约、债券违约到债券违约处置三个递进阶段分析整个债券违约处置过程的法律治理逻辑，以进一步揭示政府参与债券违约处置的法理逻辑。

---

① 彭澎：《政府角色论》，中国社会科学出版社2002年版，第296页。
② 冯果、万江：《社会整体利益的代表与形成机制探究——兼论经济法视野中的国家与政府角色定位》，《当代法学》2004年第3期。

一 债券契约关系对传统合同关系的超越

债券投资作为本质上的商事交易,其法律关系以商事合同为基础。自债券发行至投资者购买债券,所产生的主要法律关系乃发行人与购买者之间的债权债务关系,债券的发行与购买实为债务合同的订立。不论发行人是地方政府、金融机构还是国有企业或一般公司,皆成为法律关系中的债务人。债券作为"一纸契约"(电子契约)约束双方的债券行为,债务人应当按照债券契约履行兑付义务。债券关系中的债权基于投资邀约和承诺达成,故本质上,债券交易的商事实质乃基于契约自由的意定之债。债券的法律关系处于动态发展之中,投资信赖构成债券契约的发展基础。同时,债券作为金融投资的一种形式,具有标准化交易的商事特征,债券契约又超越了一般民事合同,具有不同层次的丰富内涵。

(一) 债券契约内容的发展性

合同是一种以在当事人之间设立、变更、终止财产性民事权利义务关系为目的的协议,[①] 理论一般认为民事法律关系中所指合同应为狭义上的民事合同,[②] 当事人双方处于平等的法律地位。发行人与投资者个人之间进行的债券交易是债券契约的原始订立,债券二级市场的交易是契约所表征的债权让与,针对最终债券持有人,发行人始终负有债券契约下的合同义务,而持有人依债券交易所付出的投资对价受让契约债权。整个债券运行以契约流转为核心,各主体之间法律关系以债券契约为基础。从债券发行到债券交易,债券契约由于金融监管的公法规制如信息披露条款、格式指引的强制条款

[①] 马俊驹、余延满:《民法原论》,法律出版社2009年版,第502页。
[②] 《民法通则》第八十五条:"合同是当事人之间设立、变更、终止民事关系的协议";《合同法》第2条:"本法所称合同是平等主体的自然人、法人、其他组织之间设立、变更、终止民事权利义务关系的协议。"对合同内涵的狭义理解参见许春清《合同与合同之债的法理透视》,《甘肃政法学院学报》2002年第4期;匡爱民、李小华:《合同的内涵及合同法的地位新探》,《江西社会科学》2010年第7期。

等，其所表征的合同之债的内容根据环节不同和主体不同处于变动之中，但由于投资者保护的公法要求，其一般仅增而不会减。

从债券交易的金融模式来讲，发行人在债券契约的订立和合同之债的变动中被法定赋予了不自由的意思表示，如金融债券、地方政府债券、企业债券等发行人特殊义务要求。故而，债券契约中依发行交易双方真实资金需要而为的平等意思表示构成最基本的民事合同之债，发行人当依合同履行原则承担合同之债，资金的兑付义务应以合同法的民事规制为基础。另外，基于发行人获取市场融资资源，债券契约的标准化买卖超越了一般民事合同的单一订立，债券交易作为市场投融资产生涉众性。作为市场资源对价，发行人应承担市场监管义务，受债券发行准入和交易监管规制，[①] 以及当下最为重要的违约监管规制。因此，债券契约的内容不仅包括发行人与投资者之间的意定之债，还包括市场监管的法定之债，体现为债券契约的组织性、关系性和公权矫正等方面的特征。

(二) 债券契约交易的组织性

债券投资与股权投资的形式差异乃投资者身份不同以及投资收回的方式不同，然实质上皆基于对公司主体经营能力的投资信任，公司经营状况与投资收益息息相关。汉密尔顿将公司债权人根据产生原因不同分为自愿债权人（voluntary creditor）和非自愿债权人（involuntary creditor），[②] 本书将其理解为主动债权人和被动债权人，前者乃基于合同意愿在商事交易中主动谈判而形成公司的债权人；后者指存在侵权行为等法律原因而形成的债权人，对公司的法人财产享有追索权利。显然，债券投资中的持有人属于主动债权人，如同股东一样，其投资依据是处于变动之中的公司商业价值。作为主

---

① 目前公募公司债、企业债券实行核准制，金融债券实行注册制，私募债实行备案制，皆依申请发行，本质上都受不同程度的准入监管。

② [美] R. W. 汉密尔顿：《公司法》，刘俊海、徐海燕译，中国人民大学出版社2001年版，第70页。

动意思体现，债券契约如公司章程般，其条款设计成为双方博弈的重要市场手段。现代公司治理理论认为，公司债权人应作为公司治理参与人保障自身债权，此处应理解为主动债权人。债权契约具有债权人获得组织性保障的重要功能，债券交易的组织性构成了债券受托管理人的职责构造以及持有人会议规则的理论基础。

商法上的组织交易理论有助于认识债券交易中法律关系的本质。组织交易是在团体法视角下观察以合同自由为基础的契约交易，尊重组织体意志表达、强调个人意志受限于团体秩序的交易行为，本质上是对传统契约交易的一定突破。① 发行人是组织体这一点没有疑问，一般债券的发行不是股东的个人决策而是公司的组织行为，政府债券是以政府作为主体，首长责任制下其行为属性更具特殊性。2019年新《证券法》将投资者从实质上区分为专业投资者和普通投资者。但形式上，证券法上投资者可以区分为个人投资者和机构投资者，当前债券市场投资者以机构投资者为主。穿透监管的视角下，机构投资者的本质上也是个人投资者的资金集合，比如资产管理类产品、基金等。个人投资者俗称为散户，在违约处置中的组织法视角下，债券持有人会议、受托管理人等制度即是散户的一种的组织化构建，是为更好地保护投资者和降低信息沟通的成本。所以，债券交易形式上是组织对组织，其背后的实质是股东对债券持有人，债券违约处置的目的之一是，组织法规则之下的个人对个人的利益平衡。认识债券交易的组织性，对后文分析债券违约处置中的股东责任、投资者穿透保护以及市场监管等方面具有重要意义。

（三）债券契约义务的关系性与继续性

公司投融资所在市场具有商事迅捷性和时限性，作为债券投资者与公司联结的纽带，债券契约同时体现出合同的关系性和继续性，债券契约的这两种属性提炼对科学化解债券违约风险具有重要意义。

---

① 冯果、段丙华：《公司法中的契约自由——以股权处分抑制条款为视角》，《中国社会科学》2017年第3期。

合同理论上，关系性合同和继续性合同在本质关系上存在争议，但在内涵上有着共同认识。① 关系性合同的本质体现为长期性、开放性和依据信赖关系的谈判性，而基于关系（身份）所产生的谈判性是关系合同的维系基础。继续性合同以义务履行的继续性为核心，给付时长决定最终的总给付，并且合同运行中的意思自治以信赖为基础。② 关系性合同和继续性合同都具有合同的不完备性、过程性和不确定性。

债券交易中，债券持有人与发行人产生投资关系，投资者基于对公司的经营信任购买债券，债券收益基于二级市场交易处于变动但相对稳定的状态，并且债券契约所表征的合同义务随着发行人和持有人的债券行为变动而发生着改变，即契约内容依市场交易具有过程性和开放性。对发行人来讲，其所面对的不仅是单个债券契约的规范内义务，还有其所发行所有债券作为整体的涉众性保障义务，后者超越了单个债券契约，是所有持有人作为整体的债券契约义务，是涉众性导致的法定规制。正是因为债券投资者具有集体性，在债券交易的商事演进下，公司债权人与公司之间产生了如同股东一般的身份性，债券持有人与公司之间远不止简单的欠债还钱关系，债权人有限参与公司治理理论的发展说明了债券契约所具有的合同关系性。另外，债券在交易过程中，基于金融监管规制，发行人面临信息披露、投资者保护、临时规制等义务，还可以采取信用增级措施来提升投资力，这都体现出债券契约本质上的开放性和可谈判性。

从继续性合同的本质来看，单个债券契约可依一时履行兑付义务而完成，不同于保管合同、雇佣合同等的继续性义务履行，从这个角度看来股权投资中的股息分配更像是继续性义务，股东与公司

---

① 参见屈茂辉、张红《继续性合同：基于合同法理与立法技术的多重考量》，《中国法学》2010 年第 4 期；王文军：《关系合同与继续性合同——个比较分析框架》，《法学论坛》2013 年第 7 期。

② 参见屈茂辉、张红《继续性合同：基于合同法理与立法技术的多重考量》，《中国法学》2010 年第 4 期。

之间的关系更满足继续性合同特征。但是，既然债券投资与股权投资具有同等重要的市场地位，自然有其商事本质的共同性。债券契约的继续性体现在债的实现应满足债券的持有至到期，故信赖关系成为债券契约的基础。债券契约作为债券运行的商事基础，在债券违约治理的语境下，更多地体现为单个投资契约的集合，作为发行人的一个整体契约出现在其法律规制中，即发行人所面对的契约义务不仅包括个案担负，还包括市场整体担负。作为市场整体的债券契约，处于动态交易的过程中，瞬息万变的单个债券行为（子契约行为）都可能要求义务人随时履行（债券的当期交易、提前赎回和到期赎回）。[①] 商事交易的动态视角下，债务人义务具有长期性，单个债券契约行为不完全构成整体合同的部分履行或"一部清偿"。并且，债券契约的商事价值在一定程度上体现为债券的持续持有，发行人须为保障债权人的持有利益进行经营上的努力，[②] 在债券运行过程中，发行人还承担持续性金融监管义务如信息披露、违约报告等。发行人基于自身对市场的投资承诺以及投资者的投资预期所应作出的盈利性努力决定了债券契约属性内在上的继续性，而这，也正是债券运行的商事特质。总而言之，债券契约在整体合同层面，从市场角度体现出债务人合同履行的继续性和连续性，这进一步要求在根本性违约中，发行人应实现兑付义务的市场整体履行以及违约处置中所应负的监管配合义务，前者体现为所有债券契约关系人的利益平衡，后者体现为持续性责任承担如沟通机制的保障、信息处理以及偿付资产管理等。

（四）债券契约条款的丰富性

作为契约的主要内容，契约条款的内涵和范围界定对债券违约处置具有相当重要的意义。形式上，在我国违约风险化解语境下，

[①] 从整体性和长期性的角度看，债券在市场上的当期交易中所产生投资溢得或损失最终皆在一定程度上要由发行人承担。

[②] 在债权人治理理论中，体现为发行人为达到债权人投资预期的治理义务。

债券契约的条款认定,应不限于债券买卖的标准化合同,还应当涵盖证券监管的强制性规范以及发行人具有投资诱导性的单方承诺,包括募集说明书、受托管理协议以及其他强制性法律规范。① 类型上,包括发行人和投资者在契约中设计的一些特别条款,比如加速到期条款、限制投资条款,等等。② 这些附加条款、限制性条款主要是针对债务人公司对本息偿付的信用风险而设计,属于债务人为取得投资信任的额外担保条款,在我国实践中体现出一定的自救性。③ 2016年9月,中国银行间市场交易商协会发布《投资人保护条款范例》,其中即包含违约的触发情形和处置程序等条款,提高了债券契约条款的丰富性,对市场起到一定的引导作用。

综上而言,债券契约内容的发展性和交易的组织性表明,债券商事法律关系并非纯粹的私人关系,其存在于债券市场,与市场和其他主体密不可分。债券发行成立债券的初始契约,债券交易又产生债券的衍生契约,比如债券回购契约。债券发行的初始契约面向投资大众,即使是私募债券的投资者也具有一定的"市场"规模。而债券衍生契约存在于债券交易市场,交易者更为复杂和多样化。纵使债券发行人始终不变,债券投资者即债券持有人却可能在市场上瞬息万变。债券契约从持有上来看,形成了一个契约群,诸多投资者面对同一个债券发行人享有权利。而从债券契约的交易流通上来看,形成了一个契约链,诸多债券交易人构成彼此的交易环节。债券市场的中间机构,则在这些契约群和契约链中形成一个个联结点。横向的个人投资者之间也好,纵向的机构投资者和机构主体也

---

① 冯果、段丙华:《债券违约处置的法治逻辑》,《法律适用》2017年第7期。

② See Yvonne M. Rosmarin, "Stopping Defaults with Late Payments", *Clearinghouse Review*, May/June 1992, p. 154.

③ 如2015年《东方证券股份有限公司公开发行公司债券募集说明书》中规定,违约时,持有人可直接向发行人进行追索。在一定条件下,持有人可执行加速到期条款,发行人一定期限内的救济可豁免其违约行为。其中的违约救济措施包括但不限于财产保全措施、诉讼或仲裁,及时报告证监会及交易所,或强制发行人履行义务等。

罢，都体现出债券契约交易的组织性，共同形成债券市场的交易网络。因此，债券契约所表征的债券商事法律关系，无疑已经超越了纯粹的私人交易关系，充分地体现出市场性和公共性。这种公共性便决定了在债券违约处置中，公共力量对私人秩序进行矫正的必要性和重要性。

二 债券违约的法律后果及其市场约束失灵

（一）债券违约的法律后果

债券发行人一般由于经营不佳使得债券兑付陷入危机，当信用进一步发生恶化时，比如融资困难加剧和发行人外部支持断裂等，债券偿付日发行人无法履行兑付义务即造成当前所言的"债券违约"。而从大多数发行人的资产信用本质上看，资金流动性导致的债券至清偿期时无法完成兑付，并非合同义务的履行不能，更多的仅是给付迟延，这也是部分债券违约能在政府的参与下得到全面赔付的重要原因。理论上，纵使没有造成发行人于债券兑付日不能兑付，只要违反债券契约条款所规定的义务就属于债券违约，比如发行人未履行信息披露义务。债券持有人有时面临的契约风险，要远远超出违约行为本身，比如公司并购、私人股本和杠杆收购、证券化和项目融资都具有合同条款（契约）的特征。这些契约触发技术即使没有面临资不抵债，借款人也可能会拖欠贷款——即使他们有足够的现金来偿还债务。[①] 因此，一般性违约并不必然会导致兑付不能，但会增加兑付不能的风险，所以对一般性违约的合理处置也是有必要的。

债券契约的发展性和义务的关系性决定了债券违约法律后果的阶段性。在发生一般性违约时，债券发行人负有补救义务，比如当信用评级或资产发生重大变化，发行人应当采取增信措施和履行通

---

① Emanuele Borgonovo, Stefano Gatti, "Risk Analysis with Contractual Default: Does Covenant Breach Matter?" *European Journal of Operational Research* 230, 2013, pp. 431-443.

知义务等。在发行人迟延履行债券兑付义务时，应当赔偿迟延损害和及时履行兑付义务；在契约目的无法达成时，发行人承担合同信赖利益的损害赔偿责任。① 同时，由于前述债券契约的商事合同特质，债券违约导致的不仅是发行人与投资者之间契约实现的违约责任，还可能导致债券中介机构、发行人甚至投资者（机构）保障契约实现的侵权责任或行政责任。

违约责任以合同义务的不履行为前提，债务是符合法律和合同的应为行为，而责任是债务不履行行为导致的法律强制负担，债务与责任之间以分离为常态，以结合为非常态。② 从合同义务的本身履行和违约责任的关系上来说，违约责任比合同债务多含有一种强制性，③ 具有法律的拟制性。债券契约的标准化买卖是债券商事交易的基础，单个债券契约的义务履行构成发行人的基本债务，而涉众性的债券投资产生一定范围内的契约群，投资者的组织性保护基础即在于此。因债券契约交易所体现出的组织性和义务履行上的关系性和继续性，违约行为除了导致契约不能履行以外，还产生一定的社会和市场负面影响。故而，在债券违约的这种社会性和市场性影响下，对债券违约的法律评价不限于契约关系的私法维护，也包含了对债券市场秩序的公法矫正。政府基于对交易安全的维护和市场风险的规避，介入债券商事责任的实现，④ 也就存在了一定的理论空间。债券违约的社会性和市场性法律后果，也体现出其对一般民事合同的超越。

债券违约导致的侵权责任存在两个原因，一是债券债权所具有

---

① 参见黄茂荣《债法通则之二：债务不履行与损害赔偿》，厦门大学出版社 2014 年版，第 101 页。
② 左传卫：《论债与责任的关系》，《法商研究》2003 年第 5 期。
③ 崔建远：《违约责任论》，《吉林大学社会科学学报》1991 年第 4 期。
④ 樊涛：《我国商事责任制度的缺陷及重构》，《法商研究》2009 年第 4 期。

的一定绝对性,二是理论上存在对债权的侵犯。① 传统民法理论认为,侵权行为的客体只能是绝对权,而不能是相对权,比如合同债权。② 事实上,如同股权投资一样,债券投资也体现出一定的绝对化属性,其以合同债权为基础又超越了合同债权。债券债权的物化主要表现为三个方面:契约的标准化交易;债券流转中权利义务关系的封闭性和稳固性;契约中组织法条款的公示性。债券契约的标准化交易是债券债权物化的表现形式,从市场整体债权实现的动态视角审察,发行人对一定范围内(交易市场)的不特定多数人(持有人和潜在交易者)负有义务。债券流转过程中可能面临债务人的所有权人变动,而此时的债券债权不变体现出一定的绝对性。同时,债券所表征的债权不同于一般债权,债券发行与交易受金融公法规制,信息披露、监管公告等使债券契约产生一定的市场公示性。以实现投资者债权为视角,债券的商事程序外观决定了交易相关人之间的相对性和稳固性,债券交易的信息不对称模式下,发行人、中介主体与债权人同处于债券运行的封闭空间。基于债券契约的证券投资属性,承销机构、信用评级机构和担保机构等中介服务主体,对债券契约目的实现负有保障责任,与发行人作为共同的债券契约义务主体。在中介机构等主体对债券违约产生的损失具有过错的情况下,其侵害行为具有直接性。故而,其他市场主体具有债权保护的可责性,在明知自己的中介行为会导致契约失败的情况下,如故意侵害债券债权则应承担一定的侵权责任。③

确定侵权法保护在债券违约的风险化解中意义重大,其为市场主体的私法责任提供重要的理论基础。同时,债券违约还可能产生

---

① 如果加害人明知他人的相对权存在,仍恶意侵犯,应当承认侵权责任的成立。参见崔文星《债法专论》,法律出版社 2013 年版,第 37 页。

② 侵犯合同债权的理论详细参见卢文道、英振坤《侵害合同债权的侵权行为》,《法学》1994 年第 9 期。

③ 如不实评级导致的投资引诱最终使得债券无法受偿、串通的债券发行承销与评级等。

行政责任，比如在2014年"11超日债"违约中发行人存在虚假陈述行为导致行政处罚。债券市场主体承担的公法责任，主要体现为以债权实现为目的交易安全保障义务（监督、审计以及评价债务人履约能力）。此外，基于债券契约交易的组织性，债券违约可能会产生发行人股东的过错责任，① 比如在公司治理共同体义务内承担的积极治理义务、赔偿责任及其他补救责任。

债券违约的法律后果具有连带性、规模性和牵连性，这是债券交易公共性的一个重要体现。前文已经指出，债券违约的法律后果涉及的主体不仅包括债券发行人和债券投资者，还可能包括发行人股东、债券销售机构、债券评级机构以及其他债券服务机构。实践显示，债券违约行为可由多种原因导致，比如发行人重大人事变化、重要资产变动以及重大违法行为等，不同原因会产生不同的责任主体，比如股东出资瑕疵或恶意侵害公司资产导致的股东责任、母子公司的牵连责任等，几乎在债券契约网络中的所有主体都可能成为债券违约的责任主体。在责任类型上，债券违约导致的侵权责任、违约责任以及行政责任前已详述。债券发行中如果存在担保机构，则担保机构在债券违约处置中应承担一定的担保责任，债券服务机构满足一定条件则需承担一定的过错责任或者共同违约责任，债券市场主体的行政责任更是平常而频繁。因此，债券违约法律责任所体现的连带性和牵连性是显而易见的。同时，在债券违约责任的承担上，不管是主体还是内容，都具有一定的规模性。在发生的多起债券违约案例中，债券投资涉及金额巨大，投资者众多，金额过亿的不在少数，投资者数量更是规模庞大。债券违约法律责任的这些特性表明，债券违约法律关系远比一般合同违约具有公共性。

---

① 股东的恶意治理行为以公司财产侵犯为主，比如侵占、转移、违法担保借贷等严重影响发行人信用的行为。

(二) 债券违约的市场约束失灵

契约从本质上具有交换性或对价性紧张关系的两造结构，其交换性无法保证（市场机能不足）时便导致公权介入。① 经济发展中的政府监管制度应该具有重要作用，但必须基于矫正和弥补市场失灵的理由。② 当市场机制自身存在问题时，政府作用便应在一定条件下产生并发挥绩效。③ 债券违约的市场约束机制包括市场声誉规制、债券违约的市场影响以及债券违约的法律规制等方面，其存在的失灵便成为政府参与债券违约处置的正当性基础之一。

债券市场的信用评级制度，旨在揭示债券的市场风险，供投资者据以作出投资者决策。成熟的债券评级机制，能够准确反映债券的价格要素，提示投资者合理配置投资风险。从债券融资的市场调节机制来看，发行人发生债券违约事件后，会增加其以后债券融资的成本，因为其违约风险的评价变得更为谨慎。同时，债券违约风险的增加和爆发都会影响发行人主体的信用评级，主体信用降级将导致主体在市场中各项信用融资活动都会受到负面影响。所以，从债券发行人的理性角度而言，由于债券违约将会使发行人受到市场声誉机制的约束，发行人是会尽量避免发生债券违约事件的。然而，根据债券违约的实践情况来看，我国债券市场存在信用评级虚高的现象，信用评级对债券违约风险的规避功能未能有效体现。有研究表明，我国债券市场的违约事件发生后，发行人不仅没有受到信用评级收紧的负面影响，反而存在被高估的现象，债券信用评价对于降低企业融资成本的作用显著降低。④ 市场上的声誉机制对规制债券

---

① 参见黄茂荣《债法通则之一：债之概念与债务契约》，厦门大学出版社 2014 年版，第 184 页。

② 文贯中：《市场机制、政府定位和法治——对市场失灵和政府失灵的匡正之法的回顾与展望》，《经济社会体制比较》2002 年第 1 期。

③ 盛学军：《政府监管权的法律定位》，《社会科学研究》2006 年第 1 期。

④ 黄小琳等：《债券违约对涉事信用评级机构的影响——基于中国信用债市场违约事件的分析》，《金融研究》2017 年第 3 期。

违约的影响存在一定的局限，不能完全实现其调节功能。

在成熟的债券市场上，债券违约是发行人经营不善而接受市场调整（重组或遭淘汰）的正常结果，其导致的投资者损失和发行人损失是市场的自发反应。投资者和发行人应当各自承担进入市场进行资金博弈的正常后果，这是资本市场理性游戏的自然规则。但现实是，我国债券市场长期以来存在刚性兑付，债券违约在很长时间内是不被允许和不可接受的。一方面，债券发行人纵使实质上已经无法支付到期债务，按照市场淘汰规则面临出局的危险，但依然如同单一信用发展时期一样寄希望于政府兜底，对债券违约的市场后果反应迟钝，往往在政府改变策略时才幡然醒悟。另一方面，债券投资的稳定回报机制以往通过政府力量得到实现，投资者没能认识到这种稳定回报也是以发行人的正常经营为前提的，投资期望不以市场状况为基础，盲目的投资信任导致投资者对债券违约的冲动维权多于理性反思。概言之，债券违约这一本身正常的市场现象，在影响上，不能合理调节债券发行人和债券投资者的投融资理性，而原因就在于政府一直来在债券违约中的兜底形象。因此，解铃还须系铃人，政府作用应当从造成市场失灵转变为矫正市场失灵，通过合理参与债券违约处置来引导市场理性的培育和发展。

三 债券违约处置需要"公私合治"

私人权利实现、契约的有效执行以及市场秩序的维护是债券违约处置的重要内容和目的，其具有公权保障的内在基础。

（一）私权实现与契约执行

单纯从债券契约的法律实现机制来讲，如果债券发行人仅仅发生技术性违约，即在债券兑付日之前违反债券契约的一般条款，发行人接受行政监管履行信息披露义务或通知义务。债券持有人也可以委托管理人要求发行人提供增信，比如追加发行人的股东担保等措施，满足约定条件的，也可以运用加速到期条款要求发行人履行合同。如果发行人发生根本性违约，即经过资产清算确实不能支付投资者到期本息的，投资者可以采取协商、仲裁、调解或者提起破产诉讼等方式来获得赔付。由于债券市场存在的信息不对称问题，投资者通常处于弱势地位，投资者仅以自身力量通过司法途径求取赔偿往往存在能力不足、成本高昂以及难以获得全面赔付的现实困境，债券投资者的特殊保护因此必要，并且事实上也成为我国证券法的重要原则之一。[①] 投资者保护作为各国证券法上的重要内容，往往在解决投资者私人救济的缺陷上发挥重要作用，而具体如何实现这一原则，则需要靠多样化的制度措施。因此，在对债券的违约处置中，如何更加有效地实现投资者保护是一个重要内容。

从债券契约的经济本质来看，债券契约的有效执行具有重要意义。金融学与经济学上的债权治理一般是指企业融资结构中债权对企业治理的作用和影响，主要存在合同治理、控制权治理以及流动性治理三种形式，对于债权是否能发挥治理作用尚存在相对立的观点，但基本认同债权存在治理效用，大部分研究趋于共同探讨与挖掘债权不同程度的治理作用和影响因素。[②] 一般认为，债权治理属于公司外部治理机制，与股东内部治理机制相对应，但存在相互作用并应当协同联结，并且在银行债权中更为重要和突出。[③] 对债券契约经济本质的重视，是建构债券契约法律实现机制的基础。

在经济学上的三种经典融资结构理论中，M-M 理论认为加强债权人对企业的监督、限制甚至控制能有效保护债权人权益，债务契约的特征主要体现为债务成本和债务期限结构，内部控制质量和公

[①] 在 2019 年 12 月 28 日修订通过的《证券法》中，投资者保护的内容作为专章得以体现。

[②] 张文魁：《企业负债的作用和偿债保障机制研究》，《经济研究》2000 年第 7 期；杨继伟等：《债权治理与盈余质量：来自中国证券市场的经验证据》，《管理评论》2012 年第 9 期；张亦春等：《债权治理对企业投资效率的作用研究——来自中国上市公司的经验证据》，《金融研究》2015 年第 7 期。

[③] 王满四等：《银行债权监督与公司内部治理——研究综述》，《工业技术经济》2014 年第 6 期；简泽：《银行债权治理、管理者偏好与国有企业的绩效》，《金融研究》2013 年第 1 期。

司诉讼会影响债务契约，质量高的内部控制可以缓和投融资双方在契约中的紧张关系。① 在风险投资契约条款中，管理参与条款是企业风险最主要的出口、最重要的条款，科学合理的契约条款能够有效促进企业成长，比如股权回购条款和估值调整条款等。② 发债主体可以通过债券契约设计提高对债券投资者的保护，从而降低融资成本，③ 债券契约在公司治理方面尚能发挥作用。④ 同时，债券契约在解决组织代理问题上也发挥着重要作用，主要是对组织股东与管理者等主体的权益制衡。因此，债券契约应当是债券违约处置的前提和基础，债券违约处置的核心应当是实现契约目的，而债券契约目的的核心是债券持有人按照约定条件获得本息兑付。

私人自治构成债券发行和交易的基础，债券违约后的投资者救济因此存在正当的请求权基础，⑤ 而其实现正在于债券契约。⑥ 在以美国为代表的成熟市场的债券实践中，通常也充分认可债券契约条款的自治效力，并作为司法裁判的主要依据，⑦ 并且多样化契约条款的发展正是债券违约处置市场化发展的结果。⑧ 甚至在市政债违约处理中，契约条款也得到充分尊重，如一般违约中债权人可以获

---

① 林斌等：《内部控制、公司诉讼与债务契约——基于 A 股市场的经验研究》，《审计与经济研究》2015 年第 3 期；李晓慧、杨子萱：《内部控制质量与债权人保护研究——基于债务契约特征的视角》，《审计与经济研究》2013 年第 2 期。

② 姚铮等：《风险投资契约条款设置对风险企业成长绩效影响研究》，《财务研究》2016 年第 1 期。

③ 陈超、李镕伊：《债券融资成本与债券契约条款设计》，《金融研究》2014 年第 1 期。

④ 田侃等：《"次优"债务契约的治理绩效研究》，《经济研究》2010 年第 8 期。

⑤ 参见［德］迪特尔·梅迪库斯《请求权基础》，陈卫佐等译，法律出版社 2012 年版，第 50 页。

⑥ 王泽鉴：《民法学说与判例研究》（第七册），北京大学出版社 2009 年版，第 15 页。

⑦ 15 USCS § 77rrr.

⑧ See Clifford W. Smith, Jr. and Jerold B. Warner, "On Financial Contracting: Analysis of Bond Covenants", 7 *J Fin Econ.* 117 (1979).

得法官授权的执行令,直接执行债务人的资产,① 但这一重要权利可以被债券契约排除。在美国的债券风险化解历程中,尽管历经市场放任到市场监管,债券契约作为私法自治的重要表征,始终是违约纠纷解决的基础。因此,债券契约作为债券投资法律关系的形成基础,在债券违约处置中具有首要地位,对于化解债券违约风险至关重要,债券持有人及其代理人当然有权依债券契约处理违约纠纷。

既然实现债券契约目的是债券违约处置的重要内容和目的,而本书第一章已经指出,债券本身存在兑付刚性,政府作用对于实现债券契约本就具有一定合理性。因此,政府权力对契约实现的保障和维护市场自治至关重要,债券违约处置中需要通过政府力量来保障债券契约的实现,比如行政赋权、行政保障,等等。

(二) 市场建设与信用维护

债券契约以及其发行和交易所构成的债券市场,影响着整个债券投融资体系。债券契约目的还具有市场性,即债券契约这一投资形式不仅为实现单个市场主体的投融资目的,还为降低债券市场整体的融资成本和维护投融资安全。因而,债券违约处置在实现债券契约目的的同时,还包含着债券市场建设与信用维护等内容。

传统民法理论认为,民事违约行为不具有道德性,违约责任的承担不具有道德谴责性而仅具有损失补偿性导致其范围有限。然而,商事责任和经济法上的责任突破了民事责任的功能限制,比如消费者保护法对消费者面临的欺诈恶意作出惩罚性赔偿的保护,体现出补偿性之外的惩罚性。因此,在商事交易的法律规制视角下,公权对传统平等私人责任关系的介入具有重要的平衡意义。债券违约处置中,对商事恶意的惩罚也应当是一个重要内容。在"单一信用发

---

① See Note, "Creditors' Remedies in Municipal Default", *Duke L. J.* 1363, 1369 (1976).

展时期",大量的发行人"策略性"违约(恶意违约)行为①使投资者遭受重大的无谓损失,惨痛的教训不得不引起反思。在当前债券违约进入新常态时期,发行人恶意违约也应接受严厉制裁。债券投资者作为金融消费者,在面临发行人的恶意违约时,应体现出违约责任承担的制裁性。作为商事交易,债券运行中的债券行为具有很强的市场决策性,发行人占有市场资源,应承担社会责任和经济责任,投资者保护更是要求其承担市场保障义务。债券契约的违反表现出的不仅仅是客观经济发展结果,更包含了市场资源攫夺的道德性。故而,在债券违约处置中,以利益平衡为目的的市场责任分配可具有惩罚性。债券违约处置的惩罚性内容,可以体现为对债券发行人私法权利的一定限制,或者公法义务的施加。

债券契约的关系性要求双方权利义务内容受到关系制约,继续性要求债务人的义务具有整体性,违反债券契约的法律责任在内容上存在一定的法律拟制空间,如信赖利益评价、对道德的惩罚性,等等。债券契约所体现的合同关系性和继续性揭示其以信赖关系为基础,所以在违约处置中应特别强调投资信赖保护和契约投融资目的实现,要求各方应严格按照诚实信用原则而行动。② 债券契约的商事内涵表明其成立于一般民事合同又超越了一般民事合同,债券的商事实质使得债券违约的风险化解,应立足于一般契约救济又应发展多样化规制。债券契约的关系性和继续性决定了发行人义务承担的阶段性和层次性,这一方面奠定了金融债券、地方政府债券等主体在违约风险化解中的特殊监管基础,如金融机构应当注重金融稳定和市场引导,政府债券中政府与债券投资者之间存在"完全信任条款",即政府基于完全信任应承担特殊的非市场责任;另一方面奠定了债券违约处置的普适法治逻辑:以债券契约目的实现为核心的

---

① 如自知已经先期违约但未采取合理的投资者保障措施,至期满才宣布违约,导致投资者和市场产生期限损失,或者到期故意不兑付的行为。

② 参见陈华彬《债法各论》,中国法制出版社 2014 年版,第 14 页。

"公私合治"。

债券违约处置对债券商事交易公共性的维护还表现为债券市场功能的社会性。尽管在以企业债券为主的"单一信用发展时期",债券市场主要为国企融资和经济发展政策服务。[①] 但在 30 余年的发展下,债券市场形成以银行间市场为主、交易所市场和其他场外市场并行的市场结构,债券投资者从以个人为主体到以机构为主体。同时,债券流动性得到较大提升,债券持有者多以二级市场买卖赚取投资收益为目的。债券市场的功能开始向其社会功能和市场功能回归,资源的公平、有效配置和促进权利交易功能得到一定发展。债券市场的资金服务功能和社会资源配置功能得到一定体现,进入债券市场进行投融活动开始产生一定的社会责任基础。市场投融资作为一种资金资格,其主体获得了一定的资金利用和收益的机会,应当承担社会发展的公共成本。债券市场社会功能和市场功能的回归,意味着债券违约处置对政府公共权力的需求进一步增强。

有学者指出,商事责任与一般民事责任存在区别,商事交易活动中,市场主体的风险和交易安全需要特别防范和保护,商事责任在行使这一功能时需要国家积极介入。[②] 外部公共力量对商事责任这一私域的参与,实质上是基于商事法律关系所体现出的一定的市场公共性,[③] 这种公共性体现为法律关系中的公共关系和公共利益。[④] 前已述及,在证券法这一领域,规范的制定与实施都存在公共权力的影子和因素。债券法律关系并不是纯粹简单的私人契约关系,而是具有一定的市场性和公共性,因而需要政府公权力的保障。

---

① 冯果:《资本市场为谁而存在——关于我国资本市场功能定位的反思》,《公民与法》2013 年第 6 期。
② 樊涛:《我国商事责任制度的缺陷及重构》,《法商研究》2009 年第 4 期。
③ 强昌文:《公共性:理解软法之关键》,《法学》2016 年第 1 期。
④ 蒋大兴教授从公共财产权、公共法人、公共民事/商事行为以及公共私法责任四个方面阐述了私法的公共性演进,参见蒋大兴《论私法的公共性维度——"公共性私法行为"的四维体系》,《政法论坛》2016 年第 6 期。

综上所述，债券违约处置的主要内容是，针对发生的债券违约事件，综合运用政府力量、市场手段等各种合法合理措施，以债券契约目的实现为基础，以市场主体利益平衡为核心，以投资者保护和市场建设为基本要求，引导债券投资纠纷市场化、法治化解决的总体过程。因此，债券违约处置是为矫正和维护债券交易的公共秩序，其本身就是一项私人权利实现和市场秩序维护的"公私合治"活动，需要私权和公权的合力共治。

第三节 政府的固有职能及违约处置中的现实依赖

一 政府的市场风险处置职能和政策执行职能

马克思主义政府职能基本理论立足于生产力和生产关系、经济基础和上层建筑。一般认为，政府职能存在于多个领域，比如政治、文化、经济和社会公共服务等。自党的十八届三中全会发布《中共中央关于全面深化改革若干重大问题的决定》提出"建设法治政府和服务型政府"以来，转变政府职能被认为是要将政府主要从事发布禁令、行政审批、亲力亲为等职能转变为主要提供法治秩序、公共管理、公共服务和社会保障等职能。[1]而对政府"简政放权"的要求，则进一步加强对市场主体、市场活动的监督管理，推进政府管理由注重事前审批转向事中事后监管；需要政府发挥对经济活动的引导和规范作用，强化政府在战略规划制定、市场监管和公共服务方面的职能。[2]可见，新时代的政府职能在社会、经济等领域存在固有内容，这种固有内容在经济治理活动中则体现为基于交易风险防控的市场服务和市场监管职能。

进一步而言，政府职能在国家治理体系的视角下，更多的是一

---

[1] 燕继荣：《中国政府改革的定位与定向》，《政治学研究》2013年第6期。
[2] 朱之鑫：《全面正确履行政府职能》，《求是》2013年第22期。

种责任而不再是权力，性质上也由管制转向服务。① 政府职能的这种消极性界定，目的在于为市场让步，给予市场自主决定资源配置的充分空间，是实现"市场自主性"的体现。党的十八届三中全会在《中共中央关于全面深化改革若干重大问题的决定》中描述"让市场在资源配置中起决定性作用"时，用"两个凡是"诠释了政府应如何定位，即凡是市场自己可以调节的政府退出，凡是可以事后解决的不在事前干预。习近平曾指出，市场的决定性作用和政府作用，不是相互否定而是有机统一的，既不能否定政府作用，也不否定市场的决定性作用。因此，政府职能应从积极介入向事后管理和间接管理转变，扮演市场服务和监督的角色。而对特定时期的特定政府来说，总有某一种或几种职能在整个政府能力中处在主导地位，但政府职能之间又相互作用、相互联系。② 根据前文对证券法中"政府定位"命题的阐释，将政府固有的事后监管职能具体化到证券市场，则体现为对风险的管控和市场公共秩序的维护。亦即，在证券市场，强调事后管理意味着，政府应当在风险爆发后承担一定的风险处置职能。

前已述及，在契约的自我实施机制存在失衡或无效时，需要外部力量来保障，政府职能对市场的这种回应性，正是事后管理的重要体现。在政府债券这一以政府为直接主体的券种监管中，《国务院关于加强地方政府性债务管理的意见》《地方政府性债务风险应急处置预案》等规范都规定了政府的风险处置职能，即体现了政府在债券风险管理中的重要作用。在 2015 年 10 月发布的《中国证监会派出机构监管职责规定》中，第 3 条、第 22 条等多条规定指出了相关机构的债券市场风险处置职责。同时，证券法所内含的政府应急性原则也表明，政府对债券市场的风险处置，是一种责任和义务，是

---

① 蒋银华：《政府角色型塑与公共法律服务体系构建——从"统治行政"到"服务行政"》，《法学评论》2016 年第 3 期。

② 汪永成：《政府能力的结构分析》，《政治学研究》2004 年第 2 期。

为私权提供保护的重要方式。

需要着重强调的是，单个债券违约事件所积聚而引发的，债券市场甚至整个资本市场的系统性风险隐患，是政府需要发挥风险控制作用的根本原因。对于市场系统性风险的防范和处置，世界各国都强调政府的风险职责。债券违约所导致的市场风险，不仅体现出积累性，还表现出扩散性。一方面，像川煤集团这些债券发行主体不仅连续多次发生违约，造成自身的风险不断积累，还与煤炭行业的其他违约主体形成横向的产业崩溃风险。比如辽宁地区由于多次大规模的钢铁行业债券违约，导致区域性的市场风险，辽宁地区的债券发行一度停滞以控制风险继续累积。另一方面，债券市场违约风险的大规模爆发，还可能波及股票市场，[①] 形成风险的跨市场扩散。债券违约导致的主体信用风险可能发生破产等事件，那将导致债券发行主体的其他一系列资金信用活动产生风险，特别是当发行人属于市场中的重要性主体时，其风险的市场扩散性和传导性是非常广泛的。2008年美国次贷危机中，雷曼兄弟破产导致的一系列恶性风险事件，其严重后果有目共睹。市场的系统性风险，往往是市场所无法自身避免和及时消化的，这一点毋庸置疑。各国政府无一例外地都对系统性风险严加防范和监管，政府对系统性风险的处置责无旁贷。基于风险的积聚性和传导性，债券违约事件的处置中，每一次单个事件或者区域性事件如何有效处理，则是政府防范和控制系统性风险的重要任务。因此，政府的风险处置职责，是参与债券违约处置的正当性基础之一。

除了为市场保驾护航，政府所具有的一定政策执行职能也是不可否认的。市场经济的本质是法治经济，在经济法治的语境下，政府职能转变需要减掉的是扭曲市场配置又无助于公共利益的行政行为，而并非必要的、合法的宏观调控和市场监管，定位政府职能的本质则是在法律上限定政府的经济职能和经济职权，充分地保护市

---

① 陈燕青：《债券违约频发波及股市》，《深圳商报》2016年4月23日第B01版。

场主体的经济自由权，通过立法的思路、结构和内容的改变，提升政府整体的经济治理能力。[①] 而政府通过法治化的政策实施，则是实现政府职能的根本路径。因此，执行政策要求政府在市场服务的同时，也应体现出一定的积极性。这种积极性界定的目的在于，贯彻国家宏观的产业调控政策，实现国家层面的经济发展目的。政府执行产业政策，需要在具体的领域实现一定的引导性。债券违约处置作为产业调整或淘汰的一个重要路径，政府在执行如清理僵尸企业、地区产业升级等政策时，不可避免地要发挥一定作用。在供给侧结构性制度改革的政策背景下，化解产能过剩问题已经成为当务之急，产业结构调整成为当前改革工作重心。这与债券违约事件所体现出的产能问题和产业结构失衡问题相契合，如何在债券违约处置中贯彻执行产能调整政策，显然是无法寄希望于市场自身的。因而，政府参与债券违约处置，还存在政策执行的正当性基础。

以债券市场退市制度为例，《证券法》规定了债券的退市条件和程序，《公司法》也明确了相关退市标准。而在发行制度较为严格的背景下，市场"壳资源"异常稀缺，市场上形成"炒壳""忽悠式重组"和"规避借壳"等严重市场主体和广大投资者利益的歪风。一方面，市场主体行为规制越来越难，监管难度越来越大，公司退市标准的单一化和僵化日益无法对上市公司形成压力，如硬性的财务亏损标准导致虚假信息披露盛行，惩罚规制与市场资源不相匹配导致违法成本降低，市场信用水平低下。另一方面，市场资源稀缺，上市公司往往有恃无恐，市场定价机制极度扭曲，投资者集体不理性问题严重。如何让退市制度真正发挥产业的市场淘汰功能，则需要在具体的债券违约处置中，通过政府的一定引导作用，实现产能和产业调整，肃清市场的低效率、无效率资源，为市场运行营造健康良好的环境。

总而言之，固有的市场风险管控职能和在特定历史时期的政策

[①] 张守文：《政府与市场关系的法律调整》，《中国法学》2014 年第 5 期。

和法律执行职能表明，在债券违约处置这一具体的市场经济活动中，政府需要发挥重要作用。政府固有职能的实现，既符合"有限政府""有效政府"的科学定位，又是新时代"服务型政府"和"法治政府"的必然要求，其本质是提供公共服务和实施市场监管，以法治的形式发挥对经济活动的引导和规范作用。

二 债券违约处置中政府作用的现实依赖

政府参与债券违约处置活动除了存在前述所有法理逻辑以外，还存在着深刻的实践基础，这符合我国经济法制发展的基本规律。本书第一章的研究已经指出，在我国债券违约处置的历史演进中，尽管政府地位已经发生转变，但政府一直发挥着作用。从第二个时期的债券违约处置来看，政府作用无法完全退出。比如在标志着政府地位明确转变的东北特钢的系列债券违约中，政府在经历了无能为力的挽救之后，表态不对债券违约进程进行实质干预，但程序上依然不得不进行一定引导。债券违约处置中，政府作用存在的现实依赖表现为两个方面。

第一，当前的债券市场阶段需要政府通过处置债券违约事件培育市场信用。我国债券市场在30余年的发展中，自2008年多样化信用发展以来，政府对债券市场的建设一直处于重要地位。随着债券交易技术和市场基础设施的快速发展，我国债券市场如何能及时变革以适应越来越复杂的经济环境，需要政府居于宏观视角进行一定引导。在当前市场深化改革的背景下，债券市场尚面临市场割裂、整体信用水平低下等重要问题。而以商事信用为核心的债券运行才是成熟市场的基础。在政府主导建设债券市场的历史沿革下，我国债券市场的关键转型还需要政府起到重要作用。要让市场起到决定性作用，前提是要保证市场能够实现自我调节，而当前的债券市场在迎接新常态的违约风暴时，显然是无法完成自我转型的。多起债券违约事件的后续处置状况显示，投资者集体不理性问题依然严重，发行人逃债也时有发生。债券投资所需要的市场信用体系尚未健全，而要矫正债券发行人与债券投资者的风险收益理念，还得依靠政府这一扭曲信用理念的最初制造者。

第二，短时间内，政府作用依然存在现实基础和需要。我国债券市场的违约事件自2014年以后才可算是常态化，当前尚缺乏行之有效的、符合市场发展阶段的违约处置流程。在市场发展转型的过渡时期，政府力量贸然地退出将会加剧市场混乱。一方面，债券违约处置中，投资者和市场主体对政府的多方期望依然强烈，政府只能逐步渐进地矫正市场期望。另一方面，在刚性兑付思维已经根深蒂固的债券市场，如果不充分抓住当前的市场改革机遇迎难而上，将无法实现市场的成功转型，这需要政府主动改变以往形象。政府兜底形成的历史遗留问题，需要政府通过自身力量来矫正。比如在2015年允许发行政府债券之后，地方债治理遗留的政府债务清理、政府债券规范运行等棘手问题，不仅需要政府自身做出角色调整，更是涉及政府与市场的竞争关系确立，[1] 需要政府发挥充分的能动性。[2] 政府对市场的积极反应，有助于推动变革，克服市场转轨的阵痛。同时，当前市场的债券违约风险处于持续发酵中，其不稳定性和未知性较强，市场的负面恐慌情绪需要通过外部力量及时化解。短期内，我国债券违约事件的发生，由于受经济周期性影响较大，与成熟市场下正常优胜劣汰导致的债券违约还有区别，其市场特征和规律尚不明显，还有待于进一步的市场实践。易言之，债券市场的违约处置，还存在一个不断"试错"的过程，需要充分的市场摸索才能逐渐准确地"将市场归还于市场"。在有足够的理由和自信保证市场能够完全自我化解风险之前，政府依然应当小心翼翼地发挥作用。

---

[1] 参见熊伟《地方债与国家治理：基于法治财政的分析径路》，《法学评论》2014年第2期。

[2] 熊伟：《预算管理制度改革的法治之轨》，《法商研究》2015年第1期。

第三章

债券违约处置中政府定位的问题与经验

一般而言，解决某一具体问题需要先发现问题所在及其原因，同时，需要立足本土、放眼世界。同样，债券违约处置中的政府定位需要立足于我国现实问题，也需要借鉴合理可行的国际经验。因此，本章从我国债券违约处置的法律困境和现实需求、债券违约处置中政府定位所存在的具体问题及原因、国际经验的比较借鉴等方面展开政府定位的具体依据，即债券违约处置中政府力量的存在基础及其限度，包括政府定位所应考量的因素和思路，比前一章所论证的政府定位的正当性基础更加微观和具体。易言之，此四个方面是需要在确定政府如何发挥作用时所依照并坚持的问题意识、解决思路和原则方向，是下一章具体界定债券违约处置中政府角色的更为微观的依据。

第一节 债券违约处置的制度困境

债券违约处置当前面临的法律与政策困境，应当成为其中政府定位的一个依据，原因有二。其一，债券违约处置法律制度的完善与否是市场自我约束机制的一个方面，成熟的法律制度意味着债券违约能够得到有效的法律规制，政府只需要起到很小作用，而不够完善的法律制度则需要政府在债券违约处置中发挥更大作用。况且，制度的改进本身也需要政府作为。此外，政治决策作为引领政府行为的主要依据之一，直接影响债券违约处置活动的走向。由于政策具有相对于法律制度而言的易变性和多变性，对现有政策面临的实践困境的反思有助于将来政策的制定。其二，政府作为法律与政策的执行者，制度本身的实施需要得到政府支持，故政府在法律和政策目的实现上也应发挥应有功能。特别是在金融监管的法律执行中，政府作为执法者，在法律与市场之间需要充分协调实然状态与应然发展，防范市场失灵的同时也要防止监管失灵。[1]

从法律与金融的宏观关系来讲，法律制度所努力追求和营造的商事信任环境，构成现实金融世界的基础。更为重要的是，有效的法律制度能够促进交易便利和减少交易成本，[2] 包括缔约成本和纠纷解决成本。而在降低交易成本方面，则需要政府在纠纷解决中保障法律执行和实现其目的。同时，政府在法律的市场预期效果上，也发挥着重要作用，政府有时需要根据市场实际情况调整法律执行方案。以欧盟债券市场的一体化发展过程为例，法律的变革并非总是符合立法者的预期，需要监管者不断调整市场监管政策以适应实际需要，比如加强监管干预以矫正市场失灵和促进市场透明。[3] 因此，在探讨我国债券违约处置中的政府定位时，需要厘定当前债券违约处置所面临的制度困境。

债券违约处置的制度资源上，《证券法》和《公司法》作为资本市场基础性法律，针对债券发行与交易，为债券市场风险防范作出了一般性规定。在《证券法》修改进程中，具体的债券违约风险化解机制已经引起重视。《中华人民共和国证券法（修订草案）》（2014年7月全国人大财政经济委员会审议通过）拟定了债券违约发行人的基本

---

[1] 参见［美］伊曼·安纳布塔维、［美］斯蒂文·施瓦茨《事后监管：法律如何应对金融市场失灵》，许多奇译，《交大法学》2016年第1期。

[2] ［美］弗兰克·B. 克里斯、［美］罗伯特·A. 普伦蒂斯：《法律与公司金融》，伍巧芳等译，北京大学出版社2011年版，第34页。

[3] ［英］艾利斯·费伦：《公司金融法律原理》，罗培新译，北京大学出版社2012年版，第530—535页。

通知义务,在"投资者保护"专章中提出了重大违法行为先期赔付、代表人诉讼等重要的违约风险化解措施。2019年12月28日,全国人大常委会第十五次会议通过了《证券法》的修改,新修订的《证券法》保留了"投资者保护"专章,确定了受托协议先行赔付、债券持有人保护机制及代表人诉讼等。同时,基于不同企业债券、公司债券和政府债券、金融债券等不同券种,《企业债券管理条例》《公司债券发行与交易管理办法》《2015年地方政府一般债券预算管理办法》《2015年地方政府专项债券预算管理办法》《全国银行间债券市场金融债券发行管理办法》等法规和规章的内容也构成了债券违约处置的规范基础。此外,还有2014年10月发布的《国务院关于加强地方政府性债务管理的意见》、2016年11月发布的《地方政府性债务风险应急处置预案》以及财政部等六部委于2017年5月发布的《关于进一步规范地方政府举债融资行为的通知》等专门针对政府债务风险处置作出规范。整体上来看,对于债券违约风险,行政监管居于主导地位,但从债券违约风险化解的趋势上来看,市场化导向日益明显。比如2015年修订后的《公司债券发行与交易管理办法》,则在债券持有人会议、公司债券受托管理人、公司债券信息披露以及信用评级等市场约束机制方面有所加强。对于债券违约处置,当前法律制度的主要困境在于,作为事后监管的处置制度匮乏,有限的资源也存在严重割裂、理念不明、手段不足、制度低效甚至无效等缺陷。

一 多头规范导致债券违约处置缺乏统一路径

我国当前债券市场上的债券交易品种分类复杂,存在主体分类、交易场所分类、交易结构分类、交易方式分类及其他分类等多种分类路径,如《深圳证券交易所债券市场投资者适当性管理办法》第2条将公司债券、企业债券和资产支持证券统称为债券。理论上,债券根据发行主体不同大致可分为两大类,即政府债券和公司债券。政府债券包含国债、主权债券、政策性银行债券和地方政府债券,等等。政策性银行债券由于其政府信用的特殊性,可归类为政府债券，我国政策性银行债券发行主体为国家开发银行、中国进出口银行和中国农业发展银行。地方政府债券根据有收益项目发行和没有收益项目发行分为一般责任债券和专项债券。广义上的公司债券指公司作为发行人发行的债券，由于公司所有制性质、公司领域等种种主体特性，存在狭义的公司债券、企业债券（国企债券、央企债券）、城投债、金融债券、非金融企业债务融资工具［公开发行的中期票据、短期融资券；非公开定向发行的债务融资工具（PPN）］等类型。狭义的公司债券指不具有前述主体特殊性的公司发行的债券，根据公司规模大小可分为中小企业私募债、创业板私募债和由我国证券监督管理委员会（证监会）核准的上市公司公开发行的公司债券。由于结构性金融的创新，债券市场中的产品存在多种以结构安排为显著特性的债券或者说债券类产品，如主要由证券公司、信托公司和保险公司等金融机构发行的资产证券化类的固定收益产品，可转换债券，可交换债券，等等。并且，在金融创新背景下，金融投资产品的结构化和组合化导致股债之间的界限日益模糊，我国传统"股债二分法"下的债券种类范围也越来越不明确。

基于林林总总的债券种类，我国在监管模式上处于分割状态，监管主体上包括财政部、发改委、证监会、中国人民银行、交易所等行政主体和自律监管主体。由于不同债券的主体信用特征不同，制度上对债券违约处置的考虑程度不同。一般而言，由于政府信用所形成的一定担保功能，债券与政府信用联系越紧密，对其违约处置的重视程度越轻。比如，公司债券违约的事后监管制度比金融债券和政府债券的事后监管制度要更多，因为一般公司债券可能要比其他债券的违约更为正常和更难以获得全面赔付。然而，这种制度上的割裂对待，是忽略了债券所具有的共同法律本质，没能基于债券商事交易的特质形成一套基础性的违约处置制度。[1]

---

[1] 洪艳蓉：《公司债券的多头监管、路径依赖与未来发展框架》，《证券市场导报》2010年第4期。

本书第二章已经指出，债券的本质是商事合同，具有组织性和关系性等法律特征。基于债券的法律本质，不管是公司债券也好，政府债券也罢，债券违约处置都需要针对发生的债券违约事件，综合运用政府力量、市场手段（行政手段、司法途径）等各种合法合理措施，以债券契约目的实现为基础，以市场主体利益平衡为核心，以投资者保护和市场建设为基本要求，引导债券投资纠纷市场化、法治化解决。因此，当前债券存在多头监管，导致债券违约处置的规范割裂，没有科学构造基于债券法律本质的风险化解路线。债券多头规范的直接结果是，债券违约处置的制度资源碎片化、加剧监管竞争和制度混乱，[1]应当协调构建统一有机的债券违约处置体系，在一定的基础上实现不同券种的科学有效处置。

二 债券违约处置的商事自治理念不明确

在前述的制度资源中，不仅债券的契约属性没有得到明确，而且在债券违约风险管理上，也偏重于行政监管，市场化体现不足。此外，债券契约的范围及其解释方法，以及司法适用规则也不甚明确。有效的合同执行机制是实现债券持有人权利的关键，法院在债券持有人的权利执行上至关重要。[2] 而司法实践中将债券契约简单合同化，不利于债券商事法律关系的规范与保护。《证券法》中，对于当前市场上存在的各类债券并无统一明确的规定，债券的契约本质没有统一化规范。在各类的债券规范中，规范思路和逻辑缺乏统一的契约思维。比如《企业债券管理条例》《公司债券发行与交易管理办法》中尽管明确规定债券募集说明书应当规定违约处置事项，

---

[1] 冯果：《债券的证券本质与债券市场法制化——〈证券法〉修订背景下的债券法律体系重构与完善》，黄红元、徐明主编：《证券法苑》第17卷，法律出版社2016年版，第1—14页。

[2] Mehnaz Safavian, Siddharth Sharma, "When Do Creditor Rights Work?" *Journal of Comparative Economics* 35, 2007, pp. 484–508.

但并未明确募集说明书在违约处置中的自治地位，导致其属性定位不明。① 即使在专门针对债券募集说明书的规范中，其契约性质和自治的重要性依然没有得到充分的体现。例如，在 2015 年修订的《公开发行证券的公司信息披露内容与格式准则第 23 号——公开发行公司债券募集说明书》，和深沪交易所《非公开发行公司债券业务管理暂行办法》中，募集说明书在债券违约风险处置中的功能并未得到明确。由于对债券的契约属性和范围规定不明，导致债券违约的风险处置中，商事自治的理念没能得到尊重。规范中，过于注重信息披露的监管要求和事后的行政处罚等监管手段，导致市场对商事风险缺乏足够的认识和判断。浓厚的行政监管色彩，遮蔽了债券商事法律关系契约自治的本质。

债券的契约本质表明，债券违约处置应当充分体现商事自治理念。私人自治构成债券发行和交易的基础，债券违约后的投资者救济因此存在正当的请求权基础，② 而其实现正在于债券契约。③ 并且，从成熟债券市场的违约处置经验来看，债券商事自治理念是债券市场发展勃兴的重要基础。美国债券违约处置中，债券契约一直得到充分尊重，在违约风险化解中处于基础性地位，是债券纠纷中司法裁判的主要依据。④ 从其债券契约条款的充分发展过程就可以看出，债券违约处置体现了高度的市场化。⑤ 因此，债券

---

① 如《公司债券发行与交易管理办法》第五十七条规定发行人应当在债券募集说明书中约定构成债券违约的情形、违约责任及其承担方式以及公司债券发生违约后的诉讼、仲裁或其他争议解决机制，但对其作为债券契约部分的重要性和在违约处置中的效力并无明确定位。

② 参见［德］迪特尔·梅迪库斯《请求权基础》，陈卫佐等译，法律出版社 2012 年版，第 50 页。

③ 王泽鉴：《民法学说与判例研究》（第七册），北京大学出版社 2009 年版，第 15 页。

④ 15 USCS § 77rrr.

⑤ Clifford W. Smith, Jr. and Jerold B. Warner, "On Financial Contracting: An Analysis of Bond Covenants", 7 *J Fin Econ*, 1979, p. 117.

契约作为债券投资法律关系的形成基础,在债券违约处置中应当具有首要地位。债券持有人及其代理人当然有权依债券契约处理违约纠纷,同时,基于市场监管的债券违约处置措施也应当以保障契约运行为核心。从我国债券契约的实践也可以看出,契约条款具有充分的自救性。比如,2015年《东方证券股份有限公司公开发行公司债券募集说明书》规定,违约时,持有人可直接向发行人进行追索;在一定条件下,持有人可执行加速到期条款,发行人一定期限内的救济可豁免其违约行为。其中约定的违约救济措施包括但不限于财产保全措施、诉讼或仲裁,及时报告证监会及交易所,或强制发行人履行义务等。

综上而言,庞杂的债券规范缺乏对债券契约的足够重视,体现出债券违约风险防控的行政化管制思维,阻碍了债券违约处置的市场化进程。制度上需要对债券契约的概念、范围、适用规则以及违约风险处置中的重要性作出明确规定。债券违约处置的主要任务就是通过各种力量和制度来保障债券契约的实现,比如行政赋权、行政保障,等等。因此,需要政府在处置实践中,突出商事自治理念,矫正扭曲的市场风险思维。

三 债券持有人保护的制度体系低效甚至无效

债券违约处置的主要内容之一就是保护债券持有人,然而不管是组织规范还是行为规范上,债券持有人的权益保护制度都面临困境。对于债券持有人的权利保护,存在合同保护、公司资本制度、破产程序、公司治理以及一般的企业风险管理制度等事前保护途径,事后则主要为债券违约处置程序。合同法、公司法以及证券法规范对债券违约处置的适用,皆面临持有人保护的低效甚至无效的困境。

一般认为,债券持有人保护的基础来自其与公司股东之间的固有利益冲突。股东和债券持有人有不同的目标职能,大股东存在风险转移和自利行为的倾向（隧道效应）。① 即股东倾向于使公司和自己利益最大化而从事高风险投资经营活动，可能支付更高股息，可能掠夺债权人利益，其冲突根源包括股息、稀释、投资扭曲和投资不足等。② 股东与债券持有人之间的这种利益冲突，会提高公司的决策成本，从而降低公司的总价值。制度上，股东的权利规则体系与债券持有人的权利规则体系存在差异化，股东通过公司治理框架经营公司获取股息和索取剩余价值，债券持有人则通过合同获得固定或相对稳定的浮动利息，或者在破产程序中优先于股东受偿。股东与债券持有人被划分为公司的内部主体和外部主体，二者的利益冲突实际上并无正面交锋，各自通过不同的制度体系来获得保护。然而，股东与债券持有人所面临的制度差异化对待，正日益面临挑战，特别是在2013年我国公司注册资本制度改革以来，公司资本制度对债权人的保护、公司治理框架等在股东与债权人的权益平衡上的合理性引发质疑。诸多公司内外部权益平衡和调整机制被提出来，比如公司管理人对债券持有人的信义义务，债券持有人参与公司治理，等等。

合同法上，简单地运用合同来保护债券持有人，存在解释上的困境。决定债券契约限制力的因素主要为，合同的强制执行机制、债务人组织的代理问题以及投资者的谈判能力，而契约刚性是条款限制力的重要因素，同时契约的发展与补充机制对其限制力的体现也是极其重要的。③ 而契约刚性的内在作用机制尚待法律上的进一步研究。④ 通过字面的狭隘解释，持有人仅享有合同法上的

---

① Jensen, M., Meckling, W., "Theory of the Firm: Managerial Behavior, Agency Costs, and Ownership Structure", *Journal of Financial Economics* 3, 1976, pp. 305-360.

② Cheng-Few Lee, Alice C. Lee, *Encyclopedia of Finance*, New York: Springer US, 2013, p.46.

③ 黄双双：《债券契约条款的限制力研究》，硕士学位论文，东北财经大学，2015年。

④ 章睿：《流动性风险和信用风险对债券投资者保护条款设计影响的实证研究》，硕士学位论文，东北财经大学，2015年。

契约权利，公司或者股东并没有被视为一个整体对持有人负有信义义务，或者作为特别契约负有义务。除了合同本身为了创造或设定保护性权利，债券持有人没有理由要求债务人公司为了持有人利益采取正确合理或者违反自身利益的行动。① 在法院的司法实践中，为了保护持有人利益，诚信、公平和效率等因素也应被加入合同解释中。②

此外，与股东所受到的不同法律对待相比，债券持有人的法律保护存在一定的不公平性。债券持有人受合同保护的传统路径，不同于公司股东受公司治理上非合同的法律保护。与股票市场一样，债券市场上同样具有规模庞大且经验丰富的投资者，以及复杂而且众多的承销商等中介机构参与。股东的组织法规范和行为法保护使其具有充分的组织治理能力，而债券持有人不同，投资者的分散性和弱势地位严重阻碍了其与发行公司的谈判和议价能力。而股东的权利在相当程度上来源于信义义务，而不仅仅限于合同的权利表现。此外，即使是最专业、最大的机构投资者或者个人投资者也不一定会广泛地关注标准债券合同的详细条款。债券发行中的单一购买行为只是债券运行的一小部分，投资者关注债券合同细节的动机大大减少。即使规模庞大、经验丰富的投资者也无法足够精确地预测公司法律的发展和债务人的行为，以使合同都能解决任何风险行为。

然而，在现代公司法的发展历史中，大部分已经接受将债券持有人的合同私法保护作为规制公司破产道德风险的合理途径。因此，作为债券持有人的进一步保护，公司法上对债券持有人的组织性保护显得必要。正如有学者指出，应当引入公司法作为团体法和组织法的实质公平权利，③ 即债券持有人应当与股东一样，平等受管理人

---

① Dale B. Tauke, "Should Bonds Have More Fun? A Reexamination of the Debate over Corporate Bondholder Rights", *Columbia Business Law Review* 1, 1989, pp. 7–10.

② Ibid., pp. 4–5.

③ Victor Brudney, "Corporate Bondholders and Debtor Opportunism: in Bad Times and Good", *Harvard Law Review*, June, 1992, pp. 1821–1878.

的信义义务保护。①

毋庸置疑,完善和成熟的公司治理水平能够有效提高债务融资水平,降低企业违背债务契约的可能性。② 公司治理框架中,从来离不开股东、公司和债权人三大主体的权义安排,对于债权人保护原则下债权人应否参与公司治理问题,现有制度的效用评价不一。有学者认为公司治理应当以股东和公司利益为主,③ 部分学者认为应当加强公司治理的公共性,④ 应当注重债权人等多方主体参与,在治理手段上,包括派驻管理人、转股持股、合同等形式。⑤ 同时,基于资本市场法制的发展和金融创新,债券持有人和金融契约的法律规制对传统公司法上债权人保护问题提出更多挑战,⑥ 市场风险视角下,债券持有人利益保护面临重构,董事对债券持有人的信义义务、持有人会议等制度等受到关注。⑦ 后危机时代,基于系统性风险控制的

---

① Lawrence E. Mitchell, "The Fairness Rights of Corporate Bondholders", *New York University Law Review* 1165, 1990, pp. 1165–1229.

② 张玲、刘启亮:《治理环境、控制人性质与债务契约假说》,《金融研究》2009年第2期。

③ 叶林:《公司利益相关者的法学分析》,《河北学刊》2006年第4期。

④ 蒋大兴:《论公司治理的公共性——从私人契约向公共干预的进化》,《吉林大学社会科学学报》2013年第6期。

⑤ 金玄武:《论债权人参与公司治理的模式——基于公司社会责任视角的考察》,《政法论丛》2009年第4期;王伟炜:《债权人参与公司治理研究》,博士学位论文,中国政法大学,2011年。

⑥ 解正山:《对衍生合同在破产中豁免的反思——系统性风险的视角》,《法学评论》2016年第4期;王乐兵:《金融创新中的隐性担保——兼论金融危机的私法根源》,《法学评论》2016年第5期。

⑦ 吴祺:《债券持有人保护理论的重构》,《厦门大学法律评论》第十四辑,厦门大学出版社2007年版,第62—96页;伍坚、黄入凌:《债权人参与公司治理视野下的债券持有人会议制度研究》,《上海金融》2016年第7期;Takehiro Nobumori, "Aspects of Collective Will of Bondholders under Japanese Law", *Georgetown Journal of International Law*, Summer, 2004, pp. 755–794; George S. Corey et al., "Are Bondholders Owed a Fiduciary duty?" *Florida State University Law Review*, Summer, 1991, pp. 971–992。

原因，债券持有人的治理权限得到进一步重视。① 有学者甚至直接将限制性条款视为债券持有人治理公司的一种形式。②

固然，加强债券持有人对公司的约束能够充分保护投资者，但同时会制约企业的发展能力，提高债务代理成本。需要通过具体制度设计，以在债权治理与谋求经济绩效之间寻找控制代理成本的平衡点。③ 基于此，"债权人会议制度""债券受托人制度"和"债权人派生诉讼制度"以及破产机制等制度应运而生，承担着协调债券持有人组织性保护与公司发展的功能。④ 根据《证券法》《公司债券发行与交易管理办法》《公司债券受托管理人执业行为准则》等规则，受托管理人享有一定的代表权，⑤ 但在职责行使上存在消极性，⑥ 不利于投资者权益最大化。在实际案例中，对债券发行人提出的赔付方案，债券持有人会议的异议权并无实质意义，完全不能影响方案的制定。债券持有人无法实际参与赔付方案的制定，对于自身获得最大赔付则无能为力。债券持有人的组织性保护制度所存在的这些缺陷，使得债券违约无法得到法律机制的有效规制，不仅法律制度本身面临困境，同时也需要通过其他力量来实现债券契约目的，而政府的行政执法力量无疑是正当的。

如果说合同法和公司法提供了债券持有人私法保护的两个不同

---

① Steven L. Schwarcz, "Rethinking Corporate Governance for a Bondholder Financed, Systemically Risky World", *William & Mary Law Review* 58, March, 2017, pp. 1335-1364.

② Greg Nini et al., "Creditor Control Rights and Firm Investment Policy", *Journal of Financial Economics* 92, (2009), pp. 400-420.

③ 张维迎：《公司融资结构的契约理论：一个综述》，《改革》1995年第4期。

④ 周雪峰：《中国上市公司债务融资治理研究——基于非效率投资与破产威胁效应的视角》，博士学位论文，东北财经大学，2013年。

⑤ 受托管理人可在发行人不能偿还债务时，接受全部或部分债券持有人的委托，以自己名义代表债券持有人提起民事诉讼、参与重组或者破产法律程序。参见新《证券法》第92条、《公司债券发行与交易管理办法》第50条。

⑥ 根据《公司债券受托管理人执业行为准则》，受托管理人负有面向市场的信息披露义务，具体义务内容上（如第20条、第21条）多以"督促""告知"等描述。

层次，证券法则可以为债券持有人提供一定的公法保护。然而，当前债券违约处置除了面临合同法、公司法等私法规制所存在的契约解释受限、组织性保护不足等困境，也面临证券法上公法保障不足的困境。实际上，对于投资者保护，公司法和证券法承担了不同角色和功能，公司法保护投资者的所有权益而证券法保护投资者的交易权益，前者多为多样性、授权性规则，而后者多为统一性、强制性规则。[1] 从各国的经验来看，在债券持有人的权利保护手段上，采取法定的强制手段如罚款、监禁，还是保障私人执行机制如对交易的审查和规范，[2] 需要考察具体市场的实际情况，并不存在一套最优选择的机制。[3]

作为市场规制的重要部分，当前制度上债券中间主体的责任和市场职能具有一定模糊性，债券违约的主体责任规则不甚明确。债券服务机构对债券获得兑付应当承担何种义务，制度上不明确，比如债券代理机构若在销售或买卖中存在诱导或欺骗等行为，导致投资者对违约债券做出错误投资决策而产生违约损失，债券代理主体是否应当承担一定的义务如先行赔付、过错赔偿等。又如在2015年1月25日的"12东飞01"实质性违约事件中，债券的担保方——东台市交通投资建设集团称其担保事项是东飞马佐里发行的中小企业私募债券的信用评级，而不是债券项下的任何本金或利息，实质是"只对评级担保不负责代偿"，[4] 反映了债券担保中主体责任的尴尬景象。

---

[1] James J. Park, "Reassessing the Distinction between Corporate and Securities Law", *UCLA Law Review*, Vol. 64, Issue 1 (January 2017), pp. 116-183.

[2] Simeon Djankov et al., "The Law and Economics of Self-dealing", *Journal of Financial Economics* 88, 2008, pp. 430-465.

[3] Simeon Djankov et al., "Private Credit in 129 Countries", *Journal of Financial Economics* 84, 2007, pp. 299-329.

[4] 李光磊：《债市违约处理制度亟须完善》，《金融时报》2015年1月29日第007版。

此外，投资者在面对债券违约时，诉讼求偿或者协商求偿等途径有效性不足。对于债券违约处置中权益救济的行政保障机制匮乏，导致投资者获得契约救济的途径和范围比较有限。在债券契约中，投资者能掌握的关于债务人的信息始终是有限的、不对称的，投资者对信息披露的反应在债券契约的制定中反映不明显。[1] 信息披露的引导不足和事后信息沟通机制的欠缺，使得债券投资者欠缺投资交易中谈判的主动性和积极性。前文已经反复强调，债券契约属于民事合同，但又超越了民事合同。基于债券契约商事合同的特殊性，其法律实现机制应当是多样化的，比如证券法上的先行赔付机制、债券保险制度等。债券契约以商事自治为成立基础，但其实现方式又不应仅限于商事自治。债券契约从签订和交易过程来看，投资者并没有足够的协商权限，对于契约条款，投资者只能被动接受或选择用脚投票，契约合意无从体现。而在违约发生后，面对发行人的兑付策略，投资者也没有话语权。尽管可以提起破产诉讼等，但在具体执行中也受限于时效、成功率、赔付率等诸多客观因素。不管在债券契约发展中还是违约后的救济中，投资者的谈判能力和谈判地位都没有充分的行政保障。有观点已经指出，对于债务契约本身的效用和机制，需要加入信息交流机制和道德风险补偿机制。[2]

第二节 债券违约处置中的政府错位

当前我国债券市场的违约处置中，首要解决的是政府存在的错位问题，主要体现为政府越位和政府缺位两个方面，即政府作用所

---

[1] 张弛：《内部控制质量对债券契约条款的影响研究》，硕士学位论文，天津财经大学，2012年。

[2] 王爱和：《传统契约设计模型的不完全性及其改进》，博士学位论文，华中科技大学，2012年。

存在的不当干预和缺位的情况。前者体现为政府不该参与，后者体现为该参与而未参与。

一 债券违约处置中的政府越位

债券违约处置中的政府越位，主要体现为政府盲目追求违约债券得到全面赔付，代替市场做出判断，对市场的自我淘汰机制造成一定损害。以2014年"11超日债"为代表，政府作用使得债券最终获得全面赔付，但事后光伏行业的一系列风险事件证明，产业的经济发展周期是市场自身的调整过程，政府对单个企业的信用兜底无异于饮鸩止渴，不利于市场的长期发展。2016年，内蒙古地区发生"11蒙奈伦债"等多起企业债券违约事件，内蒙古发改委财政金融处在当年2月份发布的《2015年全区财政金融政策形势分析报告》中称，要确保到期企业债券的刚性兑付，不出现违约。2016年4月，内蒙古的债券"11霍煤债01"发生违约，当地政府选择积极处理，实现了违约债券的全面兑付。从单一信用时期的债券违约处置，到多样化信用发展时期的债券违约处置，面对债券违约，市场主体也好，政府也罢，第一反应都是要政府保证全面兑付。市场的这种不理性预期在后一时期没有得到扭转，而政府的这种不理智越位思维虽然开始有所反省，但由于已经根深蒂固依然存在，并产生着负面影响。

本书第一章结论已经指出，刚性兑付危害的根源在于，政府信用导致债券契约实现结果的唯一性，而政府信用本身却存在不确定性；政府兜底形成了市场的不合理预期，扭曲了债券投资本可预期的、能够确定的市场风险定价机制；相对固定的本息收回依赖于确定的法律实现机制，而二级投资收益依赖于市场投资预期。需要重申的是，政府的盲目兜底行为，已经逾越了"基于市场需要"的底线，导致市场主体对风险的极度漠视。债券违约处置中，由于政府对"无风险"的追求，对市场形成了信用兜底的固定思维，直接改变了风险收益的正常市场逻辑。因此，债券违约处置的政府无疑已经越位，代替了市场进行判断，如同人类改变大自然一样，最终将会导致自然崩溃的恶果。在个案中，政府在积极保证兑付的目的和依据上，已经无从详细得知。但可以看出，政府在自身定位上存在盲目的激进性，一味追求全面兑付看似充分地保护了投资者，实际上是牺牲了市场的健康发展，是以损害市场投资者长期利益为代价的。[①]

政府一味地追求全面赔付，越位于市场无形之手，从结果上看，也体现出政府全能干预的包揽之心。从事后的一系列的债券违约处置中看到，企业的经济困境并不是政府所能"解救"的，政府的强制介入只会阻碍市场风险自我化解的进程。政府对债券违约处置的过度干预，陷入了不仅不必而且不能的尴尬境地。债券市场的自主性已经越来越强大，其自我淘汰功能已经冲破了政府的人为干预，表明政府在盲目追求兑付的结果上，已经不再适应市场发展的需要，很多时候甚至违背了市场的自我淘汰规律。实际上，债券处置中，各方利益损失本是市场风险爆发的正常结果，政府却代替市场做出选择，强制消除市场损失，破坏了市场的自我平衡机制。让市场在资源配置中起到决定性作用的要求，已经一再强调，政府不应替代市场，更不可越界扭曲市场。

债券违约处置中政府的不当干预，可以理解为方式不当、程序不当和主体不当三个方面，而这三个方面又集中体现为政府作用在债券违约处置中的不确定性。单一信用时期的债券违约处置，基本上政府都是稳定地必须保证债券获得全面兑付，不管难度几何，无一例外。与单一信用时期的债券违约处置相比，多样化信用发展时期的政府兜底明显不再具有必然性。在发生多起的企业债券违约中，并不是所有企业最终都得到了政府力量的支持而实现全面兑付，比如东北特钢的系列违约中，辽宁省政府在前期支持后明确表态不预设立场。又如在川煤集团的系列违约中，在2015年第一期短期融资

[①] 洪艳蓉：《公司债券违约零容忍的法律救赎》，《法学》2013年第12期。

券"15 川煤炭 CP001"违约后，及时获得政府支持完成兑付，而在 2016 年的"13 川煤炭 PPN001"违约后，未能及时得到政府支持而持续违约。[①] 由于缺乏足够的依据和明确的规范，政府在参与债券违约处置的实践中，在如何参与、何时应该参与以及参与目的上模糊不清，随意性强。这进一步加剧了发行人和投资者对政府兜底的盲目期望和对市场的恐慌。

二 债券违约处置中的政府缺位

政府缺位，是指政府在债券违约处置中应该发挥的作用还不足够。

债券市场作为资本市场的重要组成部分，其市场资源也是蕴藏着极大的价值。债券违约后，发行人主体的市场资源依然存在，但由于违约债券基本面临停止交易的命运，市场效率没有得到充分利用。因此，债券尽管发生违约，其并非失去交易价值，对于很多市场劣质资产处理机构来说，违约债券依然具有一定的利用空间。[②] 对于违约债券的后续流动性问题，政府可以起到一定作用，比如提供交易平台或者协商其他主体接手等，将违约风险转移给更具有市场抗压能力的主体。政府保障违约债券的继续交易性，可以有所作为，这是充分提高市场运行效率，为市场提供服务。

随着债券违约事件愈演愈烈，所暴露的市场违法违规行为也越来越多，如同早期债券违约一样，在一定程度上影响社会稳定。根据《2015 年度上海法院金融商事审判情况通报》，上海市涉众性债券违约处置案件日益增加。比如，2015 年上海法院受理了数起债券投资者要求发行人提前兑付的案件，涉及投资者人数众多，市场影

---

① 钟源：《川煤集团深陷债券违约泥潭》，《经济参考报》2017 年 5 月 26 日第 016 版。

② 张晓琪：《兑付危机不断 违约债券处置机制待完善》，《中国证券报》2017 年 1 月 23 日第 A02 版。

响大，处置复杂且难度巨大。又如"E租宝"等理财平台的规范不清，因资金断裂引发集中维权，具有类债券投资的这些投资产品风险引发一系列的社会问题。除此之外，还存在许多应该政府解决的问题，比如恶意逃废债、信息披露问题等。如天威集团的担保人出尔反尔、资产暗地变动等行为令其债券投资者权益受损，中铁物资在信息披露前后的重大反差，使债券持有人对其措手不及。[1] 种种违法违规行为严重地损害投资者利益和市场利益，这些都需要政府进一步加强监管来惩治。同时，在新型债券的违约事件中，政府也未发挥应有的探索作用，保护投资者权益和维护社会稳定还有待政府加强。

债券违约处置中，投资者保护不充分的重要体现，是投资者的集体意志没能得到充分尊重。职责上，政府在债券违约的事后处置中，应当提供充分沟通的平台和环境，对发行人的信息披露和协商起到一定积极的推动作用，以实现债券契约目的。而事实上，在很多违约事件处置中，投资者只能被动地等待发行人披露信息和选择被动接受方案，其协商地位和能力都得不到保障。作为体现投资者集体意志的重要制度，债券持有人会议制度存在严重缺陷。一是触发条件有限，二是实践上效力不足。例如，在债券"12洛矿MTN1"发行人洛矿集团发生重要的信用变化时，债券持有人会议却无法召开提出异议。又如，在债券"11天威MTN2"的违约处置过程中，天威集团合并范围发生变化，投资者提出追加增信的提议，而发行人不予回复，对债券违约处置并不产生实质影响。

在债券市场这一效率化交易的领域，期限利益至关重要。债券违约的诉讼求偿中，涉及主体众多、资金规模庞大，往往程序复杂历时长，如果案件久判不决，不利于市场对风险的及时消化，也会

---

[1] 孙璐璐：《债券违约频繁出现 信用信仰该如何维系》，《证券时报》2016年4月26日第A01版。

降低市场效率。政府对债券违约处置的整体程序，需要兼顾效率与公平。更需要政府发挥作用的是，有时债券处置尽管得到司法裁判使之有一个明确的法律结果，但在实际执行中却无法实现。法院执行难已经不是新问题，在债券违约处置中，有些债券持有人尽管获得法院判决支持偿付请求，但面临更大的执行难题。其中，担保机构的义务履行和担保物的执行就需要政府发挥一定的作用。比如在"中信信托·舒斯贝尔"资产证券化项目中，其担保物的追偿就一波三折，困难重重。特别是在涉及大型金融机构的债券违约处置中，司法判决的执行也需要政府助以一臂之力。

债券契约实现的司法保障机制，存在单一化缺陷和固有的效率成本。政府应在金融监管职能上发挥一定的纠纷解决作用，构建行政部门的多元化纠纷解决机制。债券契约目的实现的行政保障机制与司法实现机制互为补充，共同为保护发行人和投资者利益发挥作用。根据整理，债券违约处置进入司法诉讼程序的逐渐增加，在单一信用时期也并非没有。但实际上，多数债券违约处置是先经历了政府的"挽救"程序，或者明确得不到政府的行政支持后，才转而不得不诉诸司法途径。这一方面揭示了政府在实践中的兜底形象，同时也说明了，政府对债券违约处置的诉前调节程序也起到了一定的司法筛选作用。而由于对政府兜底和刚性兑付的去政府化的误解，政府在债券违约处置中的前期协调功能尚有不足，政府自身在此定位上也是摇摆不定。比如在东北特钢的违约事件中，政府前后的做法和态度转变，就体现了政府对正当性的不明确和自信心的缺失。事实上，政府的这种行政参与机制，不仅不应放弃，还应当进一步加强，需要用更明确的手段和更科学的程序来实现。应该认识到，债券违约处置中，政府多元化的行政纠纷解决机制有助于降低投资者救济成本，提高司法效率。同时，也能与债券违约处置的司法程序形成有机体系，充分地保护市场秩序和维护公平正义，科学有效地化解债券违约风险。

三 债券违约处置中政府错位的原因：政府与市场信用混同

债券违约处置中，政府出现错位的主要原因在于，政府信用与市场信用发生混同，政府信用不恰当地干预或是替代了市场信用，且政府信用与市场信用的关系缺乏明确定位。

信用的内涵获得发展，经历了从伦理学到经济学，再到法学的路径，其核心离不开"践守承诺"这一伦理要义。[①] 经济学上，信用主要指有条件的商品（包括资金）交换，即以收回为条件的付出，或者以归还为义务的获得。[②] 法学对信用本质的研究独具视角，[③] 如2017年6月份公布的《上海市社会信用条例》第2条，将社会信用定义为，信息主体在社会和经济活动中遵守法定义务或者履行约定义务的状态，信用逐渐规范化和效力化。本书认为，信用应是对某种秩序（法定义务或约定义务）的维护和实现，[④] 同时包含一种对主体履约意愿和能力两方面的评价，后者将信用的主观表现客观化，赋予其制度意义。信用的本质应当回归制度与评价，[⑤] 其描述对象是信任基础。政府信用即是债券以投资者对政府的信任为基础而在市场中运行，市场信用即是以投资者对市场主体的信任为基础而在市场中运行。

政府将自身信用与市场信用混同，主要体现在城投债等企业债这类以政府作为企业出资人的债券违约处置中。理论上，在政府债务中，以债券形式体现的仅有政府债券，包括一般责任债券和专项

[①] 石新中：《论信用概念的历史演进》，《北京大学学报（哲学社会科学版）》2007年第6期。

[②] 巴曙松等：《政策性银行商业化改革对债券市场的影响研究》，经济科学出版社2009年版，第1页。

[③] 在民法典的编纂过程中，人格权编中对信用的界定和分类几经调整，但始终表明其是一种人格属性的制度化规范。

[④] 徐国栋：《诚实信用原则的概念及其历史沿革》，《法学研究》1989年第4期。

[⑤] 翟学伟：《诚信、信任与信用：概念的澄清与历史的演进》，《江海学刊》2011年第5期。

政府债券。然而，由于政府出资人的地位，国有企业的市场化改革尚不彻底，在地方政府融资平台和其他市场主体中，政府信用往往与市场主体的商事信用混为一体。在国有企业这一市场主体违约后，政府作为股东倾向于承担公司主体的责任，基于维护企业声誉、政府权威和社会稳定等公共目的，而努力完成全面兑付。而市场逻辑下，股东仅对公司承担股东出资等义务，管理者也基于商业判断原则承担忠实勤勉的管理义务。在债券违约后的全面兜底行为属于股东越俎代庖，是政府的"父爱主义"。政府信用代替市场信用，虽然短期内能够保护投资者，但扭曲了市场的信用定价机制。

　　政府信用与市场信用混同的表现之一是政府对市场不够尊重。政府不尊重市场一方面是基于对市场的不放心，另一方面是基于政府自信。从债券违约的市场影响和社会反应可以看出，单一信用时期，市场确实不具有自我消化风险的能力，也不存在足够有效的市场化处置机制。由于债券发行的审批管理和销售中政府部门参与等原因，债券违约后，发行人和投资者都抱有坐等政府解救的心态。1992年广东南雄债券违约事件，1994年华东某省恶意债券违约事件，以及1995年陕西国棉九厂债券违约事件的处置实践表明，政府不出面解决债券兑付问题，将会引发严重的社会问题和一系列市场无法解决的违法违规行为。在单一信用时期的债券违约处置经验下，以及客观上曲折的市场发展进程，使得政府不相信市场有足够能力自我消解债券违约风险。这种对市场不放心的认知，一直延续至多样化信用发展时期。在后一时期，超日债、山水水泥等多起投资者起诉获赔的案例，证明市场面对债券违约的自我调节机制有所加强。而且，债券市场历经30余年的发展，在信息披露制度、债券发行制度和信用评级制度等方面，已经逐渐成熟，债券市场交易机制和定价机制也日益完善。债券市场的风险防控体系相比与单一信用时期，在司法保障机制和市场约束机制上都有所进步，而政府对市场的不信任思维未及时调整。因此，政府也应适时重新认知市场的自我风险化解能力，以重新调整自身定位。同时，单一信用时期，政府确实有能力也成功地挽救了债券违约企业，形成了政府主导债券违约处置的自信。政府对确保债券全面赔付，一度满怀信心。然而随着债券市场的发展，在多样化信用发展时期，政府一如既往地想要实现违约债券全面兑付，却事与愿违。辽宁东北特钢的系列债券违约处置，以及川煤集团的系列债券违约处置实践表明，政府已经对债券违约的全面兑付力不从心。故而，有必要及时反省政府对确保全面兑付的盲目自信，重新审视兜底和刚性兑付的合理性。归根结底，还是要实现充分发挥市场的自我调节作用，清晰认识并尊重市场，真正让市场自主性起到决定性作用。唯有如此，才能准确定位债券违约处置中的政府。

债券违约处置中，政府信用与市场信用混同的表现还在于缺乏明确的政府参与行为机制。不管是在单一信用时期，还是在多样化信用发展时期，债券违约处置中的政府参与，都不是依据明确的政府行为机制而发生。这导致政府在债券违约处置中，存在较大的随意性和不确定性。债券违约处置中，缺乏明确的政府参与行为机制，既是政府错位的原因，又是政府错位的结果。一方面，政府参与债券违约处置的目的、程序和手段方式的不明确，使得政府在发挥作用时，不是超过必要的限度，就是没有达到必要的标准。另一方面，实践中的政府作用极度不稳定，有时能够实现违约债券的全面兑付，有时又在债券违约处置中不置可否，使得市场对政府参与仅靠有限的主观臆测。发行人、投资者以及其他市场主体对政府作用的期望都具有侥幸心理，政府是否参与、何时参与以及如何参与都不能确定。政府参与债券违约处置的不规范，使得不仅市场主体主观期望上不一致，而且客观效果上也不理想，产生一系列政府错位的弊病，比如市场不合理预期、投资者恐慌情绪，等等。

第三节　债券违约处置的现实需求

债券违约处置的法律制度所表现出的种种困境和实践问题表明，

债券违约处置需要政府监管的不断调适和改进，以引领和促成制度变革。同时，债券违约处置本身的目的也需要通过科学合理的执法与司法来实现。而法律实施机制如何才能科学合理，则需要厘定债券违约处置的现实需求，其构成作为执法者的政府在违约处置中定位的现实基础。债券违约处置的现实需求是对制度困境和核心矛盾的进一步阐明和具体化，是更加直接和微观的政府定位依据。

一 厘定债券违约处置的统一与特殊

由于债券违约处置的制度资源割裂而且呈碎片化，加之存在现实的监管竞争，债券违约处置中需要科学厘定统一性与特殊性。构建债券违约处置的基础路径在于债券的证券本质，而认定处置手段和程序的针对性则需要理解不同券种的特殊性。企业债券、公司债券以及金融债券都是由公司发行，形成的法律关系都是公司与债券投资者之间的契约关系，本质上并无二致。以金融债券为例，根据《全国银行间债券市场金融债券发行管理办法》，金融机构法人包括政策性银行、商业银行、企业集团财务公司及其他金融机构，其在银行间市场发行的债券属于金融债券。而实践上，证券公司也可以在交易所发行公司债券，接受《公司债券发行与交易管理办法》的风险规制。因此，这种差异性规范并未基于债券法律关系的本质差异，而是场所差异。这决定了债券市场违约风险的规制应当存在一套基于债券本质的处置机制。前文已反复强调，这种基础性规制路径在于商事自治理念。

但是，不同券种之间的特殊性也是很明显的，合理区分债券的特殊性，有助于加强违约处置的针对性和提高处置效率。比如，相较于其他主体的公司债券，金融债券具有市场重要性，其违约风险的影响更为广泛和更具市场扩散性，在处置其违约风险时对市场危机的考量，相比一般公司债券，需要更为慎重和严格。又如，城投债及其他政府融资平台发行的债券，由于政府信用与市场信用的混同，在债券违约处置实践中需要逐步矫正政府地位，剥离政府信用。

相同的还有国有企业债券，由于政府作为发行人的股东或出资人，国企治理尚未完全市场化的背景下，政府也在企业危机中不可避免地占据重要地位。厘清这些券种中政府信用的范围，则是债券违约处置中的重要任务。最为特殊的券种莫过于政府债券，由于政府直接作为债券融资主体，在违约处置中，政府不可避免地需要承担各种责任。此时，政府主导下的债券违约处置不仅是合理的，而且是必需的。

因此，债券违约处置中，在构建统一的基础路径的同时，也需要针对特殊的券种，在功能效应和监管偏向等方面注重特殊对待，这是提升监管科学性和效率的必然要求。

二 突出债券违约处置的市场化导向

债券违约处置的市场化发展，已经为政策所明确。2014年5月份国务院发布《关于进一步促进资本市场健康发展的若干意见》，指出防控风险的市场任务，强调健全债券违约监测和处置机制。2015年修订后的《公司债券发行与交易管理办法》则在债券持有人会议、公司债券受托管理人、公司债券信息披露以及信用评级等方面，加强债券风险控制的市场化约束。2016年3月16日第十二届全国人民代表大会第四次会议批准的《中华人民共和国国民经济和社会发展第十三个五年规划纲要》，亦将证券市场风险防控和处置的市场化法治化列为重要任务。2017年深沪交易分别发布《证券交易所公司债券存续期信用风险管理指引（试行）》等规范，将债券市场风险防控的市场化进程进一步细化和深化。

"市场化的核心要义是将政府主导的资源配置转化为市场主导的资源配置，并建立合理的法律框架和有效执行机制。"[1] 本书第一章结论指出，当前的市场化发展并非简单的"去政府化"，政府在尊重市场自主性的同时，也要发挥一定的保障作用和引导作用。以市场

---

[1] 高坚：《中国债券资本市场》，经济科学出版社2009年版，第49页。

化为导向，要求尊重债券契约自由、市场自治。政府的作用应当以保障商事自治为基础，以市场事务市场处理的形式实现处置目的。一方面，政府力量需要体现出引导性，将债券契约的法律实现和自主协商作为基本内容，保障市场主体的风险处置自主性。另一方面，政府也需要针对契约机制的道德漏洞，以及实践效率等因素，充分发展行政化保障机制。因为债券持有人权利的传统合同规制也是存在局限性的，市场约束机制也存在适用的现实障碍，应当从契约的市场解释着手，从保障契约执行的角度来实现债券持有人的权利保护。[1] 这就需要契约机制的外部力量来实现契约目的，和矫正市场失灵。政府对债券持有人救济措施替代性保障，包括多种偿债保障措施，比如债券违约的先行赔付制度、投资者保护基金赔付、行政敦促，等等。

针对既有的市场化处置手段，债券持有人会议制度和债券受托管理制度，需要进一步充分发挥效用，体现其应有的市场化地位。由于当前债券受托管理人职责的消极构造，债券违约处置中，受托管理人对发行人资产的执行能力非常有限。比如，缺乏对发行人财产的主动经营权利，不利于债券赔付的最大化。债券的受托管理人与破产法上的破产管理人不同，在契约的正常履行期间，受托人义务仅限于一般管理以及担保监督等。[2] 包括给投资者分配本金和利息、管理债券持有人名册，等等。但是，当债券发生违约情形时，受托管理人的义务将会发生根本变化，其需要在风险中承担忠实勤勉的救助义务，努力实现债券持有人利益的最大化。违约后的债券受托管理人，需要承担代理支付、举证等积极性的权利救济职责，[3]履行债券持有人保护职能。因此，违约处置中，受托管理人协商和

---

[1] Dale B. Tauke, "Should Bonds Have More Fun? A Reexamination of the Debate over Corporate Bondholder Rights", *Columbia Business Law Review*, 1, 1989, pp. 1-136.

[2] Steven L. Schwarcz & Gregory M. Sergi, "Bond Defaults and the Dilemma of the Indenture Trustee", 59 *ALA. L. REV.* 1037, 2008, p. 1044.

[3] 15 U.S.C.S. § 77qqq.

求偿的积极性，需要进一步加强。而政府力量，可以在协调中督促各方履责，保障债务人与投资者的自主协商或调解等过程顺利进行。此外，对债券持有人会议的决议，需要加强效力。政府可以在充分了解投资者真实意愿的基础上，保障其在发行人处置方案中的约束力，以真正实现平等协商和公正赔付。

三 协调投资者保护与市场培育目标

纵观各国，投资者保护始终是证券法中重要的法律原则之一。投资者保护原则在证券市场的法律变革和司法实践中，也日益得到重视。2008年金融危机之后，为加强投资者保护，美国通过了《多德-弗兰克法案》，在正常破产程序之外又建立了"有序清算机制"（Orderly Liquidation Authority，OLA），[1] 又在2010年通过《投资者保护和证券改革法案》，对1934年《证券交易法》和1970年《证券投资者保护法案》中投资者保护内容进行加强改进。[2] 比如，针对专门的投资者保护公司（SIPC），将投资者可获得现金补偿的限额从原来的10万美元提高到25万美元。同时，还加强市场从业人员和机构的定期报告义务，建立监管部门的信息共享机制，对市场违法违规行为进一步规制。2010年又通过《金融消费者保护法案》，设立金融消费者保护局（BCFP），[3] 并在美联储下设置独立的金融消费者保护基金，专门为金融消费者提供保护。在我国《证券法》的修改进程中，专家提出将投资者保护的内容列为专章，[4] 并在人大审议稿中得以体现。最终经历四次审议后，于2019年12月28日全

---

[1] Thomas W. Joo, "A Comparison of Liquidation Regimes: Dodd-Frank's Orderly Liquidation Authority and the Securities Investor Protection Act", 6 *Brook J Corp Fin & Com L* 47, 2011, pp.47-49.

[2] Investor Protection and Securities Reform Act of 2010, Subtitle A, B, C, F.

[3] Consumer Financial Protection Act of 2010, Subtitle A.

[4] 冯果等：《投资者保护法律制度完善研究》，黄红元、徐明主编：《证券法苑》，法律出版社2014年版，第393—436页。

国人大常委会第十五次会议通过了《证券法》的修改，设置了"投资者保护"专章。可见，投资者保护在我国已进一步加强，在债券违约风险处置中，更是应该得到有力的执行。

尽管投资者保护是债券违约处置的重要内容，但当市场建设和维护需要牺牲投资者的短期利益时，应当优先考虑市场的长远发展和稳定。市场培育目标主要通过贯彻风险自负理念来实现，突出风险自负是契约自治的一个重要体现。实际上，投资者保护和风险自负的基础都在于债券契约。一方面，契约自治要求各自为自己的契约行为负责，包括收益或者损失。另一方面，对于契约机制失灵，则需要通过外部力量来实现契约目的。2016年诺贝尔经济学奖得主哈佛大学 Oliver Hart 教授和麻省理工学院 Bengt Holmstrom 教授，其契约的不完备性理论指出，在契约机制中不仅应当考虑条款设计更应当关注其监督和执行。[①] 契约经济学对不完备契约的发展，逐渐在管理学、法学等交叉学科领域表现出巨大的发展空间和价值。[②] 债券违约处置中，投资者保护与市场风险自负，则是契约不完备性的具体应用。债券违约处置中，投资者保护与市场发展的矛盾在于，债券刚性兑付尽管实现全面兑付，但伤害了市场的风险投资机制。因此，当前的债券违约处置任务，需要矫正市场风险定价的理念，培育市场健康的信用体系。政府作用的优越性，更多地需要体现在确保市场稳定和控制危机等方面，以保障金融秩

[①] 刘文革等：《不完全契约与国际贸易：一个评述》，《经济研究》2016 年第 11 期；杨瑞龙、聂辉华：《不完全契约理论：一个综述》，《经济研究》2006 年第 2 期。

[②] 倪娟：《奥利弗·哈特对不完全契约理论的贡献——2016 年度诺贝尔经济学奖得主学术贡献评介》，《经济学动态》2016 年第 10 期；徐习兵、王永海：《不完全契约、企业能力与内部控制》，《审计研究》2013 年第 6 期；杨宏力：《不完全契约理论前沿进展》，《经济学动态》2012 年第 1 期；黄训江：《生态工业园生态链网建设激励机制研究——基于不完全契约理论的视角》，《管理评论》2015 年第 6 期；王远胜、周中举：《论政府实施部门 PPP 项目合同风险管理——基于不完全契约理论的分析》，《西南民族大学学报（人文社科版）》2017 年第 4 期；朱慈蕴、沈朝晖：《不完全合同视角下的公司治理规则》，《法学》2017 年第 4 期。

序和社会安定。[1]

四 平衡债券违约处置的监管定位

从债券违约风险化解的责任主体来看，包括了政府行政监管部门以及各种自律监管主体。比如交易所应当设立证券交易风险基金、证券经营机构应当从业务收入中计提风险准备金、证券业协会负责会员和客户之间的纠纷调解、证监会对其他主体进行指导、监督或实施行政和解。根据《国务院关于加强地方政府性债务管理的意见》《地方政府性债务风险应急处置预案》等规定，政府性债务的处理中，包括政府债券及其他政府性平台的债券，都可能涉及政府的风险监管。根据2015年10月发布的《中国证监会派出机构监管职责规定》，证监会应当负责债券市场风险处置。可以看出，对于债券违约处置，行政监管手段居于主要地位，没有给予自律监管足够的重视。而且客观上，基于自律监管的债券违约处置措施也非常有限。过度行政化的处置思维不仅会降低处置效率，而且不利于债券违约风险的市场化解决。

实际上，行政监管大可不必大包大揽，[2] 过于注重行政监管会导致"监管者不受监管"，同时，产生的部门监管竞争也会导致监管无序甚至混乱。更为重要的是，自律监管的缺位，将会固化债券刚性兑付的市场期待，阻碍市场风险的自我化解。市场化法治化解决债券违约纠纷的要求已经指出，市场主体应当在风险处置中占据重要地位，行政监管需要保障公平谈判和平等协商，不对市场主体的自主选择做出监管评价。债券的契约本质也要求，违约纠纷的各方主体都要遵从契约目的，维护契约合意和合理期待利益。市场主体的

---

[1] Omer Kimhi, "Reviving Cities: Legal Remedies to Municipal Financial Crises", 88 B. U. L. Rev. 2008, pp. 633-684.

[2] 如根据2015年6月中国证券业协会发布的《公司债券受托管理人执业行为准则》，债券受托管理人作为市场化的体现接受中国证券业协会的自律管理，同时也接受证监会的行政监管。"包揽"心态的强调导致"市场化"体现得不够彻底和坚决。

自律监管，能够在自主性和自治性上，充分发挥灵活性。并且，有助于强化市场各方的商事自治思维。因此，债券违约处置中，需要协调行政监管与自律监管，在保障行政引导的同时，充分发挥自律监管的作用。具体方式上，可以构建明确的行政干预机制，由自律监管机构执行具体的监管任务，交易所、证券业协会和其他自律组织机构依照明确的准则行动，接受行政监管部门的指导。法制化的行政干预机制，在债券违约风险解决上具有阶段性和现实性，在当前市场攻坚期具有良好的过渡意义。

第四节 债券违约处置中政府定位的比较借鉴

一 债券违约处置中政府定位的域外考察

美国债券市场的发展，与我国一样经历了单一化信用到多样化信用发展的历程。美国债券市场历史悠久、成熟度高，其债券违约处置历程具有大量可资借鉴的制度资源，有助于探索我国债券违约处置中的政府定位。由于美国早期实行的自由经济主义，市场一直处于较为宽松的监管环境。直到几次吸取危机的教训，政府对市场的干预回归适度监管。[1] 以品种发展为路径，自独立战争以后，战争国债过渡到市政债券。其间，公司债券和金融债券逐渐取得市场地位，[2] 并成为债券市场重要组成部分。[3]

在市政债券发展期间，债券违约事件时有发生，政府作为债券责任主体在违约处置中扮演重要角色。1983年，华盛顿公共供电系统（WPPSS）发生巨额债券违约（22.5亿美元）。华盛顿最高法院

---

[1] 段丙华：《美国债券违约风险化解路径及启示：基于市场演进》，黄红元、徐明主编：《证券法苑》第17卷，法律出版社2016年版，第261—283页。

[2] 荣艺华、朱永行：《美国债券市场发展的阶段性特征及主要作用》，《债券》2013年第5期。

[3] 曹萍：《美国公司债券发展和制度安排及启示》，《金融与经济》2013年第7期。

判决认定项目参与者没有获得授权，否定其实际作用而令其得不到赔偿。判决被质疑具有政府性，存在政治压力而非基于法律程序。[①]在美国当时的破产法程序上，破产重组和"债务调整"程序过于保护破产人，并且债券持有人没有强制申请的空间，使得债券持有人面临不公平的对待。实践上，债券投资者面临协商能力有限的困境，持续监督成本过高。[②] 2008 年美国金融危机后，《多德-弗兰克法案》针对市政债券财政贷款限额，将 1970 年《证券投资者保护法案》规定的 10 亿美元提升至 25 亿美元，并赋予政府结合市场风险调整举债规模的权限。2011 年，杰斐逊县市政府的专项收入债券，发生实质性违约面临破产。[③] 在投资者的利益保护上，专项收入债券在破产程序中可以继续获取回报和支付，而一般责任债券在破产程序中被停止支付，前者债券持有人的利益更能获得优先补偿。[④] 2011年至 2013 年间，宾夕法尼亚哈里斯堡、加州斯托克顿市等数次面临债券兑付危机。2013 年，发生最大规模的市政债违约破产案例：密歇根底特律破产。政府在多起债券违约处置中，科学有效地选择和适用破产程序，被证明市政债券的违约处置需要强大的政府监管。[⑤]

美国的市政债券发行主体与一般的公司债受到不同对待，在

---

① Debora Ann Chan, "Whoops! Another Bond Default", *International Financial Law Review*, August 1983, pp. 9–13; See also McDonough, "WPPSS Bond Default Largest Bond Loss in U.S. History", *Oregonian*, July 26, 1983, at A1, col. 1. c

② Theodore J. Sawicki, "The Washington Public Power Supply System Bond Default: Expanding the Preventive Role of the Indenture Trustee", 34 *Emory L. J.* WINTER, 1985, 157, p. 198.

③ MaryJane Richardson, "The Disguise of Municipal Bonds: How a Safe Bet in Investing Can Become an Unexpected Uncertainty During Municipal Bankruptcy," 37 *Campbell L. Rev.* 187, Symposium 2015, p. 198.

④ Id. pp. 193–196.

⑤ See Juliet M. Moringiello, "Goals and Governance in Municipal Bankruptcy", 71 *Wash & Lee L. Rev.* 403, Winter, 2014.

危机中也受到政府的特殊规制。① 市政债券的财产往往享有主权豁免，使得在债券违约处置的财产执行中，需要获得特别授权和进行复杂的司法论证，债券投资者的司法救济能力非常有限，需要政府起到重要作用。② 除了债券投资者的自我诉讼救济，破产程序和政府作用是市政债券违约处置的重要方式。而破产程序中，往往由巡回法院首席法官任命破产法官，政府利益受到优先保护。③ 政府作用主要通过各州设立的金融委员会来实现，主要是平衡当地政府和债券投资者的利益。④ 这种由行政监管主导的违约处置，行政色彩浓厚，政府利益也是居于主要地位。在三种不同的债券违约处置方式中，债券违约损失分别由当地纳税人、投资者以及政府主要承担。而不同的地方政府在具体程序的选择上具有一定自主性。⑤

美国公司债券在市场初期与我国企业债券类似，包括铁路和运河等公共建设债券，在后期逐渐发展出工业债券和部分金融债券。⑥ 随着公司债券和金融债券在市场中的逐渐发展，早期的债券违约处置多采取私法解决途径，比如调解、仲裁等，具有短期性和单一性，政府仅在司法执行机制上起到一定保障作用。中后期，完全依靠市场契约自治已经无法有效化解违约风险，出现更多的道德风险和经

---

① Cory Howard, "The Economic Expectations of Investors and Municipal Corporate Constituents on Public Entities: How the Legal Framework Guiding Public Finance Diverges from Current Economic Realities", 14 *Appalachian J. L.* 75, Winter 2014.

② See Note, "Creditors' Remedies in Municipal Default", 1976 *Duke L. J.* 1363, pp. 1369–1373.

③ Thomas M. Horan and Ericka Fredricks Johnson, "Why Chapter 9 Looks Different from Chapter 11", 32-10 *ABIJ* 22 (Nov. 1, 2013).

④ Omer Kimhi, "Reviving Cities: Legal Remedies to Municipal Financial Crises", 88 *B. U. L. Rev.* 633, June, 2008, pp. 647–655.

⑤ Christine Sgarlata Chung, "Bankruptcy and Beyond: Exploring the Causes of and Solutions to Municipal Financial Distress: Municipal Distress: Municipal Bankruptcy, Essential Municipal Services, and Taxpayers' Voice", 24 *Widener L. J.* 43, 2015, p. 79.

⑥ Kay Giesecke et al. "Corporate Bond Default Risk: A 150-Year Perspective", *NBER Working Paper*, No. 15848, March 2010, JEL No. G12, G33, p. 31.

济风险，市场开始出现很多无法自我调和的矛盾。同时，金融危机的爆发使得政府监管变得更为积极主动，政府基于市场培育的更多风险处置规则产生。

在市场自治的处置方式下，违约的发生当然产生债权人的救济权，债券持有人可以采取协商、诉讼索赔或行使担保权等手段，当事人自主协商并不意味着放弃救济权。在担保交易的违约处置体系中，由于其市场化程度和成熟度高，并不过多地强调债权人利益的维护，债权人和债务人的权利得到均衡保护。实践中，债权人的权利救济遵守正当程序原则和平等保护原则，[①] 包括执行担保物之前的通知、听证和诉前救济等措施。[②] 政府在保证当事人自治方面发挥作用，贯彻担保物执行规则，市场化程度较高，政府管制色彩较淡。[③]

相对而言，政府在债券违约处置的破产程序中发挥着进一步作用。美国破产法规则中，具有重组、清算以及和解等多种程序，[④] 在适用时，因目的不同可以选择不同的程序。[⑤] 破产程序的选择适用，可以平衡债务人和债权人的利益关系。[⑥] 正常的破产重组程序以债务人申请开始，债权人可以在法院否决债务人方案后提出方案。[⑦] 同时，债务人与债权人的协商空间非常大。在"庭外重组"程序中，

[①] Raymond A. Diaz, "Creditor's Rights", *California Law Review*, Vol. 61, March 1973, pp. 413–417.

[②] Penny Berger, "Due Process and Prejudgment Creditors' Remedies: Sniadach and Fuentes Revisited", *Nebraska Law Review*, Vol. 54, (1975), pp. 206–216.

[③] U.C.C. § 9-607 (b) (2014).

[④] 11 U.S.C.S. § 705, 1102, 1103.

[⑤] Brook E. Gotberg, "Conflicting Preferences in Business Bankruptcy: The Need for Different Rules in Different Chapters", 100 *Iowa L. Rev.* 51, 2014–2015.

[⑥] John C. Anderson, "Secured Creditors: Their Rights and Remedies Under Chapter XI of the Bankruptcy Act", *Commercial Law Journal*, 1976.

[⑦] 11 U.S.C.S. § 1121.

当事人可以庭外和解,① 方式有债务延期偿还和债务调整。② 整体来看,公司债券的违约处置中,政府基本以保障当事人自治为核心,在提供沟通平台和营造协商环境方面发挥作用。

如果说在公司债券违约处置中,政府居于服务市场地位,那么在公共性更强的金融债券违约处置中,政府发挥着重要的市场管理职能。基于结构性债券的创新,债券违约处置在法律治理上呈现出金融风险规制的特征。经过经济大萧条和金融危机多次经验教训,市场受政府干预的程度逐渐加强,政府定位于系统性风险防范和市场危机处置。以资产担保债券(covered bond)的违约处置为例,2011 年《美国担保债券法案》规定了"未决违约"(uncured default),在此未决期间,对于达成和解的债券违约不再施加行政程序的干预,即可以豁免事后的行政干预机制。联邦保险公司(FDIC)作为风险债券主体的托管人或者接管人,在债券违约处置中,主导担保资产的管理和实现最大程度兑付,包括任命受托管理人或服务人、履行发行人担保债券下的所有货币和非货币义务等。

投资者涉众性保护、维护市场秩序以及处置市场危机,是政府参与债券违约处置的重要基础。在不同方面,政府发挥着不同程度的作用。

在投资者保护方面,《多德—弗兰克法案》要求金融稳定监督委员会(FSOC)根据破产法规则、1991 年联邦存款保险公司促进法及其他清算程序中风险处置机制,权衡异同和比较优势,充分考虑不同程序中所存在的"担保物折价"(haircuts)对市场促进和纳税人保护的影响。③ 同时,对债权人采取类型化评估,对不同的债权人

---

① 11 U.S.C.S. § 1126.

② 尹正友、张兴祥:《中美破产法律制度比较研究》,法律出版社 2009 年版,第 207 页。

③ Dodd-Frank Wall Street Reform and Consumer Protection Act, SEC 215: STUDY ON SECURED CREDITOR HAIRCUTS.

类型和不同担保物采取不同的处理机制，制定具体的研究方案，政府部门不同程度地起到选择作用。

在维护市场秩序方面，债券违约处置中存在信息处理机制。全国证券市场信息处理机构在事后负责市场信息的集中和归纳，政府监管部门可以获得需要的市场信息,① 以促进市场公平有序发展和保护公共利益。比如，美国证券交易委员会（SEC）下设投资者咨询委员会，承担市场信息反馈的功能，可以为市场协商和纠纷处置提供一个便利的沟通平台。

在市场危机处置方面，以 SEC 为代表的政府监管发挥着核心作用。SEC 和自律监管组织在风险处置中都承担重要职能。证券投资者保护公司（SIPC）作为市场自律监管主体，亦接受 SEC 监管。SEC 可基于 SIPC 成员的财务检查情况，根据公共利益需要，要求其他自律组织对 SIPC 成员提供资金支持，比如交易所、证券业协会及其他证券清算机构等。② 此外，2010 年《投资者保护和证券改革法案》在 1934 年《证券交易法》的基础上规定,③ SEC 基于投资者保护和公共利益，可以在债券处置中，对债券契约的仲裁条款做出一定限制，体现了政府对市场监管的强化。在加强政府监管作用上，2010 年《金融消费者保护法案》又设立金融消费者保护局（BCFP）,④ 在债券违约处置中可以行使一定独立的行政执法权，为金融消费者保护提供便利途径。

与美国债券市场始终的违约常态化不同，日本、韩国债券市场中违约事件的发生，与我国一样也是经历了从"零违约"到常态化发展的过程。20 世纪 80 年代，日本在国债的基础上，信用债券市场开始发展起来。在公司主银行制度的背景下，银行作为主要治理人

---

① 15 U.S.C.S. § 78k-1（b）.

② 15 U.S.C.S. § 78s.

③ Investor Protection and Securities Reform Act of 2010, Subtitle A, B, C, F.

④ *Consumer Financial Protection Act of 2010*, Subtitle A.

基于契约治理关系，[①] 往往对债券违约起到兜底作用，所以在长时间内债券市场保持着"零违约"。90年代以后，随着金融自由化的浪潮及经济环境的改变，债券市场的主体信用日益多元化发展，债券市场的规模也逐渐扩大。同时，公司治理的主银行制度变革，银行作用减弱。债券违约风险开始逐渐显现，违约事件逐渐增加。日本政府在面对债券市场的违约风险时，显得积极主动，具有较强的风险意识，前瞻性地进行多方面改革，如公司治理的市场化改革、加强市场风险管理等。2006年，日本通过《金融商品交易法》对处置中的违法违规行为加强打击，提高债券违约处置的灵活度和透明度。[②] 一系列的积极改革措施使得日本债券市场得到平稳有序的发展，尽管在1993年后发生过多起违约事件，但始终没有大规模的市场风暴。[③] 政府通过积极地发挥改革者作用，不断强化危机意识，提高投资者风险认知水平以及加强信用评级，及时提出政府防控和干预的保障机制，有效地化解了债券违约的市场风险。2012年，日本的主要芯片制造商尔必达内存公司（Elpida Memory）被政府拒绝第二次援助，此前在2008年金融危机中的政府支持使其免受重创。日本政府积极调整市场救助立场和措施的做法，表明政府也并非总是要对重要企业进行挽救，需要考虑行业结构、市场影响、公共利益甚至政治影响等因素。韩国债券市场的违约处置历史与日本类似，但相比于日本在化解市场风险中的积极性稍显被动和滞后。在1997年亚洲金融危机的冲击下，韩国才开始大步改革，放开债券市场和促进金融深化，积极主动释放债券市场的违约风险，实现债券违约的有效把控。[④]

如果说在日本和韩国的债券违约处置中，政府发挥着改革和探

[①] 李博：《日本公司治理契约关系变革研究》，经济管理出版社2011年版，第44—48页。

[②] 庄玉友：《日本金融商品交易法述评》，《证券市场导报》2008年第5期。

[③] 刘再杰、李艳：《我国债券市场信用违约的特征、风险与应对措施》，《新金融》2016年第10期。

[④] 同上。

索的积极功能，那么在巴西债券市场的违约处置中，政府对投资者保护的发展起到了决定性作用。巴西债券市场投资者保护的历史演进来看，是政治因素而非法律渊源决定了其水平和市场的发展。① 巴西债券市场在1890年以后得到迅速发展，法律改革使得债券投资者权益得到有效保护，债券违约的司法救济机制在债券持有人保护方面发挥重要作用。强制清算制度和破产重组程序曾在很长一段时间内，发挥着债券持有人强有力的保护作用，债券持有人在破产程序中占据很大优势。直到20世纪40年代，由于军事政变，债券持有人在破产程序中的优先权被剥夺。此后巴西政府试图通过立法来更好地保护债券持有人，却不被部分法官所认可。巴西债券市场投资者保护的演变表明，政府在利益角色上对债券市场发展的影响至关重要。

此外，从新加坡政府与企业的关系来看，企业危机中的政府地位更是体现在多方面。一般情况下，政府基于市场失灵、新能力开发和经济转型参与企业，具体包括规模约束、中小企业获取市场资源等方面。② 而在事后的危机处置中，政府往往基于防范和控制金融危机而参与重要企业救助。而也有案例表明，一国重要企业陷入危机之时，政府不施以救助也许也是必要的和对市场有利的。比如2012年印度一家重要的航空公司翠鸟航空（Kingfisher）陷入危机请求政府援助，最终印度政府基于自身重负、企业经营不善和市场结构调整等原因拒绝救助，最终也获得了良好的市场反响。③ 可以看出，从政府的事后监管来看，政府应当如何发挥作用，存在国情和市场的差异，其中需要考虑的因素复杂多样，应当深入考察具体的

---

① ［巴西］阿尔多·穆萨基奥：《巴西债券市场的债权人保护：法律还是政治?》，黄韬、陈儒丹译，黄红元、徐明主编：《证券法苑》第17卷，法律出版社2016年版，第352—379页。

② 参见［新加坡］陈惠华《变革：市场中的政府角色》，刘阿钢译，北京大学出版社2014年版，第41页以下。

③ 同上书，第74—76页。

市场情况。

二 我国债券违约处置中政府信用支持的宏观思考：因素及限度

美国债券市场经历了一个从自由市场到加强管制的过程，其债券违约事件一直被市场所认可和接受，处于常态化发展之中。韩国日本等债券市场债券违约事件与我国一样，与美国债券市场不同，经历了从零违约到违约多发的过程。相同的是，其他国家和政府所进行的积极性改革探索，都是在市场危机的防范与处置背景下进行的，而事实证明了政府积极改革的成效。成熟经验表明，市场危机意识，应当是债券违约处置中政府定位的出发点。政府作用对市场危机的防范与处置，是非常重要的。因此，债券违约处置中的政府作用并不如当前所争议的那样：打破刚性兑付要去政府化，相反，政府作用不仅不能被忽视，反而应当被重视并进一步规范发展。

当然，并不是说债券违约处置中以往的政府兜底应当继续保持，而是应当重新审视政府作用和行为。正如有市场实践已经认识到，应当重新评估政府信用支持，包括政府支持的对象、类型、程度以及方式，等等。[①] 参与也好，救助也罢，政府应当在债券违约处置中如何发挥作用，其因素并不简单。比如在2012年，日本的主要芯片制造商尔必达内存公司（Elpida Memory）被政府拒绝第二次援助，此前在2008年金融危机中的政府支持使其免受重创。[②] 日本政府积极调整市场救助立场和措施的做法，表明政府也并非总是要对重要企业进行挽救，需要考虑行业结构、市场影响、公共利益甚至政治影响等因素。整体而言，经过长时间的政府主导，我国债券违约风险化解不仅效果大减，对市场的损害也越来越复杂和不可估量，市

[①] 徐燕燕：《专访中诚信国际董事长：应重新评估政府信用对国企的支持》，第一财经网2016年8月18日，http://www.yicai.com/news/5066024.html。

[②] ［新加坡］陈惠华：《变革：市场中的政府角色》，刘阿钢译，北京大学出版社2014年版，第78—80页。

场改革任务已经异常紧迫。宏观来看，一方面，政府应当积极主动发挥应有的市场改革、风险控制等作用，从风险源头做起；另一方面，政府应当重视和营造市场的自我调整机制，构建完善的违约处置机制，保障市场风险的自我化解。

根据政府参与的公共性基础，从因素及程度上来讲，我国债券违约处置中的政府信用支持，需要考虑以下三个方面。

(一) 债券违约事件的涉众性

违约事件的涉众性，直接决定具体违约事件的公共性。本书第二章已经指出，公共性构成了政府参与债券违约处置的正当性基础之一。债券违约事件的公共性越强，则需要政府力量的程度越深，反之，债券违约事件所涉公众越少，则需要政府参与的必要性越小。比如，在私募债券违约中，由于其非公开的运行模式，发生债券违约后，基本不需要政府参与，由投资者与债券发行人自主协商解决或者通过诉讼等途径解决，而在投资赔付上，则应当尊重市场损失的自我消解，没有必要动用行政保障。需要说明的是，认定债券违约事件的涉众性程度，并不能仅仅根据投资者数量或债券规模，而应当充分、综合考虑所涉个人投资者数量，以及每个投资者所涉数额的构成，结合对投资者的市场影响及其反应来做出评估。债券投资中，存在个人投资者和机构投资者，当前的债券市场由于银行间交易市场的主体地位，机构投资者成为市场的主要投资者。笔者认为，大部分机构投资者也是由个人投资者组成，比如各种资产管理计划和证券化项目，其是个人投资者的组织化形式，金融工具的结构化并没有改变个人投资的本质。并且，在穿透监管的要求下，个人投资者直接与债券融资方形成被保护与保护的关系。因此，在考虑投资者保护时，债券交易中的投资者数量并非涉众性的直接体现，而应当将其穿透至所涉违约债券的个人投资者。

(二) 债券违约风险的扩散性

债券违约事件的发生，不仅对债券市场本身产生一定的负面影响，还可能对股票市场或资本市场的其他部分产生不利影响。同时，某一主体的债券违约事件，还可能同时产生区域性负面影响和行业的负面影响。易言之，债券违约所导致的市场风险，不仅体现出积累性，还表现出扩散性，这种市场传导性乃是市场危机爆发的根源。一方面，像川煤集团这些债券发行主体不仅连续多次发生违约，造成自身的风险不断积累，还与煤炭行业的其他违约主体形成横向的产业崩溃风险。比如辽宁地区由于多次大规模的钢铁行业债券违约，导致区域性的市场风险，辽宁地区的债券发行一度停滞以控制风险继续累积。另一方面，债券市场违约风险的大规模爆发，还可能波及股票市场，[①] 形成风险的跨市场扩散。债券违约导致的主体信用风险可能发生破产等事件，那将导致债券发行主体的其他一系列资金信用活动产生风险，特别是当发行人属于市场中的重要性主体时，其风险的市场扩散性和传导性是非常广泛的。此类一系列的债券违约处置实践表明，如何处置违约风险将会直接影响市场预期和反应，对债券市场的发展会起到一定的示范效应。因此，债券违约处置中，政府基于市场发展的参与，应当充分考虑个案中违约风险的扩散性，并据以确定具体的行为机制。一般而言，债券违约事件越具扩散性，则政府作用越应当起到调控作用，相对应地，如果扩散性越小，则债券违约处置所需要的政府作用越少。至于如何判断违约风险的扩散性，则需要设计科学合理的计算工具，这在金融设计上，如同信用评价机制一样，理论上是能够完成的。

（三）投资者风险承受能力的强弱性

一般认为，机构投资者比个人投资者更专业，具有更强的风险承受能力。当然，有些个人投资者可能也具有较强的抗风险能力。对于抗风险能力较强的投资者，可以由其自身承受违约的市场风险，而对于较弱的投资者，则需要予以一定的援助。这种选择性的违约

[①] 陈燕青：《债券违约频发波及股市》，《深圳商报》2016年4月23日第B01版。

处置措施，具有阶段性的信用调整作用，能够在培育市场风险自负理念的同时，适当地保护弱势投资者。考虑投资者风险承受能力的强弱，是兼顾投资者利益最大化和债券市场整体维护的必然要求。美国在2008年的次贷危机中，对金融机构即采取了选择性的救助方案。程序上，也是充分设置了不同主体承担风险的模式。比如，相对于破产法院的破产重整，多德法案中的有序清算机制行政性更加明显，司法机制力量微弱。后者的程序目的是保护经济发展和处置市场危机，而前者在于投资者保护。①

这种个案中对投资者的承受能力适当选择的处置，不仅不是有失偏颇的，反而是符合投资者保护实质正义的。对于处于弱势的债券投资者，法律制度上存在多种保护途径。一直以来，公司资本制度被认为是保护公司债权人的核心制度，后来资本制度表征的"资本信用"发展为"资产信用"，② 资本制度设计和债权人保护的相关性发生分离演进。③ 对债权人保护的视野不再单一注重资本制度，④ 而是发展至公司法人格否认制度、信息披露、资产监督等多方面。⑤ 2013年公司注册资本制度改革之后，股东出资责任的适用、企业社会责任承担、债权人对资产的知情权和异议权、破产保护及其他创

---

① Thomas W. Joo, "A Comparison of Liquidation Regimes: Dodd-Frank's Orderly Liquidation Authority and the Securities Investor Protection Act", 6 *Brook J Corp Fin & Com L* 47, 2011, pp. 47-49.

② 赵旭东：《从资本信用到资产信用》，《法学研究》2003年第5期；赵旭东：《资本制度变革下的资本法律责任——公司法修改的理性解读》，《法学研究》2014年第5期。

③ 邓峰：《资本约束制度的进化和机制设计——以中美公司法的比较为核心》，《中国法学》2009年第1期；刘燕：《公司法资本制度改革的逻辑与路径——基于商业实践视角的观察》，《法学研究》2014年第5期。

④ 蒋大兴：《质疑法定资本制之改革》，《中国法学》2015年第6期。

⑤ 仇晓光：《公司债权人利益保护的法经济学分析》，博士学位论文，吉林大学，2010年；朱慈蕴：《公司资本理念与债权人利益保护》，《政法论坛》2005年第3期；朱慈蕴：《公司法人格否认：从法条跃入实践》，《清华法学》2007年第2期；朱慈蕴：《全球化与本土化互动中的公司制度演进》，法律出版社2015年版，第75—77页。

新机制,①在保护债券持有人方面也逐渐发挥一定功能。因此,在债券违约处置中,基于制度的无效和低效,政府作为制度执行者,为实现制度正义,需要充分保障各种制度运行以对不同类型的投资者进行保护;同时,基于制度的有效性,对于风险承受能力较强的投资者,可以选择性地放弃行政保障。除了制度的效率原因以外,从实践能力来看,政府也不可能投身于每一起债券违约处置。一是行政资源有限,政府提供的行政保障是非常宝贵的。二是大量的债券违约处置事件,如果全部需要政府救助会大大降低处置效率,政府作用需要体现一定的市场宏观引导。所以,政府参与债券违约处置,还需要设置投资者保护的条件和区分必要的保护类型,以真正实现市场整体稳定和风险可控。

三 我国债券违约处置中政府信用支持的微观思考:类型与方式

根据国际权威信用评级机构穆迪公司(Moody)的研究报告,债券信用的政府支持在类型上,可以分为三类:经常性支持、特殊支持及违约后的支持。②经常性支持和特殊支持一般针对债券违约事前的风险管理和防范,包括政策性支持、补贴、监管、资金参与等;特殊支持指针对紧急的违约危机,政府采取一系列的信贷协调、资产支持以及重组安排等;违约后支持则是在发生违约事件后,政府

---

① 朱慈蕴:《股东违反出资义务应当向谁承担违约责任》,《北方法学》2014年第1期;胡田野:《公司资本制度变革后的债权人保护路径》,《法律适用》2014年第7期;冯果、南玉梅:《论股东补充赔偿责任及发起人的资本充实责任——以公司法司法解释(三)第13条的解释和适用为中心》,《人民司法(应用)》2016年第4期;黄辉:《公司资本制度改革的正当性:基于债权人保护功能的法经济学分析》,《中国法学》2016年第6期;罗培新:《论资本制度变革背景下股东出资法律制度之完善》,《法学评论》2016年第4期;蒋建湘、李依伦:《认缴登记资本制下债权人利益的均衡保护》,《法学杂志》2015年第1期;黄耀文:《认缴资本制度下的债权人利益保护》,《政法论坛》2015年第1期;张钦润:《公司债权人保护问题研究》,博士学位论文,中国政法大学,2011年。

② 黄斌:《审视债券违约国企"政府兜底"逻辑:政府支持程度分化、过剩产能行业融资削减》,《21世纪经济报道》2016年6月2日第10版。

采取的债务重组、资产处置和职工安置等事后措施。[①] 对于国有企业,穆迪将发行人按其运行领域分为三类,不同类型受到不同程度的政府信用支持。

公共政策类国企,其存在于具有国家重要意义且不能商业化经营的领域,获得政府信用支持的可能性最大;商业性公共服务类国企,其存在于具有国家重要意义但具有一定商业可行性的领域,获得政府信用支持的可能性中等;商业类国企,其存在于纯商业类活动领域,获得政府信用支持的可能性最低。[②] 穆迪的该分类实际上与我国公益性国企和竞争性国企分类异曲同工,将公益性和竞争性界限划分出一个中间地带,保留了一定的选择性和调整性。穆迪评级一般基于政府支持对前两种赋予相对高的信用评价。比如,天津滨海新区建设投资集团和浙江省能源集团有限公司,基于前述标准分别属于公共政策类和商业性公共服务类,穆迪评级对于政府提供支持的可能性分别认定为"极高"和"高",而政府支持的可能性被穆迪视为债券违约风险评级的重要参考因素。

从当前我国债券违约处置市场实践来看,债券违约处置中的政府支持,存在两种途径,即财政支持和非财政性支持。财政支持是指地方或中央政府在债券违约处置中,直接提供财政资金用以兑付债券或其他违约支出。比如在黑龙江省龙煤集团的债务困境中,黑龙江省政府将中央政府拨付的用于帮助煤炭企业的财政补贴,支持龙煤集团化解债务危机,其中包括用于支付到期债券的 20 亿元人民

[①] Moody's Investors Service, *Special Comment*: *Incorporating Government Support in the Ratings of Chinese SOEs Amid Rising Defaults* (*Presentation*), 28 Jun 2016, https://www.moodys.com/MdcAccessDeniedCh.aspx?lang=zh-cn&cy=chn&Source=https%3a%2f%2fwww.moodys.com%2fviewresearchdoc.aspx%3flang%3dzh-cn%26cy%3dchn%26docid%3dPBC_190752.

[②] Moody's Investors Service, *Sector In-Depth*, *Regional and Local Government* (*RLG*) - *Related Issuers-China*: *Moody's Support Assumptions for Entities Owned by Chinese RLGs*, 24 Aug 2016, https://www.moodys.com/researchdocumentcontentpage.aspx?docid=PBC_1032608.

币。政府采取直接财政支持的原因在于，龙煤集团牵系着黑龙江省鸡西、七台河等四个重要城市的经济运行，同时其债务危机直接影响着近20万名职工的生计等重大社会民生问题。但是，从我国政策上来讲，即使是国有企业的债券违约处置，通过财政支持也面临巨大的困难。从2014年10月发布的《国务院关于加强地方政府性债务管理的意见》以来，政策便多次明确限制地方政府为国企债务偿付兜底，国企债务当然包括国有企业债券。如若地方政府要动用财政资源为国企债券兑付提供特殊支持，则要面临复杂而且漫长的政策制定或人大审批过程。

非财政支持是指政府动用财政资金以外的其他支持措施，主要包括安排有实力的国企为违约国企提供贷款或注入资产，在某些情况下实施国有企业的债务重组，或者在银行为债权人时实施债转股等措施。[1] 此外，有时地方政府还可以帮助受困国企出售资产，利用变现资金偿付债券，但实践中国企资产出售的案例较少。政策上，地方政府通过非财政手段所实施的违约救助，基于国企风险控制是被允许的。非财政性支持的一个常见路径，是争取实力更强的其他国企的支持，政府在其中起到协调安排的作用。比如在"11超日债"违约处置中，政府协调下的外部资产注入使得违约得到全面赔付；又如重庆市计划对亏损的重庆钢铁进行重组，其方式是向另一家专门从事金融投资的国企出售钢铁资产；云南省政府明确圣乙投资作为云南省国有资本运营公司，建立云南国企改革发展基金，为受困国企提供支持。

由于政府财政实力的差异性和当前的政策限制，债券违约处置中的政府财政保障需要更为严格的条件和标准。而政府采取非财政性支持的途径，具有很大的优势：一是具有充分的政策空间，二是

---

[1] Moody's Investors Service, *Sector In-Depth*, *Regional and Local Governments-China：FAQ：RLGs' Approach to Supporting Distressed State-Owned Enterprises*, 14 Oct 2016, https：//www. moodys. com/researchdocumentcontentpage. aspx？docid=PBC_ 1042777.

存在很大的创新余地。因此,我国债券违约处置中的政府定位,在发挥政府作用方面和保障违约处置机制上,需要充分挖掘可行的非财政性支持措施和手段。同时,与成熟债券市场曾经面临的纳税人保护、制度变革与市场危机不同,前述我国债券违约处置面临的制度困境和现实需求,需要得到充分的解决,这是解决本土问题的根本所在。

第四章

债券违约处置中政府角色的理论界定

宏观研究视角下，政府定位一般存在政治、经济与文化三个方面的讨论，主要包括"政府与政府""政府与市场""政府与社会"三个基本范畴。[1] 债券违约处置中的政府定位问题属于"政府与市场"关系这一基本范畴。经济生活中的政府定位问题，以"政府对市场的必要干预、弥补市场失灵"为基本共识，[2] 在经济发展的"十三五"规划背景下，当前研究以十八届三中全会提出的"市场在资源配置中起决定性作用"为核心依据和方向。[3]

政府角色也可以指政府作用，涉及政府的权力界限、功能范围等方面，是指将政府人格化，以定位其功能作用。[4] 政治学与经济学的研究中，在政府作用、职能或者职责方面，研究结论共同指向

---

[1] 彭澎：《政府角色论》，中国社会科学出版社2002年版，第217页；李辉、王学栋：《政府角色的隐喻：理论意蕴与现实启示》，《行政论坛》2012年第4期；燕继荣：《中国政府改革的定位与定向》，《政治学研究》2013年第6期。

[2] 何显明：《市场化进程中的地方政府角色及其行为逻辑——基于地方政府自主性的视角》，《浙江大学学报（人文社会科学版）》2007年第6期；文一、乔治·佛梯尔：《看得见的手：政府在命运多舛的中国工业革命中所扮演的角色》，《经济资料译丛》2017年第2期。

[3] 胡钧：《科学定位：处理好政府与市场的关系》，《经济纵横》2014年第7期；毕于榜：《市场起决定性作用前提下的政府角色定位》，《环渤海经济瞭望》2014年第12期。

[4] 彭澎：《政府角色论》，中国社会科学出版社2002年版，第2页。

"服务型政府""有限政府"以及"效率政府"的定位,[①] 而"法治政府"是其根本。[②]此外,在完善政府定位的具体层次上,还存在"责任政府""透明政府""生态型政府""学习型政府"等描述。[③]

实际上,讨论政府定位是要解决政府在某一具体领域的实际问题,脱离实际领域的政府定位没有具体意义。在宏观意义上,政治学与经济学研究中的"政府"通常与"国家"交替使用。与其他学科的视野不同,法学研究视角下的"政府"与"国家"是存在区别的。特别是在经济法的公权干预视野下,国家是抽象的社会整体利益的代表,通过法律的形式来实现其目的,而政府是具体的社会整体利益的保障者,是法律的执行者和规范对象,政府定位应当以法律的形式确定和遵从法定的模式。[④] 经济法上的法律治理即为对市场的各种规范,包括引导、扶持和限制等,政府本身并不参与具体的法律关系。[⑤]

对于"政府角色"与"政府定位"的关系,研究中一般将其等同起来,混同使用,并未明确区分其层次关系。而对于"政府角色"与"政府功能",有的研究是分开来论述,有的是合为一体。有学者

[①] 张文显:《治国理政的法治理念和法治思维》,《中国社会科学》2017 年第 4 期;朱光磊:《全面深化改革进程中的中国新治理观》,《中国社会科学》2017 年第 4 期;燕继荣:《中国政府改革的定位与定向》,《政治学研究》2013 年第 6 期;王宁宁、肖红春:《自我所有、分配正义与政府角色》,《伦理学研究》2015 年第 2 期;周佑勇:《法治视野下政府与市场、社会的关系定位——以"市场在资源配置中起决定性作用"为中心的考察》,《吉林大学社会科学学报》2016 年第 2 期;董亚男:《有效政府角色的理论溯源与现实塑造》,《东北师大学报(哲学社会科学版)》2012 年第 5 期。

[②] 江必新:《法治政府的制度逻辑与理性建构》,中国法制出版社 2014 年版,第 8 页以下。

[③] 刘祖云:《十大政府范式:现实逻辑与理论解读》,江苏人民出版社 2014 年版,第 1 页以下。

[④] 冯果、万江:《社会整体利益的代表与形成机制探究——兼论经济法视野中的国家与政府角色定位》,《当代法学》2004 年第 3 期。

[⑤] 陈婉玲:《经济法权力干预思维的反思——以政府角色定位为视角》,《法学》2013 年第 3 期;张德峰:《我国合作金融中的政府角色悖论及其法律消解》,《法学评论》2016 年第 1 期。

指出，政府角色与政府功能存在区分和相互关系，即角色指导职能，前者更为宏观，后者更为具体。① 一般而言，政府定位是在其角色和职能实现的过程中一种制度化的行为机制，通常在政府与其他主体的关系和活动中体现。② 本书认为，政府定位必然是包含了政府角色与政府职能两个层次，角色与职能应当成为一个整体，一种角色需要具体的职能来描述，而具体职能必然是基于某一种角色而行使。此外，政府的明确定位，还需要依靠具体的行为机制，政府行为机制也是政府定位的一个必要内容。

根据法学视野下的政府定位思路，政府指具体的行政执法力量，国家立法机制与司法机制属于应然层面的制度构造范畴，同时，政府定位的分析与判断皆立足于法制构造的价值判断与机制构建之下。因此，本书债券违约处置中政府定位的内涵是，政府行政力量在债券违约处置中的地位、角色、职责和行为（约束）机制，而不是与公民相对的国家概念；是要明确政府作为法律与政策执行者在债券违约处置中应扮演的角色和承担的职责，以及应当如何实现政府定位的法制化。本书将政府定位研究的落脚点分为两个大的层次，即角色与职能定位和行为机制。本章即为对债券违约处置中的政府定位，从政府角色的层次进行理论界定。进一步，后一章将从政府行为机制的层次对政府定位进行界定。

第一节　政府角色界定的路径及其价值

一　中央政府角色与地方政府角色

由于与中央政府存在直接联系的主要是省级或直辖市政府，县

---

① 彭澎：《政府角色论》，中国社会科学出版社 2002 年版，第 7 页。
② 李长源：《新型农村社区建设进程中乡镇政府角色定位与重塑》，《中共青岛市委党校青岛行政学院学报》2015 年第 1 期。

市级及以下政府通过省级政府间接与中央产生联系，此处讨论中央政府与地方政府集中于中央政府与省级政府之间的关系。

长期以来，作为实际行动主体，地方政府对我国经济建设和发展起到了重要作用，在市场改革中始终处于一线地位。然而，由于地方政府与中央政府存在固有的矛盾关系，地方政府角色一直处于中央政府的调整之中。单一制背景下，中央对地方的政治集权要求地方与中央保持利益一致和目标一致。而社会主义市场经济背景下，且我国幅员辽阔，地方各异，地方政府需要在具体市场中充分发挥自主性和能动性，地方政府与中央政府在经济上处于一定程度的分权状态。政绩考核的要求下，地方政府在区域治理中，不可避免地只会重点关注本区域的经济发展，追求本地区利益最大化。同时，地方政府也存在自身的利益，比如政治资源和个人政治利益，等等，在地方之间形成政治竞争格局。[1] 因此，地方政府在利益诉求上，相对于中央政府对社会公共利益和整体利益的统一化、最大化而言，具有独立性。也因此，地方政府在客观上确实推动了经济发展的同时，也逐渐产生了政策执行不到位、地方保护以及重复低水平建设等负面影响。[2] 实践表明，地方政府有时甚至会联合市场来规避中央政府的管制，以实现自身利益。[3] 对"央地政府"区分和规范的必要性，由此显见。

1995年分税制改革以来，地方政府逐渐拥有更多的自主性。随着财权自主的进一步加强，地方政府具有一定的自治权限，央地关系的发展处于不稳定和不平衡的状态。有学者甚至指出，我国中央政府与地方政府已形成事实上的"行为联邦制"。[4] 不管在政治上还

---

[1] 周黎安：《中国地方官员的晋升锦标赛模式研究》，《经济研究》2007年第7期。

[2] 周黎安：《晋升博弈中政府官员的激励与合作——兼论我国地方保护主义和重复建设长期存在的原因》，《经济研究》2004年第6期。

[3] 朱红军等：《中央政府、地方政府和国有企业利益分歧下的多重博弈与管制失效——宇通客车管理层收购案例研究》，《管理世界》2006年第4期。

[4] 郑永年：《中国的"行为联邦制"：中央—地方关系的变革与动力》，邱道隆译，东方出版社2013年版，第27页以下。

是在经济上，地方政府与中央政府之间，逐渐形成博弈状态，① 中央对地方的宏观调控及其限度呈现出一种动态协调。学者们将中央政府对地方政府规制的状态称为"治乱循环"，即所谓的"一放就乱""一乱就收""一管就死"。② 如此看来，中央政府与地方政府之间，不管是在政治上还是经济上，都存在定位差异。正是因为中央政府与地方政府在国家不同的建设时期呈现的不同关系特征，中央政府与地方政府的关系定位，一直以来都是国家政策的重心，也是政治学、经济学等学科的重点关注问题。

党的十八大和十八届三中全会提出，要加快转变政府职能，包括政府职能调整和政府之间的关系定位。2013 年，《中共中央国务院关于地方政府职能转变和机构改革的意见》对政府改革提出明确要求，提出权力清单制度。2015 年 3 月，《关于推行地方各级人民政府工作部门权力清单制度的指导意见》制定了政府权力清单制度的具体内容。至此，中央政府与地方政府之间的职能定位有了明确的清单规制。中央政府指导地方政府行政有了一个明确的方向，但

---

① 聂方红：《转型时期地方政府与上级及中央政府的博弈行为分析》，《重庆社会科学》2007 年第 9 期；李名峰等：《中央政府与地方政府在土地垂直管理制度改革中的利益博弈分析》，《中国土地科学》2010 年第 6 期；何风隽：《中央政府与地方政府的金融资源配置权博弈》，《重庆大学学报（社会科学版）》2005 年第 11 期；孙雁冰：《宏观调控下中央政府与地方政府的演化博弈分析》，《山东理工大学学报（社会科学版）》2016 年第 2 期。

② 体现为中央政府与地方政府之间定位的不稳定性和机械性。潘小娟：《中央与地方关系的若干思考》，《政治学研究》1997 年第 3 期；冯继康、蒋正明：《论我国转型期中央政府与地方政府的职能界定及其耦合》，《东岳论丛》1998 年第 2 期；谢庆奎：《中国政府的府际关系研究》，《北京大学学报（哲学社会科学版）》2000 年第 1 期；刘华：《中国地方政府职能的理性回归——中央与地方利益关系的视角》，《武汉大学学报（哲学社会科学版）》2009 年第 4 期；皮建才：《中国经济发展中的中央与地方政府边界研究——基于不完全契约理论的视角》，《财经问题研究》2008 年第 5 期；于健慧：《中央与地方关系的现实模式及其发展路径》，《中国行政管理》2015 年第 12 期。

也仅仅是行政审批这一事前执法环节。① 对于事后监管的定位,中央政府与地方政府之间,还需要进一步探索和研究。

既然中央政府与地方政府本就扮演着国家建设中的不同角色,而且事实上也形成了动态博弈和分权监督的格局。那么,地方政府与中央政府在具体的市场监管活动中,也必定存在不同的政治逻辑和利益逻辑而存在角色区分。在政府债务治理的问题上,政府间财政失衡导致地方债务膨胀,而基于地方政府的财政自主性缺陷,地方政府与中央政府之间该如何分配政府债券责任则成为亟待解决的重大现实问题。②

因此,有必要界分中央与地方政府的科学定位,来寻找政府对于市场发展的共同着力点,并克服地方政府在经济活动中的选择性行动,以实现和完成政府在经济发展中的统一目标和任务。在地方债券制度的视角下,根据现行分税制财政体制的内容,地方政府在财政上并不是独立主体,而只是中央政府在地方的派出机构,如果地方政府没有能力还债,为了保护债权人的利益,维护政府的信用,中央政府只能承担最后的付款责任。③ 就债券违约处置这一法律治理活动而言,区分中央政府与地方政府定位,不仅符合中央政府与地方政府整体职能差异的事实,也迎合了政府职能转变的变革要求,同时,也是科学处置债券违约风险的必然路径。

长期以来,地方政府通过城投公司等融资平台举借债务,形成大量的地方隐性债务。规模庞大的地方性债务造成了严重的地方政府信用风险和金融风险隐患,地方债务治理问题一直是多学科的研究重点和难点问题,也是经济市场化改革工作的重心。2015 年我国预算法修改实施后,地方政府(省级政府)获得债券融资权限。地

---

① 汝绪华、汪怀君:《政府权力清单制度:内涵、结构与功能》,《海南大学学报(人文社会科学版)》2017 年第 2 期。
② 参见熊伟《地方债与国家治理:基于法治财政的分析径路》,《法学评论》2014 年第 2 期。
③ 熊伟:《地方债券制度中的政府间财政关系》,《新视野》2012 年第 3 期。

方政府的债务治理问题得到进一步推进。地方政府债券作为重要的地方政府举债途径，将逐渐成为地方政府债务治理的中心。尽管如此，在历史遗留的以往 30 余种政府隐性债务的治理中，却不是一夜之间能够彻底了断的。且不说隐性担保如银行贷款中的担保函、国企债务中的承诺函等非债券形式的债务，中央政府对除了政府债券之外的其他债券处置，比如城投债券、国有企业债券，等等，也并不能甩手了之。地方政府信用在市场中的复杂性决定了，中央政府在这些债券违约处置中无法急于求成地不管了之。在中央政府对待地方政府债务清理的问题上，政府定位显得意义重大而且必要。[①] 此外，毫无疑问，在地方政府债券违约中，中央政府应当如何控制风险和维护政府信用也是违约处置的重要内容。财税分权与地方政府的经济分权背景下，中央政府与地方政府的定位区分，成为认识市场活动中政府治理的基本路径。因此，债券违约处置中的政府定位，不仅必要而且必须界定中央政府和地方政府的不同角色。

二 政府基本角色与政府或有角色

债券市场这一微观的经济领域中，存在多种不同种类的产品和主体。因此，政府的宏观经济调控职能落脚到债券市场，直至债券违约处置中，也需要精细化和类型化，而不能笼统地采取"一刀切"的定位模式。经济学研究表明，政府角色的扮演存在一定的前提条件，即以市场需要为中心和边界，政府应当做市场不能做的、不做市场能做的。根据债券的不同信用特征和违约处置的现实需求，政府信用存在不同程度的作用基础。本书根据债券违约处置中的一般情况和特殊情况，区分政府的基本角色和或有角色。对于整个债券市场的违约风险防范而言，政府应扮演好基本角色，在个案或者特殊情形下，还应扮演其他必要的角色。

---

① 张婉苏：《中央政府不救助地方政府债务的纠结、困惑与解决之道》，《苏州大学学报（哲学社会科学版）》2016 年第 5 期。

基本角色是指在一般情形下，对于各种类型的债券违约处置，政府都应该扮演的角色；而或有角色是指在特殊情形下，政府需要扮演的角色，这种事前的界定具有现实的不确定性。债券违约处置中政府的基本角色是常态的，具有相对固定性和稳定性，而或有角色是非常态和有条件的，具有一定的灵活性和发展性，可以随着市场实际情况有所补充和调整。比如，在政府债券违约处置中，政府由于直接承担融资责任，具有与其他债券不同的信用逻辑，政府属于债券投融资活动中的直接责任主体，比较特殊。又如，当债券市场承担特殊的政策任务时，由于市场建设不可能由市场自发完成，必须由政府执行，此时政府需承担特殊的政策执行职责。债券违约处置中政府的或有角色是在基本角色之外的附加角色，亦即，满足特定条件时，政府不仅应承担基本角色的职能，还应完成或有角色的任务。界定债券违约处置中政府的基本角色和或有角色，既是理论逻辑所在，又是现实所需。

正如当前的债券市场所体现的一样，债券的种类复杂多样，并且还在不断出现资产证券化产品等极具争议的创新性债券产品。在本书认定任何债券都具有契约本质的基础上，政府在任何类型债券违约处置中都应坚守债券契约目的规制的市场逻辑。因此，对于政府这一宏观的经济调节主体而言，基于债券本质的统一性，政府在不同种类的债券违约处置中，具有政府参与市场的一般性。同时，又基于债券规制的特殊性，政府又应当在履行一般的基本职能的时扮演必要的或有角色。前文已经详述，债券违约处置需要协调统一性与特殊性，同时需要平衡行政监管与自律监管定位，平衡市场长期发展任务与短期市场利益。因此，针对多样化的债券，政府在债券违约处置中，也不可避免地需要统一的行为机制和必要的特殊行为机制，以完成债券违约处置的多层次内容和多层次任务。

债券违约处置中的政府为何需要扮演基本角色和或有角色，根本原因在于债券种类的不同，政府信用与市场信用的交叉程度不同。亦即，不同类型的债券运行中，政府体现出不同的信用层次。债券信任基础的成立,在本书分类中,不是基于债券的应然特征,而是基于债券在市场运行中所形成的实然状态。比如,对于城投债券或国有企业债券,在市场实践中形成了一定的政府信用担保形象,在债券违约处置这一市场实践活动,不可避免地要直面这一实际问题。因此,从解决问题和追求应然秩序的角度出发,债券违约处置中的政府作用,必然要考察政府信用对于具体的债券运行究竟关联几何,以及市场信用具体应如何体现。

特殊情况下,政府信用与市场信用完全重合,政府直接作为市场主体承担市场责任。这种极端情况下,政府则要扮演市场责任者的角色。而非此极端的其他交叉情形中,由于难以严格和准确区分其交叉程度,且具有以市场信用为基础和核心的共同特征,存在政府参与债券违约处置的一般正当性基础。通俗地讲,一般情况下,政府基于宏观引导参与债券违约处置;特殊情形下,政府基于政治职能和作为市场主体直接参与债券违约处置。因此,可以市场主体信用核心地位的有无为标准,来界定债券违约处置中政府的基本角色和或有角色,以充分揭示债券违约处置中的政府定位。特殊情形比较有限,而一般情形比较常态化。

需要说明并强调的是,政府基本角色和或有角色的界定路径,是为整体上清晰地展示政府在债券违约处置中的作用,并非人为地割裂政府职能。政府角色的基本与或然之间,并不是非此即彼、截然分割的关系,而是相互紧密联系的,前者是后者的基础,后者是前者的进一步发展。债券违约处置中,政府扮演的基本角色对不同券种统一适用,某一券种可能适用所有角色;同时,或有角色可能针对特殊券种适用,也可能在一般券种中的特殊情况下适用。比如,在政府债券违约处置中,政府不仅应扮演市场引导、监督和服务的角色,更应当承担直接的投资者责任。又如,即使是在一般公司债券中,发行人作为民营企业,政府信用本身与债券投融资活动没有任何关联,政府也应当在债券违约处置中起到服务和监管作用。再如,一般公司债券违约处置中,政府有时要承担清理僵尸企业的政策职责。可以如此理解，不管何种债券违约事件发生，政府都应当首先扮演好基本角色。而当债券违约处置满足一定条件或符合一定特征时，政府也应当同时发挥或有职能。后者是前者的角色深化。

实际上，政府的这种角色分类，提供了在具体的违约处置中政府可以选择的行为框架。面对复杂多样的债券市场，各种类型的债券都有可能面临违约的困境，各种违约事件都可能发展和演变出不同的风险层次。从一般国企到央企，从交易所债券到银行间市场债券，从单一性违约事件到系统性违约危机，政府面对不同的债券和不同违约事件，需要运用不同的制度和采取不同的立场，因地制宜、因时制宜、因券制宜，来实现不同的政治任务和经济任务。所以，这种基本与或有的政府角色界定，在不同的具体违约事件中，体现出不同的适用性，彼此独立又相互联系。在具体的债券违约处置中，政府定位需要综合考量不同的现实需求，确定具体的立足点。政府或有角色对基本角色的保障和发展，便体现出这种平衡理论界定与实践选择的意义，既满足政府定位的一般性，又充分考虑可能面对的特殊性。

第二节 债券违约处置中政府角色的"央地配置"

2017年7月14日至15日，第五次全国金融工作会议在北京召开。会议指出，应发挥市场在金融资源配置中的决定性作用，要坚持社会主义市场经济改革方向，处理好政府和市场关系，完善市场约束机制；加强和改善政府宏观调控，健全市场规则，强化纪律性。这是国家对政府与市场关系在此前定位基础上的进一步深入解读，防控金融风险和深化金融改革成为当前金融市场建设的重要任务，对政府在市场中的角色定位，则更加明确和具体。

对于政府的整体监管，会议指出市场监管有效、投资者合法权益得到有效保护等几个方面的要求。会议强调防范和化解系统性金融风险的主动性，指出要早处置风险，并完善风险应急处置机制。会议同时强调，要强化金融机构防范风险主体责任，加强社会信用体系建设，建立健全符合我国国情的金融法治体系。

本次会议确定的一个重要内容是，中央政府与地方政府在金融风险防范和处置中的分工与配合。会议决定设立国务院金融稳定发展委员会，强化人民银行宏观审慎管理和系统性风险防范职责，落实金融监管部门监管职责，并强化监管问责。会议要求，地方政府要在坚持金融管理主要是中央事权的前提下，按照中央统一规则，强化属地风险处置责任。这对于确定债券违约处置这一市场的风险处置活动中政府角色的"央地配置"，无疑具有重要的指导意义。在这一基本要求的框架之下，本书将中央政府的角色定位为指导与协调，而地方政府定位为属地处置。前者偏重政府对市场和政府本身的指导与协调，后者注重政府在处置活动中的具体行为。

一　债券违约处置中中央政府的指导与协调角色

由于政府的多部门以及部门的纵向关系，可以对中央政府角色从横向和纵向两个方面来进行解读。根据本书前部分确定的债券违约处置及其内容，中央政府在债券违约处置中的指导与协调角色，主要包括宏观引导金融监管的协作与配合，指导和协调各个地方政府的具体行动及处置职责。

横向上来看，金融监管部门之间存在分工配合。同时，金融监管体系独立于地方政府，因此，中央政府对金融监管的横向协调，也间接实现了地方金融监管的协调，是央地政府角色配置的一个体现。显而易见，债券违约处置属于金融风险处置事项，故债券违约处置受到新设立国务院金融稳定发展委员会的监管。从组织结构上来看，金融稳定发展委员会的前缀为国务院，即属于中央政府。从当前市场需要和第五次全国金融工作会议对其职能的描述可以看出，金融稳定发展委员会的一个重要任务是，协调监管金融市场，以稳定和发展为工作中心。2018年3月13日，第十三届全国人民代表大会第一次会议审议通过《国务院机构改革方案》，我国的金融监管机构由"一行三会"变为"一行两会"，即央行履行特殊的职能，由中国人民银行以及中国银行保险监督管理委员会、中国证券监督管理委员会分别对银行保险市场和证券市场实施监督管理。可见，金融稳定委员会因需要统合管理金融市场，其级别至少要高于"一行两会"，对"一行两会"具有统筹协调作用。

从中央政府的组成和机构来看，[①] 中国人民银行属于中央政府的组成部门，"两会"属于国务院直属事业单位，形式上都属于正部级行政单位。此前，中国人民银行设有金融稳定局（Financial Stability Bureau），[②] 负责"综合分析和评估系统性金融风险，提出防范和化解系统性金融风险的政策建议；评估重大金融并购活动对国家金融安全的影响并提出政策建议；承担会同有关方面研究拟订金融控股公司的监管规则和交叉性金融业务的标准、规范的工作；负责金融控股公司和交叉性金融工具的监测；承办涉及运用中央银行最终支付手段的金融企业重组方案的论证和审查工作；管理中国人民银行与金融风险处置或金融重组有关的资产；承担对因化解金融风险而使用中央银行资金机构的行为的检查监督工作，参与有关机构市场退出的清算或机构重组工作"。可以看出，原有的金融稳定局只是由央行牵头设立，只具有几个金融监管机构的议事沟通功能，并不具备在具体行政监管活动中的处罚问责等功能。所以，金融稳定发展委员会必然将在金融稳定局的基础上，拥有更多监管权限和执行更为广泛的监管任务。

从名称上来看，"金融稳定"表明该机构需要负责金融风险的监测预防以及化解处置与金融稳定等相关的事项，会议将其职责表述

[①] 来源于国务院官网：http://www.gov.cn/guowuyuan/zuzhi.htm。

[②] 参见中国人民银行官网：http://www.pbc.gov.cn/jinrongwendingju/146766/146778/index.html。

为"强化人民银行宏观审慎管理和系统性风险防范职责,落实金融监管部门监管职责,并强化监管问责"。同时,从国务院机构设置的惯例来看,"委员会"还不同于"部门",前者比后者的职能更具有综合性而非专业性,更加注重宏观协调;前者实行组织化的行政负责制,而后者通常为部长负责制,前者在议事决策方面往往针对多个对象,强调具体部门或者成员的协作和配合。如此看来,此次成立的国务院金融稳定发展委员会,不仅享有决策权,而且对具体的金融监管活动享有处罚权,具有高度的行政执法权威性。同时,该机构的主要对象是金融风险,主要监管手段为协调,对"一行两会"的行政进行指导和协调,协同防范和统筹协调将会是最重要的角色。①

由于债券市场涉及各种金融产品,包括各类资产管理产品、投资计划、基金等,投资者也跨越各个市场。对于中央政府在债券市场监管的横向定位,中央政府在债券违约处置这一市场风险处置中扮演着重要的统合监管作用,对跨部门的债券风险实施功能监管和行为监管。从"央地配置"的角度看,中央政府对债券违约处置实施统筹监管,负责金融监管体系的协作,宏观上指导债券违约处置的行政分工与配合。值得注意的是,中国人民银行会同证券监督管理委员会、国家发展和改革委员会于2018年12月联合发布《关于进一步加强债券市场执法工作有关问题的意见》,明确了证监会的统一执法职责,实质推进了债券违约处置的执法统一进程。

除了监管统筹与横向市场协调,中央政府在债券违约处置中还扮演纵向指导与协调的角色。原因在于,"一行两会"不仅在横向关系上受中央的统一部署,在各自的纵向体系中,也是中央指导地方的模式。以中国证券监督管理委员会为例,根据2015年10月发布

---

① 王观:《国务院金稳会 做什么怎么做》,《人民日报》2017年7月18日第002版。

的《中国证监会派出机构监管职责规定》，各级派出机构负责辖区内的证券风险处置，其中明确指出债券违约事件处置。因此，地方政府同级的相应监管机构，实际上接受中央政府的指导与监督。更为重要的是，从市场宏观调控和加强纪律性的角度而言，中央政府也与地方政府存在一定的角色配置。相对而言，中央政府在债券违约处置中，需要宏观上把握不同债券违约的市场影响，特别是在地方政府债券违约中，地方政府本身受到预算限额管理的约束，中央政府需要对其事后的处置责任进行指导，还需要平衡各个地方政府之间的处置责任和分配处置资源。地方政府在债券违约处置中，则接受中央的指导与协调负责在区域内处置债券违约风险，同时也在一定程度上享有自主权。

中央政府对地方政府的指导与协调，一方面是基于债券违约处置的现实层次，另一方面是基于中央与地方本身的财政关系和权力关系。前文已经论证，债券违约处置需要充分考虑违约事件的规模、市场影响及其风险扩散性。对于单一违约事件而言，往往表现出跨市场、跨区域的特征，违约主体有时涉及多个企业甚至多个行业，地方政府无论是在区域上还是在规模上，都无法充分考虑其宏观风险控制。因此，对于债券违约事件处置的宏观定位和基本路径的选择，都需要中央政府作为实施主体。同时，在国有企业直至大型央企、地方政府隐性债务主体等具有政府关联性的主体的债券违约处置中，往往交织着一定的政治性因素，国有资产作为公共财产又极为特殊。中央政府的政治集权和对国有资产的高度监管决定了，在这类债券违约处置中须扮演决策者的角色，须对地方政府在具体行动中实施指导和政策掌控，同时严肃市场纪律和政府纪律。中央政府角色的这种协调属性，还体现在中央一般不需实际参与债券违约处置，其作用通过政策制定和常设市场行为机制等规范性制定或从组织规制上来实现。例如，当发生某一全国性债券违约事件（大型央企债券违约）时，涉及全国性的投资者保护和市场风险控制，中央政府则需要指导和协调各级监管主体履行相应的监测、引导与处置职责。

需要明确的是,中央政府对横向部门的控制与纵向的政府指导,需要通过明确的制度规范来完成。[①] 先定制度对于债券违约处置的权限划分和责任配置,不仅是政府之间关系厘定的法制化,更是市场规范权威性和统一性的体现。具体而言,中央政府应当设置地方政府在债券违约处置中的具体行为机制,不仅为市场监管提供明确统一的依据,也对政府本身行为实施监管,实现政府的自我约束,以同时矫正市场失灵和政府失灵。政策和规范上,中央政府需要事先明确债券违约处置的各级权限和责任框架,包括中央行政监管的范围、对象、方式等及相对应的各级主体的职责范围和内容等。比如,对于债券违约处置中的信息处理机制,可以规定中央政府提供数据信息支持,负责市场数据的统一管理与分配,地方各级根据处置职责履行申请报告义务。又如,中央政府的监管机构可以常设投资者先行赔付的行政保障基金,统一管理和运营,地方各级负责具体的赔付与纠纷处置。再如,针对债券违约处置的方案制定,可以规定由下至上层层上报,地方向中央履行报告义务,由中央以行政指令的形式实施指导,反馈地方政府执行处置方案。总而言之,债券违约处置中,中央政府应基于效率和权力控制等因素,对市场实施基础统筹和实现互联互通,通过组织规制和规范引导,指导和协调各级政府或具体金融监管部门实施处置行为,为债券契约执行和市场发展提供宏观制度支持,把控系统性风险底线并监管"监管者",承担最终的组织协调与行为指导角色。

二 债券违约处置中地方政府的属地处置角色

根据第五次全国金融工作会议(以下简称"会议")指示,

[①] 熊伟教授提出,针对政府间财政关系的规范,至少需要制定《财政收支划分法》和《财政转移支付法》。参见熊伟《地方债券制度中的政府间财政关系》,《新视野》2012年第3期。

各级地方党委和政府要树立正确政绩观，严控地方政府债务增量，终身问责，倒查责任；地方政府要在坚持金融管理主要是中央事权的前提下，按照中央统一规则，强化属地风险处置责任；金融管理部门要努力培育恪尽职守、敢于监管、精于监管、严格问责的监管精神，形成有风险没有及时发现就是失职、发现风险没有及时提示和处置就是渎职的严肃监管氛围。可以看出，在债券违约处置中，基于市场风险控制，地方政府的角色已经比较明确：属地处置。在中央与地方的双层金融监管体制之下，地方政府需要承担监管和处置地方债券风险的职责。[①] 地方政府的属地处置角色，具有以下几层内涵。

首先，会议明确，金融管理主要是中央事权，地方在金融监管特别是事后风险处置中，自主性有限。这层含义的主要内容是，地方政府应当严格执行中央基于金融风险调控的政策指令，不允许违背宏观中央宏观调控的旨意。笔者认为，债券违约处置中地方政府角色的这层要求，具有重要的现实意义。债券违约处置作为市场监管的重要事后环节，当前承载着清除市场积垢和肃清市场秩序的重要意义。由于我国一直以来严重的地方保护主义现象，地方企业受到当地政府的庇护或不正当、不公平对待的现实一直存在。完全市场化的债券违约处置，必然将会导致部分企业破产乃至被市场淘汰。如果地方政府基于各种个人利益原因或者对政绩的片面追求等短期行为，不当干预债券违约处置，将会影响中央政府对市场肃清的整体进度和市场长期发展的改革效果。因此，中央政府基于宏观调控对市场长期利益的追求，以及金融公平等社会目标的追求，可能会与地方政府的短期利益行为相冲突，此时，地方政府就应当严格贯彻执行中央政策与统一的市场规则，没有太多的自行决定的余地。在以风险防控为主要任务之一的金融深化改革中，为实现市场的长远发展，地方政府的各种理性或非理性的对中央政策的违背，都需

[①] 阳建勋：《论我国地方债务风险的金融法规制》，《法学评论》2016年第6期。

要得到严肃矫正。也因此,会议明确指出各级地方党委和政府要树立正确政绩观,摆正自身心态。看来,地方政府不仅要消除以往在债券违约处置中的随意性,还要加强自我约束,提高政策执行力和对中央金融监管的服从性。

其次,"属地"二字为债券违约处置中的地方政府参与,指明了范围。本书认为,地方政府的"属地"角色包含三层含义。其一,地方政府(主要指省级政府)应当对本辖区的债券违约事件,充分管理和统一处置,只要在政府管辖范围内的市场主体,发生债券违约,当地政府就应当发挥处置作用。以辽宁省为例,对于东北特钢的违约处置,当地政府应当充分发挥属地作用,根据政府的具体职能定位对其风险控制和处置承担责任。而对于一般民营企业发生的违约事件,当地政府也不应事不关己,也需要发挥必要的处置作用。其二,对于辖区之外的债券违约事件,地方政府原则上不得干预。这是对地方政府之间关系的一般要求。这层含义又体现出,不同地方政府在各地的债券违约处置中,发挥各自应有的作用,体现了一定的相对独立性。这层含义实际上为中央政府配置地方处置资源和责任预留了一定的调整空间,即各个地方政府之间的债券违约处置职能和资源有可能不同。其三,属地还意味着,地方政府对本地债券违约风险的控制,还要承担相应的责任。会议中反复强调地方政府的问责要求,甚至提出终身问责制。如同"门前三包"责任制一样,只要发生在辖区之内,所有风险事件都应当由当地政府承担风险治理责任。

再次,"处置"二者明确了地方政府应当负责实施具体的风险监管行为。相对于中央政府的组织规制和规范调整而言,地方政府则是中央政府监管意旨的具体履行者和执行者。试举一例,某一国有企业发生违约事件,如果需要政府力量协调引导各方达成处置方案,或者需要政府提供一定的公共支持来保障投资者权益,则地方政府需要通过具体部门实施斡旋或奔走游说。又如,某一债券违约事件中,涉及金融机构、中介服务结构等多方主体,在辖区内造成一定的社会矛盾，则当地政府需要出面采取各种手段安抚市场情绪，或者对市场主体施加履约压力，等等。这些具体行为都是由地方政府来具体实施完成，而非中央政府。政府对于市场风险治理，不仅包括地方政府信访、设立行政保障基金、首长信箱等公共管理途径，也可以通过设立便捷的司法通道如金融专项仲裁、调解等手段，因地制宜采取多元化的债券违约纠纷解决机制来实现处置目的。在此意义上，地方政府在债券违约处置中又具有一定的自主性和灵活性。即地方政府可以在中央政府的处置指导下和限度内，充分发挥能动性，积极探索多样化债券违约处置手段和措施。

整体上，中央政府与地方政府角色的配置框架表明，在债券违约处置这一事后监管环节中，中央政府居于主导和指导地位，地方政府需要严格履行中央的宏观市场调控政策，克服地方保护主义、消除短视行为，在自身利益追求上应力求与中央保持一致，共同实现债券市场的长远发展和经济繁荣的长期目标。具体而言，地方政府需要约束自我，对于应当通过债券违约处置程序淘汰的企业坚决实施清理，对于利好经济和市场的企业则应当提供必要的支持；在树立正确的政绩观的基础上，破除地方保护主义和个人利益寻租等道德风险行为；追求市场化处置流程和利益平衡的实质正义，引导市场主体对纠纷的自我协商和促进市场风险自我化解；提供必要的行政支持和维护市场的健康秩序，打击和惩罚恶意违约、不公平契约条款、拖延履行法定义务等违法违规甚至违反市场道德的行为；积极探索市场化债券违约处置手段，完善市场约束机制、培育健康的投资理念和市场信用体系。总而言之，地方政府一方面应严格执行中央政府的政策和规范要求，站在风险监管的第一线属地处置债券违约风险；另一方面也需要发挥主观能动性，积极探索符合自身的多样化处置机制，确保实现债券违约处置目的。

第三节　债券违约处置中政府的基本角色

一　债券违约处置中的市场服务者

政府应当服务于市场，是政府与市场关系的现代解读。① "服务型政府"是政府尊重市场的一种理想界限，是平衡政府公共性与市场自治性的有效方式。② 强调政府对市场的服务，实质上是要求政府作用更多地以公共服务为导向，③ 提升政府治理的一般性而降低针对性。当前对政府行政审批事项的改革，实质上就是将政府管理从依赖事前管理和直接管理，向事后管理和间接管理的服务式转变。④ 有学者一针见血地指出，政府的服务行政需要完善权利确认、公共救济及公共治理等综合规制机制。⑤

实际上，政府为市场提供服务，是当前市场起决定性作用要求的必要内涵，是长期以来我国社会实际情况发展的必然体现。⑥ 自从2002年政府工作报告将"公共服务"与"市场监管"和"经济调节"等政府职能并列以来，政府的服务者角色逐渐展现出巨大的潜力。政府的"服务性"也逐渐发展至多个政府治理的领域，包括公共行政、市场管理、社会服务，等等，体现出政府与市场关系定位的一般性。"市场决定性作用"的确立，进一步将"市场的主导性

---

① 刘祖云：《十大政府范式：现实逻辑与理论解读》，江苏人民出版社2014年版，第1页以下。

② 彭澎：《政府角色论》，中国社会科学出版社2002年版，第296—298页。

③ 朱光磊、孙涛：《"规制—服务型"地方政府：定位、内涵与建设》，《中国人民大学学报》2005年第1期。

④ 燕继荣：《中国政府改革的定位与定向》，《政治学研究》2013年第6期。

⑤ 蒋银华：《政府角色型塑与公共法律服务体系构建——从"统治行政"到"服务行政"》，《法学评论》2016年第3期。

⑥ 李辉、王学栋：《政府角色的隐喻：理论意蕴与现实启示》，《行政论坛》2012年第4期。

地位"深化，市场的主体性得到增强。这意味着政府应当在市场的主体运行下，发挥必要的辅助人义务，这种辅助人角色决定了政府要为市场提供服务。与传统意义上"守夜人"的消极角色不同，政府服务不是消极的事后保障，而是具有更多的积极性。[①]政府需要在市场需要和为经济长远发展的范围内，提供更多的市场资源，以实现市场的公共发展与长期建设。

债券违约处置中，政府作为市场服务者，需要为债券违约纠纷的解决提供充分的保障，为债券契约的执行与实施服务，其存在本书第二章论证的债券商事法律关系的公共性基础。债券违约处置中政府的服务者角色，应当以公共秩序维护和公共资源提供为导向。具体而言，至少应当包含以下几个方面的职责。

第一，基于公共性对债券违约事件做出评估。债券违约事件的市场影响、风险扩散程度、涉众性程度等方面的客观评估，显然无法指望市场自身来完成。这就需要政府力量来对具体违约事件进行评估，科学衡量各方因素，界定债券违约事件的具体等级。政府对债券违约事件的评估，用于市场认知债券违约导致的市场风险。市场主体各方根据评估结果来调整己方协商策略和具体行动。政府对债券违约事件进行评估，是政府公共服务的表现之一，也是对市场公共秩序进行维护的一种形式。

第二，为违约债券的后续运行提供市场服务。债券发生违约后，如果丧失市场流动性，将会大大降低债券市场的资金运行效率。实际上，债券尽管发生违约，其并非失去交易价值。由于市场壳资源和品牌市场价值等间接价值存在，对于很多市场劣质资产处理机构来说，违约债券依然具有一定的利用空间。[②]其可以通过进一步的结构化设计和市场交易，来重新分配违约债券的风险，并恢复甚至增加其市场

[①] 鲁敏：《转型期地方政府角色研究述评》，《湖北行政学院学报》2012年第1期。
[②] 张晓琪：《兑付危机不断 违约债券处置机制待完善》，《中国证券报》2017年1月23日第A02版。

交易价值。因此，对于违约债券的后续流动性问题，政府可以起到一定作用，比如提供交易平台或者协商其他主体接手，等等，将违约风险转移给更具有市场抗压能力的主体。政府保障违约债券的继续交易性，可以有所作为，这是充分提高市场运行效率，为市场提供服务。

第三，为债券违约处置提供信息服务。众所周知，信息不对称是债券市场乃至证券市场的固有缺陷。市场规范的制度设计和实施，无不以化解信息失灵为核心。债券违约处置中，不仅存在债券违约前的市场信息不对称，而且违约行为导致大量的主体不透明行动，信息纠偏本身的时滞也会引发市场的各种非理性猜疑，这些都加剧了债券违约处置所面临的信息矛盾。债券违约处置中的信息不对称更加严重。同时，债券违约纠纷存在的高行动成本、时效成本等司法救济的缺陷，违约处置需要降低这些纠纷化解的成本。因此，债券违约处置中，政府需要提供必要的信息服务，以消除市场主体的信息壁垒和降低纠纷处置成本。

从市场主体的角度理解，政府为债券违约处置提供公共服务，需要为违约债券的发行人和投资者之间提供充分的信息沟通平台和平等的协商环境。不管是个人投资者，还是机构投资者，相对于债券发行人而言，都存在信息弱势并承担难以约束的主体道德风险。特别是债券发生违约之后，投资者组织性保护机制的缺陷使得投资者更加难以对发行人实施有效约束。为避免债券商事自治流于形式，债券发行人"店大欺客"，需要政府以公共力量维护事后的协商秩序和提供必要的谈判资源。同时，对债券违约涉及的其他中介主体，甚至是司法主体，政府也需要提供必要的保障机制，以充分实现债券契约目的和债券违约处置的内容。一方面，信用评级、债券代理等主体如果对于债券违约负有一定的法定或约定义务，在纠纷化解中也存在自治需求，具有市场公共性的信息服务对其也具有重要意义。而且，债券中间主体在违约处置中各具自身利益，需要通过市场基础设施来实现。比如，债券和交易资金托管机构在发生违约事件后，对债券和资金的保管义务可以扩展至投资增值，以充分实现兑付利益，或者应当经过转交其他主体如受托管理人来加快违约处置流程。另一方面，政府的执法手段还需要为司法机制提供必要的服务。当前社会信用体系尚未完全建立，整体信用水平低下。债券契约以给付义务为特征，契约目的的司法实现如果困难，则需要政府实施一定的执法配合，比如已经建立实施的失信人员联合惩戒机制。同时，债券违约处置中如果司法对象为国有企业、行政和事业性单位等主体时，在实现其通知义务、敦促义务或兑付义务时，都需要政府力量予以配合。此外，在债券违约处置中的担保物执行中，发行人如果存在房屋、土地等可实现兑付的资产，在实现契约目的上，政府也可建立服务于便捷执行的简化登记、简化审批的配合措施。

综合而言，政府的服务者角色，是为市场公共服务，是为化解市场矛盾，是为实现市场目的。理论上，债券违约处置中只要具有公共性的内容，都需要政府力量的配合和保障；能够为实现市场公平、公开和公正而服务的，政府都应当义不容辞。债券违约处置中所需要的这种公共性服务，应包括但不限于纠纷自治所需要的平等协商平台和环境、违约处置所需的市场信息服务、中间主体的市场操作设施、司法配合等为市场化解决债券风险的公共资源。从反面理解，只要政府作用在债券违约处置能够被证明仅具有唯一性和针对性，则其合理性值得怀疑。比如，地方政府基于不可知的原因对某一违约主体实施处置干预，采取的手段是强制治理表决作出某一公司决策，主导债券违约处置的进程和结果，则不存在基于公共性服务的正当性基础。

二 债券违约处置中的利益协调者

根据当前债券违约处置所面临的现实困境，政府作为执法者应当协调各方主体的合法利益。政府的利益协调，意味着保障和矫正，意味着维护市场正义。[1] 从债券违约的法律后果来看，债券发行人出

---

[1] 王宁宁、肖红春：《自我所有、分配正义与政府角色》，《伦理学研究》2015年第2期。

现资金困难，债券投资者的利息甚至本金无法收回。协调利益，就是要尽最大可能实现投资者利益，弥补违约行为所导致的损失。这是对债券商事交易的尊重，也是交易安全的基本要求。政府对债券契约的利益实现，是要通过法制化的手段，公平合理地平衡各方主体利益。针对当前债券违约处置中，投资者的谈判能力有限、求偿途径不足等问题，政府应当有所作为。

债券市场中的投资者，相对于卖方的发行人而言，不管是机构投资者还是个人投资者，皆处于信息弱势地位和承受较重的道德风险。债券投资者的弱势地位，是无须赘言的。正因为如此，世界各国的证券法律规范，都将投资者保护作为重要原则之一。在很多违约事件处置中，投资者只能被动地等待发行人披露信息和选择被动接受方案，其协商地位和能力都得不到保障。比如作为体现投资者集体意志的重要制度，债券持有人会议制度存在严重缺陷。一是触发条件有限，二是实践上效力不足。例如，在债券"12 洛矿 MTN1"发行人洛矿集团发生重要的信用变化时，债券持有人会议却无法召开提出异议。又如，在债券"11 天威 MTN2"的违约处置过程中，天威集团合并范围发生变化，投资者提出追加增信的提议，而发行人不予回复，对债券违约处置并不产生实质影响。[1] 笔者认为，我国当前债券投资者保护尚存不足的原因在于，先行法律理念将债券完全等同于合同，对其商事交易的本质认识不清，导致债券交易的私法规制有余而公法保障不足。实际上，根据前文论证，债券这一本质上的私法关系，存在充分的公法介入基础。公共力量对于债券契约的实现，是正当的，更是必要的。因此，政府在债券违约处置中，应当通过合理途径实现投资者保护。

对于弱势群体的保护，存在两种不同的理论路径，即"对强者的抑制"和"对弱者的权利赋予"。[2] 应当采取何种模式则见仁见

---

[1] 来源于 2015 年 6 月中金固定收益研究报告。
[2] 应飞虎：《弱者保护的路径、问题与对策》，《河北法学》2011 年第 7 期。

智,有学者认为设置责任比赋予权利更具实质意义。① 在我国的债券投资者保护体系中,由于债券契约被简单合同化,投资者权利赋予要比相对人责任更多。因此,对实现投资者利益保护这一处置目标,政府作用不仅应当进一步完善投资者的权利赋予,也要加强对发行人以及相关市场主体的责任规制。发行人和其他市场主体得到更为严格的责任约束,以降低债券投融资中的固有道德风险,实质上就是平衡发行人与其他市场主体之间的利益。

对于加强主体的责任规制,政府应当积极探索。根据债券违约的商事责任属性,债券发行人的道德行为应当受到规制。在"单一信用发展时期",大量的发行人"策略性"违约(恶意违约)行为②使投资者遭受重大的无谓损失,惨痛的教训不得不引起反思。在当前债券违约进入新常态时期,发行人恶意违约或对违约存在主观过错的,应当受到责任规制。案例表明,债券发生违约大体存在资金链断裂、行业低迷、担保方信用恶化、企业重大资产信用变更、公司治理不善或结构剧变等原因。在这些违约触发的因素中,债券发行人如果没有尽到充分合理的挽救义务以及信息披露义务的,可以被认定为对违约所造成的损害存在过错。对于其他市场主体,违反信息义务或者存在故意制造违约原因的,可以认定侵犯债券债权,应承担过错责任。债券投资者作为金融消费者,在面临发行人的恶意违约及其他主体的过错时,政府应当加强此类主体的责任规制。政府对于查明的过错主体,可以施加一定的惩罚性措施,比如公开的信用谴责、商事登记中的负面记录,对于享有政府优惠的企业还可以实施优惠减少等惩罚措施。

对于加强弱者的权利保护,政府可以设置多种保障性措施,比

---

① 吴飞飞:《从权利倾斜到责任倾斜的弱者保护路径转换——基于法经济学视角的解读》,《广东商学院学报》2013 年第 6 期。

② 如自知已经先期违约但未采取合理的投资者保障措施,至期满才宣布违约,导致投资者和市场产生期限损失或者到期故意不兑付的行为。

如契约目的上可以设置补偿性基金、程序上构建多元化的纠纷解决机制。有观点认为，应当促进债券违约的市场化，就是要允许违约造成损失。其实不能简单理解这里所谓的债券违约造成的损失。本书第一章已经论证，债券的本息兑付所存在的刚性是其作为一种投融资方式的根本特征，这是法律机制所要保障和执法所要维护的基本目的。所谓的"市场损失"，应当仅仅指债券在二级市场上基于风险投资的正常波动，而不包括债券本身所指的本息兑付。所谓的证券市场"风险自负"，不适用债券本身的本息利益追求，而仅仅针对债券作为投资工具在二级市场上利益投机。这是理解政府在债券违约处置中，需要运用行政力量在一定程度上实现本息赔付的基础所在。重要的是，政府的这种公共保障，需要一定的权威性和透明性，要在维护市场整体秩序的前提下进行。因此，政府介入协调债券违约处置中的各方利益，不仅不是有害于市场的，而且是有助于实现市场多方共赢的。比如，政府在矫正债券投资者与其他市场主体的利益关系时，可以通过设置常态化的先行赔付机制和敦促机制，强制其他主体履行先行赔付、积极沟通等义务。

需要强调的是，协调各方主体的利益关系，政府应当在纠纷化解中构建行政部门的多元化纠纷解决机制。债券违约风暴愈演愈烈，债券违约的司法救济机制面临较大压力。这不仅是因为债券违约的时间频繁、投资者众多以及数量多，更是因为债券违约动辄涉及上亿资金，涉及国有企业、银行、地方政府融资平台、地方特色企业、特殊行业等极具身份特性和历史特性的主体，交织着政府与市场的复杂关系。债券违约事件多数涉及政府因素与金融因素的复杂关联，政府在其纠纷处置中具有地位优势、资源优势和力量优势。所以，甚至需要政府在债券违约处置中，设置必要的政府前置程序，在经过政府处置之后，再交由司法机制解决。其原因有二。其一，当前的债券违约处置，多数是先经历了政府的"挽救"程序，或者明确得不到政府的行政支持后，才转而不得不诉诸司法途径。政府作用在债券违约处置中存在现实依赖，与其忍痛切割，还不如予以明确引导和规范。其二，针对当前违约事件的市场影响和社会影响，政府参与的多元纠纷解决机制具有一定优势，在解决政府和市场关系等历史遗留问题上，比直接司法裁判更具有现实性和必要性。同时，政府前置的协调机制，能够提高纠纷处置效率，可以起到一定的司法筛选作用，对债券违约的司法裁判机制起到补充作用。

因此，政府对债券违约事件设置明确的协调处置机制，不仅不应放弃，还应当进一步加强。应该认识到，债券违约处置中，政府多元化的行政纠纷解决机制有助于降低投资者救济成本，提高司法效率。同时，也能与债券违约处置的司法程序形成有机体系，共同为保护投资者利益发挥作用，充分地保护市场秩序和维护公平正义，科学有效地化解债券违约风险。当然，政府协调者的角色，需要用更明确的手段和通过更科学的程序来实现。

三 债券违约处置中的市场监管者

政府对市场保留必要的监管功能，是毋庸置疑的。著名经济法学家漆多俊先生的"三三理论"充分揭示了市场失灵的存在。为防范和矫正市场失灵，政府需要体现出一定的积极性，监控市场活动，以维持健康良好的市场秩序，特别是在事后监管中。债券违约处置活动作为事后程序，更是充斥着信息失灵、不对等协商、利益压榨等市场失灵，甚至违法违规现象。因此，债券违约处置中的政府作用，还应当体现在市场监管方面。从市场多次分配机制的角度而言，政府需要确保市场主体利益与市场公共秩序的有效平衡。

政府监管权，是一种直接限制市场主体的权利或增加其义务的公权力。[1]从市场监管制度的实践经验来看，监管应当以存在问题为基础，是为防范或化解特定的市场矛盾，并具有针对性地发挥功效。易言之，政府监管本身不是目的，而只是手段，监管是为了营造公

---

[1] 盛学军：《政府监管权的法律定位》，《社会科学研究》2006年第1期。

平有序的市场竞争环境，①保护和促进市场的自我调节能力。宏观意义上，政府监管仅仅是一种底线措施，只有在必要且正当的情形下，才得以动用。债券违约处置中，政府作为基本角色下的市场监管者，并非市场活动的参与者。即监管意味着政府应当秉持市场活动的超然地位，不应当参与或干预具体的利益决策。

一直以来，对市场交易的安全维护和交易机制的良性促进，皆需要政府充分发挥作用。证券法作为风险规范和大规模交易规范的核心领域，自然离不开政府发挥其重要作用。特别是，在风险社会的大背景下，严格管控金融风险已经成为市场发展的主要任务，证券法中的政府基于风险控制应当如何定位也成为主要课题。因此，债券违约处置中，政府监管的主要内容应是遏制惩罚违法违规行为和控制市场风险。

随着债券违约事件愈演愈烈，所暴露的市场违法违规行为也越来越多，如同早期债券违约一样，在一定程度上影响社会稳定。根据《2015年度上海法院金融商事审判情况通报》，上海市涉众性债券违约处置案件日益增加。比如，2015年上海法院受理了数起债券投资者要求发行人提前兑付的案件，涉及投资者人数众多，市场影响大，处置复杂且难度巨大。又如"E租宝"等理财平台的规范不清，因资金断裂引发集中维权，具有类债券投资的这些投资产品风险引发一系列的社会问题。除此之外，还存在许多应该政府解决的问题，比如恶意逃废债、信息披露问题等。如天威集团的担保人出尔反尔、资产暗地变动等行为令其债券投资者权益受损，中铁物资在信息披露上前后重大反差，债券持有人对其措手不及。②种种违法违规行为严重地损害投资者利益和市场利益，这些都需要政府进一

---

① 薛军：《在市场监管体制中，政府承担托底角色》，《中国市场监管研究》2017年第1期。

② 孙璐璐：《债券违约频繁出现 信用信仰该如何维系》，《证券时报》2016年4月26日第A01版。

步加强监管来惩治。同时，针对债券违约风险的扩散性和传导性，政府作为市场整体利益的维护者，需要严格防控整体风险。近年来的多项金融风险防控政策已经表明，政府应当在市场风险监管中，积极发挥主观能动性。

需要强调的是，债券违约处置中的政府监管，应当是一种有限监管、多方监管。前文已经反复说明，债券违约处置应当坚持市场化导向，政府作用应当注重引导功能，尊重市场的自主决定地位。有限监管意味着政府要严格按照具体的标准、程序和方式而作为，消除行动的随意性和盲目性。同时，要求政府有限监管也是为防止事后程序中政府权力的恣意扩张，保持政府对市场干预的谨慎性。[1]具体而言，债券违约处置中，政府监管需要以矫正市场约束机制失灵为核心，以实现债券契约为目的，惩罚违反法律法规甚至交易道德的行为，培育债券交易的商事信用体系；而不应当代替市场做出判断，不应主宰风险化解的进程，不应人为设定处置结果。

强调多方监管，是国家治理体系现代化的必然要求。政府治理的提出，要求政府作用更加公平公正、更加注重法治化思维，政府纠纷解决机制的多样化发展，要求政府和市场的多方力量参与。[2] 2013年《中共中央关于全面深化改革若干重大问题的决定》对政府与市场关系的描述，全面界定了政府在市场中必要的监管职责，指出要加强政府监管。多方监管，要求重新审视政府作用，意味着并非简单"厚此薄彼"地削弱政府职能、强化市场作用，而是对政府力量和市场力量进行科学界定。[3] 具体而言，债券违约处置中的政府监管，需要平衡行政监管和自律监管。比如交易所应当设立证券交易风险基金，证券经营机构应当从业务收入中计提风险准备金，证

---

[1] 张德峰：《我国合作金融中的政府角色悖论及其法律消解》，《法学评论》2016年第1期。

[2] 张文显：《治国理政的法治理念和法治思维》，《中国社会科学》2017年第4期。

[3] 朱光磊：《全面深化改革进程中的中国新治理观》，《中国社会科学》2017年第4期。

券业协会负责会员和客户之间的纠纷调解，证监会对其他主体进行指导、监督或实施行政和解。根据 2015 年 10 月发布的《中国证监会派出机构监管职责规定》，证监会应当负责债券市场风险处置。当前的债券违约处置监管中，行政监管手段居于主要地位，自律监管不受重视，并且措施也非常有限。过度行政化的处置思维不仅会降低处置效率，而且不利于债券违约风险的市场化解决。过于注重行政监管会导致"监管者不受监管"，同时，产生的部门监管竞争也会导致监管无序甚至混乱。更为重要的是，自律监管的缺位，将会固化债券刚性兑付的市场期待，阻碍市场风险的自我化解。

此外，政府的多方监管意味着在债券违约处置的法律治理方式上，应当充分创新。管理学上，对组织管理存在关系治理与契约治理这一对基本概念，对治理模式的本质认识是寻求法律治理规则的前提，债券违约的法律治理需及时对其进行反思、吸收和转化。关系治理一般认为是通过社会（非正式）关系来调节和弥补正式规则的刚性，这种非正式关系包括信息共享、人际关系影响下的治理行为等等，在硬性规则之外强调基于关系的弹性调适。[1] 正式治理被一般认为是合同或者契约，与关系治理之间的关联存在互补、互替、互损三种不同观点。[2] 关系治理更多地包含了信任、合作、协同交流等人本性的内容，[3] 其构成包括内部规则和外部行为，主要因素包括交易频率、不确定性和资产专用性等。[4] 有学者认为，关系治理包括各种正式和非正式的制度，核心在于持续性互动，具有动态治理的

---

[1] 李敏、李良智：《关系治理研究述评》，《当代财经》2012 年第 12 期。

[2] 孙华等：《"互补"还是"替代"？——关系治理、正式治理与项目绩效》，《山东大学学报（哲学社会科学版）》2015 年第 6 期；谈毅、慕继丰：《论合同治理和关系治理的互补性与有效性》，《公共管理学报》2008 年第 3 期；杨德勇、郑建明：《契约治理的内在逻辑、内生演进与三大扩展》，《国际贸易问题》2010 年第 1 期。

[3] 张闯等：《契约治理机制与渠道绩效：人情的作用》，《管理评论》2014 年第 2 期。

[4] 陈灿：《国外关系治理研究最新进展探析》，《外国经济与管理》2012 年第 10 期。

功能。① 关系治理和契约治理的理论逐渐在多领域展现出巨大的应用能力和发展能力,为研究很多具体问题提供了颇具价值的工具和视角。② 正因为治理理论的支持,债权人会议制度、债权受托制度以及债权人派生诉讼等组织治理方式,一直是债权治理的重要方式。③ 故而,在债券违约处置市场化的要求下,政府监管应当严格按照法律治理的逻辑,充分运用正式契约治理和关系治理手段,软化政府管理,加强政府监管的长期性和市场互动性。

市场化法治化解决债券违约纠纷的要求已经指出,市场主体应当在风险处置中占据重要地位,行政监管需要保障公平谈判和平等协商,不对市场主体的自主选择做出监管评价。债券的契约本质也要求,违约纠纷的各方主体都要遵从契约目的,维护合意和契约的合理期待利益。市场主体的自律监管,能够在自主性和自治性上,充分发挥灵活性。并且,有助于强化市场各方的商事自治思维。因此,债券违约处置中,需要协调行政监管与自律监管,在保障行政引导的同时,充分发挥自律监管的作用。

政府的监管本质,是市场活动的法律治理。债券违约处置中,应当突出法律制度的作用,运用法律思维和法治途径实现政府作用。"政府角色选择应该建立在宽泛的干预原则、具体细致的干预规则和自律管理等方面有机结合的基础上。"④ 具体来讲,可以构建明确的监督报告机制,由自律监管机构执行具体的监管任务,交易所、证券业协会和其他自律组织机构依照明确的准则行动,接受行政监管

---

① 李应:《关系契约治理动态性研究》,《经济问题探索》2012年第8期。
② 邓娇娇等:《中国情境下公共项目关系治理的研究:内涵、结构与量表》,《管理评论》2015年第8期;肖萍、朱国华:《农村环境污染第三方治理契约研究》,《农村经济》2016年第4期。
③ 沈晨光:《债权人参与公司治理研究》,博士学位论文,首都经济贸易大学,2012年。
④ 孟科学、魏霄:《金融市场跨市场关联关系、市场分派与政府角色》,《新金融》2015年第5期。

部门的指导。还可以建立健全完善的声誉规制机制，对于恶意违约、恶意侵犯债券债权、欺诈等道德行为，实施一定的声誉处罚，比如信用降级、行业谴责，等等。此外，基于系统风险的控制，对于系统重要机构或系统重要产品的债券违约处置，可以设置一定的政府救助机制，以维持和稳定市场，确保市场整体风险可控。总而言之，债券违约处置中的政府监管角色，需要体现出科学性，而主要实现途径应当是法律制度和法治思维。

第四节 债券违约处置中政府的或有角色

政府扮演或有角色，需要严格符合一定条件，即政策明确且具有针对性以及投资身份明确。强调政府或有角色的严格条件，有助于防止政府权力过度扩张和规范权力行使。

一 债券违约处置中的政策执行者

作为行政权的执行者，政府的角色具有复杂性。法学话语下，政府是法律的执行者，也是自主行动者；政府既要与市场协商，又不得不强制干预市场；政府既是市场利益维护者，又需要追求自身利益。[1] 实际上，政府的自主能动性和前瞻性往往是超越立法的。因此，在政府推进法治进程的过程中，政府作为政治主宰通过政策来不断"试错"是不可避免的。进而，允许和承认政府在具体的市场活动中拥有政策执行空间，是非常现实的，也是非常有助于法律制度的创设和变革的。况且，政府的政治职能（国家治理）本身就具有一定超然性，其引领和决定政府在市场方面的具体职能。债券违约处置这一具体的市场活动中，政府作为国家宏观治理的主体，需要执行具体的市场改革政策，以实现国家的整体发展。

---

[1] 喻中：《行政权的性质与政府的角色》，《新视野》2010 年第 1 期。

理解债券违约处置中政府的政策执行角色，要坚持债券违约处置的要求和原则，包括完善债券投资者保护体系、加强中介机构尽职履责、培育债券投资商事信用以及债券违约处置市场化法制化的基本要求等。需要强调的是，政府执行政策必须严格依照政策的准确意旨，以维护市场整体秩序为标准，在法律框架内矫正市场失灵，不得滥用公权力干预私人主体法律关系，更不可牺牲市场和国家整体经济发展来换取地方政治利益甚至个人利益。总的来说，地方政府应当在遵循中央政府和上级政府政治要求的前提下，充分发挥自主性化解市场矛盾、控制市场风险和发展地方经济。

首先，当前的债券违约处置中，政府需要执行供给侧结构性改革的政策要求，通过违约处置程序实现产业结构调整。具体而言，政府应当处理"僵尸企业"和促进退市清理，对于被市场淘汰的企业，坚决清理出市，允许甚至加快违约导致的破产处置。其次，涉及地方政府债务的债券违约处置中，要严格执行地方债务清理的政策要求，积极主动划清与市场的债务界限，不违法违规举债、逃废债，更不能阳奉阴违承担不合理债务。比如，在城投公司债券违约处置中，政府不得违规实施信用担保，不得暗地干预债券处置的市场化协商程序。又如，在地方国有企业的债券违约处置中，地方政府仅作为债务人股东履行股东义务和承担必要的股东责任，不得超越股东地位干预债券违约处置的进程和影响处置结果。再次，以维护市场公共利益为标准，政府需要发挥自主性，在合理范围内为地方经济建设创造政策条件。比如，债券违约处置中，对于地方经济建设具有重要意义的债务人，可以给予一定的税收优惠待遇或者财政扶持措施。这是规范地方政府竞争、充分发挥地方政府之间因地制宜之优势的必然要求，符合我国地方的差异化发展现状，对国家整体经济发展具有重要意义。

二　债券违约处置中的融资责任者

理论上，作为或有角色，政府承担融资责任仅满足政府作为直接融资者的情形。即当政府发行政府债券时，在债券违约处置中，政府毫无疑问应当尽力实现债券契约目的，完成全面赔付，承担相应的违约赔偿责任。然而，在地方政府债务的混乱局面下，地方国有企业及其他政府融资平台在发行债券时假借了政府信用，混淆市场视听，造成了当前地方涉政府信用企业债券违约处置思路不清的棘手问题。因此，对于政府作为融资责任者的或有角色，不仅应从理论上适当界定，还应当充分考虑政府债务清理的现实局面。

毫无疑问，当政府作为债券融资者时，政府本身成为市场主体，承担市场责任。如果政府债券发生违约，政府作为直接责任者，需要承担违约损害赔偿责任。债券违约作为支付不能，政府偿债发生困难与一般市场主体存在较大区别，即政府不太会像公司一样步入破产程序。尽管当前我国政府间实行财政分权制衡，实践上也一直强调地方政府的独立财政责任，但不可否认，强大的中央政府始终处于信用兜底地位。在此基础上，有观点提出，作为政府偿债程序，可以构建一套行之有效的政府财政重建程序。[①] 显而易见，政府承担投资责任须符合一般市场主体担责的所有要求，包括正常的担保物处置、违约诉讼、持有人的组织性保护制度，等等。不同的是，政府毕竟在自身信用上存在特殊性，政府信用必须保持一致性、权威性和稳定性。因此，作为政府补救自身信用的手段，政府承担融资责任比市场主体承担融资责任，程序要更加透明、制度要更加完备。至于如何在我国政府财政体制下构建政府债券违约偿债程序，待下一章进一步深入探究。

政府作为融资者承担市场责任是基于债券投融资的市场逻辑。在涉政府信用的债券违约处置中，政府承担相应的处置责任，则是基于历史原因。众所周知，在我国市场化改革进程中，政治体制和政府管理体制也一直在变革。地方政府在改革中所形成的大量隐性债务，造

[①] 王兆同、李泽帅：《处理地方债最终手段：政府财政重建》，《经济参考报》2013年9月24日第008版。

成政府权责不明、政府与市场界限不清、政府负担过重等一系列弊病。自党的十八大以来，地方政府债务清理进程不断加快，地方政府违规举债和逃废债等行为逐步得到矫正。以2015年《预算法》允许地方政府发行债券为起点，近年来一系列的政府债务清理政策表明，地方政府的举债行为逐步规范化、透明化，政府与市场的界限逐渐明晰。实际上，政府行为的主动变革，是政府债务清理的根本。因为政府本身超脱于市场，政府作为监管者，也是自己的监管者。由此，在政府自身导致的信用混同问题中，政府所产生的"隐性债务"，不管是真实担保行为或承诺行为导致的债务，还是不合理行为导致的信用假象，都需要政府主动承担一定的变革责任，来逐步化解政府与市场的信用矛盾。具体而言，政府的这种处置责任或者说改革责任，是要矫正以往的政府信用兜底假象，逐步厘清政府责任与市场责任，积极主动剥离自身信用，在法制框架内行使权利和履行职责。比如，在城投债券违约处置中，政府需要比一般公司债券违约处置更为积极主动，而不是相反，政府需要充分说明并解释在债券活动中的所有行为，并明确行为后果和承担一定的协调责任。政府的积极主动性，应当体现在破除兜底、明确市场主体责任和变革定位，而不是一味地保证全面兑付，更不是简单地推卸处置责任。

总而言之，不管是历史原因还是市场原因，政府信用与市场信用发生混同既成事实，为保护市场和克服改革阵痛，政府在信用建设的过渡期，不可不承担一定的处置责任。政府在作为融资责任者时，需要在主观上改变以往的行政干预市场的思维。涉及政府信用的债券违约处置中，政府应作为股东或者改革（地方债的清理）推行者，严防政府"越位"和"缺位"，不能代替市场做出判断，更不可包办市场活动。需要再次强调的是，债券违约处置中政府的变革责任，是一种积极改进，而不是消极的"不再犯"，政府要正视历史错误和直面现实矛盾。比如主动说明自身的违规担保和承诺行为，以及其他不正当干预债券运行的行为，并为此对错误的信用行为承担补救责任，如投资者心理疏通、公开自我反省、向上级检讨，以及处置中的积极协调沟通、通知、信息公开、政策扶持等责任。对于债券违约处置中不能积极主动变革的地方政府，可以给予一定的政治惩罚如降低举债限额、财权限制，等等。归总为一句话，地方政府需要在具体债券违约处置活动中，尽一切努力改变以往的兜底形象，为自身的错误信用行为补偿投资者及融资平台等主体，修复市场信用裂痕，承担市场改革责任。

第五章

债券违约处置中政府角色的制度实现

本书第二章已经指出,债券违约处置是指针对发生的债券违约事件,综合运用政府力量、市场手段等各种合法合理措施,以债券契约目的实现为基础,以市场主体利益平衡为核心,以投资者保护和市场建设为基本要求,引导债券投资纠纷市场化、法治化解决的总体过程。实质上,债券违约的处置活动是一个法律治理过程,即运用法律的思维和手段化解市场矛盾。在本书政府定位的视角下,债券违约处置则需要政府综合运用各种手段和力量,按照一定的标准和条件,化解债券违约导致的市场风险,并促进市场长期健康发展。

政府所扮演的不同角色,需要通过不同的行为机制或组织制度来实现。语义上,"机制"意指有机的制度,其强调制度的协调性、整体性和内在勾连。[①] 本书认为,角色实现机制应当是一套相互作用、透明清晰、逻辑完整并切实可遵循的规则体系,是可以选择和调整的弹性结构。[②] 法律语境下,机制是一种符合利益和正义规律的

[①] 《现代汉语词典》将"机制"一词释义为"泛指一个工作系统的组织或部分之间相互作用的过程和方式",并举例市场机制、竞争机制。见《现代汉语词典》,商务印书馆2005年版,第628页。

[②] 季卫东:《法治秩序的建构》,中国政法大学出版社1999年版,第1页。

调整方式，包含了法律实现和权力制约。① 因此，本书所尝试构建的政府角色实现机制，以债券违约处置的法律逻辑为基础，以政府定位的立足点为要求，以政府角色的理论界定为标准，既包括积极意义上的"政府可为"，也包括消极意义上的"政府行为约束"（政府责任）。政府角色的实现机制遵循组织和行为的有机性、连贯性，主要意义在于明确和规范政府行为，提高债券违约处置这一法律治理活动中政府的权威性和有效性。

第一节 债券违约处置中的政府服务

一 债券违约事件评估机制

债券违约事件评估机制，乃笔者根据美国债券违约处置经验和我国债券市场的实际情况所提出，其首要作用是科学区分债券违约事件的层次以选择处置的思路和模式。② 作为一种市场风险，债券违约事件表现出整体的市场影响，该如何着手处置需要先对事态进行评估。根据公共物品理论，这种违约事件评估活动属于公共服务，私人部门不具有充分的执行基础。因为，债券违约处置活动首先是一种市场的整体风险控制，其底线是市场的整体稳定，市场主体并不具备评估整体风险的动机和能力。所以，债券违约事件评估需要政府以市场服务角色来完成。

债券违约事件的评估，不同于我们常常讨论的债券信用评级。前者是风险爆发后，对当前现实情况的评估，属于事后评估，而后者是风险发生之前，对未来可能性的评估，属于事前评级；事件评

---

① 杨宗科：《法律机制论：法哲学与法社会学研究》，西北大学出版社 2000 年版，第 201—202 页。

② 段丙华：《美国债券违约风险化解路径及启示：基于市场演进》，黄红元、徐明主编：《证券法苑》第 17 卷，法律出版社 2016 年版，第 261—283 页；段丙华：《债券违约风险化解：理念、制度与进路》，《西部法学评论》2016 年第 5 期。

估是选择处置方式的依据，是一种风险的解决途径，信用评级主要是投资依据和监管依据，是一种风险的防范途径；前者可以构成后者的一个因素，即企业的债券违约事件可能会导致其信用等级发生变化。[1] 并且，信用评级一般根据债券发行公司所处经济环境、公司规模、公司盈余管理、公司内部控制等多方面因素综合确定。[2] 而就违约事件评估内容而言，主要为债券违约事件的风险层次，是要确定债券违约事件的公共性，具体包括事件涉众性、违约风险的扩散程度以及投资者承受能力强弱性等几个方面。

第一，评估债券违约事件的涉众性，是指根据违约债券的发行和购买情况、行业发债整体情况以及企业整体负债情况等因素，综合考虑违约债券所涉及的公众投资者范围和影响程度。认定债券违约事件的涉众性程度，并不能仅仅根据投资者数量或债券规模，而应当充分、综合考虑所涉个人投资者数量，以及每个投资者所涉数额的构成，结合对投资者的市场影响及其反应来做出评估。债券投资中，存在个人投资者和机构投资者，当前的债券市场由于银行间交易市场的主体地位，机构投资者成为市场的主要投资者。笔者认为，大部分机构投资者也是由个人投资者组成，比如各种资产管理计划和证券化项目，其是个人投资者的组织化形式，金融工具的结构化并没有改变个人投资的本质。并且，在穿透监管的要求下，个人投资者直接与债券融资方形成被保护与保护的关系。因此，在考虑投资者保护时，债券交易中的投资者数量并非涉众性的直接体现，而应当将其穿透至所涉违约债券的个人投资者。

对于违约事件的涉众性程度，可以区分不同级别。私募债券由于不涉及公众投资者，可以认为具有完全的私法属性，不认定为具

---

[1] 黄小琳等：《债券违约对涉事信用评级机构的影响——基于中国信用债市场违约事件的分析》，《金融研究》2017年第3期。

[2] 何运强、方兆本：《债券信用评级与信用风险》，《管理科学》2003年第2期；刘娥平、施燕平：《盈余管理、公司债融资成本与首次信用评级》，《管理科学》2014年第5期；敦小波等：《内部控制质量与债券信用评级》，《审计研究》2017年第2期。

有涉众性。对于一般公募债券，因其在市场公开发行并流通，对于违约涉及的投资者人数和规模不大的，认定为一般涉众性事件；对于涉及投资者众多和规模较大的，认定为较大涉众性事件；对于涉及广泛投资者和规模巨大的，认定为重大涉众性事件。投资者人数和违约资金规模的具体界限，可以根据债券市场的经济水平和整体债务水平来确定。从当前各类债券违约事件来看，人数标准可以定为1000人和5000人，规模标准可以定为百万级和千万级或者千万级和亿级。当然，这需要经济学家通过设计市场分析模型来最终确定，核心是区分市场投资者的公共性程度。

第二，评估债券违约事件导致的风险扩散程度，是指确定债券违约事件导致的风险纵向积聚和横向传导的程度。由于契约群和契约链的相互关系，导致某一债券违约事件的风险效应向不同的方向传导，既可能跨越市场传播，也可能导致市场积聚。一方面，像川煤集团这些债券发行主体不仅连续多次发生违约，造成自身的风险不断积累，还与煤炭行业的其他违约主体形成横向的产业崩溃风险。比如辽宁地区由于多次大规模的钢铁行业债券违约，导致区域性的市场风险，辽宁地区的债券发行一度停滞以控制风险继续累积。另一方面，债券市场违约风险的大规模爆发，还可能波及股票市场，[①]形成风险的跨市场扩散。债券违约导致的主体信用风险可能发生破产等事件，那将导致债券发行主体的其他一系列资金信用活动产生风险，特别是当发行人属于市场中的重要性主体时，其风险的市场扩散性和传导性是非常广泛的。因此，在违约事件的评估机制设计中，需要将此种扩散性确定为一个分层标准。

具体来讲，对于不会产生风险积聚和造成市场传导的违约事件，认定为不具有市场扩散性；对于仅在短期内会产生风险积聚和造成市场传导的违约事件，认定为具有一般扩散性；对于将会在长期内会产生风险积聚和造成市场传导的违约事件，认定为具有严重扩散

[①] 陈燕青：《债券违约频发波及股市》，《深圳商报》2016年4月23日第B01版。

性。对不同程度的风险扩散事件，需要采取不同的风险应对策略，有助于节约债券违约处置的公共资源和提高处置效率。

第三，评估债券违约事件中的投资者承受能力，是指综合考虑违约风险的大小和规模、投资者的理性程度和经济实力，确定投资者的抗风险能力。一般认为，机构投资者比个人投资者更专业，具有更强的风险承受能力。当然，有些个人投资者可能也具有较强的抗风险能力。对于抗风险能力较强的投资者，可以由其自身承受违约的市场风险，而对于较弱的投资者，则需要予以一定的援助。整体上，个人投资者比机构投资者的抗风险能力差。值得注意的是，在商事组织性交易理论的视角下，机构投资者的本质也是个人投资者，对于机构投资者风险承受能力的认定应该穿透至机构背后的个人，对于投资者利益保护，需要突破基于效率设计的金融产品结构，回归至基于利益平衡设计的法律关系。因此，机构投资者风险承受能力的认定需要综合认定组织下的个人投资者群体，特别是在当前债券市场投资者大部分为机构投资者的背景下。

具体而言，对于一般的个人投资者（散户），认定为具有较差风险承受能力；对于专业的个人投资者，认定为具有一般风险承受能力；对于机构投资者，认定为具有较强风险承受能力。当然，评估投资者的风险承受能力，还需要结合具体的违约规模和单个持有人自身实际情况。比如，对于一个违约资金为2亿元的违约事件，某一机构投资者持有到期债券本金为1亿元，而其本身资产仅为1.5亿元，即其未收回的债券投资占其自身资产较大比重，尽管其是机构投资者，也应认定其在该债券违约事件中具有较差的风险承受能力。又如，某一机构投资者本身经营恶化，面临其他重大的债务问题或经营风险问题，急需实现债券债权以拯救自身困境，则应认定其具有较差风险承受能力。

此外，评估债券违约处置事件，还需要对违约处置后果进行预测，主要对市场的培育、投资者保护以及经济发展的稳定性等进行综合考量。还可以如此理解，根据对事件公共性的评估结果，假设选择某一处置方式，设想其可能产生前述几个方面的负面效果，据此来最终确定采取何种处置方式和选取何种措施。一般结论上，不具有涉众性、扩散性和投资者具有较强风险承受能力的违约事件，可以被认定为不具有公共性，不需要政府特别扮演积极的角色；具有一般涉众性、一般扩散性和投资者具有一般风险承受能力的违约事件，可以被认定为具有一般公共性，政府在一定范围内需要采取必要的引导措施；具有较强涉众性、严重扩散性和投资者具有较差的风险承受能力的违约事件，可以被认定为具有较强公共性，政府在债券违约处置中需要付诸较为积极主动的调节手段。具体而言，仅在一定程度内需要政府力量实现的违约处置方式，以一般民商事法律规制措施为核心，主要为债券违约导致的违约责任和侵权责任，除债权契约义务的本身继续履行外，还包括担保物的处置、违约金、损害赔偿乃至破产清算。[①] 而需要较为积极主动的政府力量实现的违约处置方式，则包括恶意违约情况下的基金先行赔偿、行政处罚等手段，后文将会逐步细化机制构建。

二 违约债券市场转让机制

违约债券市场转让机制，是指政府通过公共资源和制度的提供，为发生违约的债券提供继续流转的平台，以充分配置市场不同风险层次的资源。这不仅是建立多层次资本市场的政策需要，也是促进市场流转提高经济运行效率的客观市场规律。

经济学理论认为，债券发生违约后，如果丧失市场流动性，将会大大降低债券市场的资金运行效率。实际上，债券尽管发生违约，其并非失去交易价值。由于市场壳资源和品牌市场价值等间接价值存在，对于很多市场劣质资产处理机构来说，违约债券依然有一定的利用空间。[②] 其可以通过进一步的结构化设计和市场交易，来重新

[①] 冯果、段丙华：《债券违约处置的法治逻辑》，《法律适用》2017年第7期。
[②] 张晓琪：《兑付危机不断 违约债券处置机制待完善》，《中国证券报》2017年1月23日第A02版。

分配违约债券的风险，并恢复甚至增加其市场交易价值。因此，作为市场服务者，政府对于保障违约债券的后续流动性可以起到一定作用，比如提供交易平台或者协商其他主体接手，等等，将违约风险转移给更具有市场抗压能力的主体。

然而，就交易所市场中债券违约后的交易而言，违约债券在交易所的所有平台都不得交易。2015年修订的《深圳证券交易所公司债券上市规则》即规定，交易所可以对发生违约情形的债券实施停牌等措施。《上海证券交易所交易规则》及《上海证券交易所债券交易实施细则》中也有相同的规定。而在银行间债券市场，债券因不能支付利息而违约是可以交易的，而债券不能支付本息则不可交易。此外，全国银行间同业拆借中心认为企业存在重大事项的，可直接停止债券的交易。

实证研究表明，违约债券停止交易将会导致市场正常交易被中断和风险交错的不良循环，不利于债券交易的市场效率。[1] 从成熟市场的国际经验来看，违约后债券仍然保持一定流动性，是对投资者交易转让权利的尊重。值得注意的是，在我国债券市场的发展壮大过程中，确实已经出现一批专业的违约债券投资者，包括主动的私募债券投资者和部分被动的公募资金，以后将可能出现更多的信托、基金等金融机构及其他不良资产处置相关机构。宜疏勿堵，保障违约债券的可流动性，或可大大提高债券市场的运行效率和发展水平。

政府保障违约债券继续流动的服务，主要通过设置合理的交易机制来完成。从债券监管的模式上来看，交易所主要负责中小企业私募债，证监会主要负责公司债和创业板私募债，发改委主要负责企业债，银行间市场交易商协会主要负责中票、短期融资券以及非金融企业非公开定向发行的债务融资工具（PPN）。交易场所上主要为银行间市场和交易所市场。在我国债券市场的机构设置上，交易

---

[1] 郑雪晴：《交易所债券市场违约后交易规则的思考与完善》，《证券市场导报》2017年第3期。

场所和监管机构存在自律监管和行政监管的混合特征。对于政府服务的法律设置，监管机构和交易场所都可以完成，本质上都是依靠政府强制力推行，只是形式上可以有所不同。在市场化处置要求下，以市场自律的形式完成政府作为是最好的选择，行政强制监管不宜过多地作为。

就政府作为服务者角色而言，交易所作为理论上的自律监管机构，可以市场自律的方式设置违约债券的市场转让机制。比如，可以明确设定违约债券继续交易的规则，包括特定的对象、场所或者时间等要求。同时，适度放开交易渠道、设置不同的交易机制。重要的是，在保障违约债券继续交易的同时，需要充分提示违约债券继续投资的风险、做好信息披露，比如，借鉴银行间债券市场经验，参与违约债券的交易，投资者需签署知悉风险及合规交易转让承诺函。[①] 对于银行间市场的违约债券，也可以协会自律的形式来完善其继续交易机制。首先要充分尊重投资者的投资转让权利，合理利用市场的自我清理机制，进一步完善债券的市场定价。其次要严格执行信息披露要求，切实控制风险，防范利益输送等道德风险，加强风险监管。

从当前债券市场中违约事件的处置情况来看，最大的市场担忧是本息无法兑付导致的恐慌情绪，影响债券市场的整体融资水平。同时，市场整体风险要求可控，应避免出现市场不稳定因素。因此，对于违约债券，要保障其继续流动性最好设置利息无法兑付的前提条件，对于本息无法兑付的违约情形，需要更为严格的转让限制条件。具体而言，交易所市场的违约债券，可根据债券发行人的自身资产信用、行业整体发展、市场经济水平等综合因素，提供针对特定的投资者的转让交易服务。由于违约债券相比于一般债券其风险层级更高，交易技术要求更专业。当前投资违约债券的主体，宜限

---

① 郑雪晴：《交易所债券市场违约后交易规则的思考与完善》，《证券市场导报》2017年第3期。

定为专业的机构投资者，包括金融机构和以前专门从事不良资产处置的非金融机构。在更为严格的条件中，可以限定违约债券交易时间段、限定违约债券交易场所、指定违约债券交易中间机构以及特殊的信用要求等。比如，对于无法兑付本息的债券，如果债务人的资产信用良好、经营状况有很大可能改善、行业需要扶持，交易所可以允许其在指定的机构投资者名单中、不同于一般交易的特定交易时间段完成转让，并充分公开或要求公开相关的交易信息。

值得期待的是，中国人民银行和证监会自2018年以来开始着手建立违约债券的交易转让机制，这也是逐步统一银行间债券市场和交易所债券市场的努力尝试。上海证券交易所于2019年5月24日发布《关于为上市期间特定债券提供转让结算服务有关事项的通知》，深圳证券交易所、中国证券登记结算有限责任公司于2019年5月24日发布《关于为上市期间特定债券提供转让结算服务有关事项的通知》，对违约债券的转让、结算及信息披露等相关事项做出安排。此后，中国人民银行于2019年6月发布《关于开展到期违约债券转让业务的公告（征求意见稿）》，提出对违约债券通过银行间债券市场的交易平台和债券托管结算机构进行转让和结算。相信在市场的真实需求和理论的呼吁下，我国的违约债券转让机制将大大化解债券市场风险。

三　债券违约信息处理机制

信息制度作为矫正证券市场信息不对称的重要工具，是全球证券监管法律的重要途径。一直以来，信息披露制度始终是证券监管的核心。作为信息制度的重要组成部分，本书所称债券违约信息处理机制特别针对债券市场而提出，对弥补当前证券法律规范特别是信息规制规范中"重股轻债"缺陷具有重要意义。

2014年6月至11月，深交所连续发布了关于公司债、可交换公司债、证券公司短期债、并购重组债等多个债券产品的业务规则，每个业务规则中均对发行人等相关市场主体的信息披露义务进行了规定。然而，由于证券市场一度严重的"重股轻债"思维，债券信息披露制度一直依附于股票信息披露制度的逻辑。而实际上，债券与股票存在根本差异，契合债券本质的信息监管制度还需要进一步探索。比如，债券信息披露范围中的"重要信息"应指影响投资者形成理性投资判断的信息。[①] 债券与股票定价机制存在差异导致风险属性不同，品种与结构存在差异导致监管逻辑不同。

从定价机制上来看，债券作为固定收益证券，其定价是根据该债券在持有期内的现金流入，以市场利率或要求的回报率进行贴现而得到的现值。[②] 债券定价主要考虑对应期限的无风险利率、信用溢价及流动性溢价。由于影响定价的因素相对较少，发行人偿债能力高低和市场基础利率水平很大程度上便决定了债券利率水平，债券价值比较稳定，定价相对简单。[③] 股票定价机制则相对复杂，其价值在理论上是由自身的未来现金流折现，但由于未来现金流只可能是一个估值，且影响企业未来现金流的因素众多，不仅包括公司经营管理的自身状况，还包括宏观经济走势、区域经济状况、产业发展态势等诸多因素，定价难度较大。因此，债券是约定期间还本付息的凭证，其预期收益是确定的，只是预期收益实现的风险不确定；股票是对企业价值的剩余索取权，其不仅预期收益实现的风险不确定，预期收益本身亦不能得到保证。

从发行人角度来看，债券发行人类型相对多样，财政部、地方政府、中国人民银行、政策性银行、商业银行、证券公司、财务公司等非银行金融机构和非金融企业或公司等均可在符合相关要求下，按照法定要求和程序发行债券。尤其是非金融企业债务融资工具推出后，债券发行主体类型更是得到极大丰富。相较而言，股票发行

[①] 南玉梅：《契合债券属性的信息披露规则研究》，黄红元、徐明主编：《证券法苑》第17卷，法律出版社2016年版，第148—162页。

[②] 参见林清泉主编《固定收益证券》，武汉大学出版社2005年版，第37—69页。

[③] 王飞：《证券市场基础知识》，机械工业出版社2013年版，第48—52页。

人范围则局限得多。由于股票是股份有限公司的股东所持股份的凭证,股票发行人类型仅限于股份有限公司,具体涵盖内资企业的股份有限公司、港澳台投资股份有限公司和外商投资股份有限公司。企业要通过股票市场融资,则必须发行新股,无论企业在申请上市前属于何种类型,均需改制为股份有限公司。因此,较于债券发行人的复杂多样,股票发行主体则显得相对单一。

从投资者角度来看,债券市场和股票市场也存在重大差别。首先,投资者地位不同。债券只代表一定的债权债务关系,债券持有人属于公司"外部人"范畴,一般不介入公司经营活动;股票是所有权凭证,股东是公司财产最终所有者,享有公司剩余价值索取权,其为公司"内部人",[①] 有权通过股东大会管理公司事务以及选择公司管理者。其次,投资者构成不同。由于债券产品交易分割严重,不同债券交易市场的投资人结构也差异较大。目前上市商业银行、非银行金融机构和部分非金融机构都可参与交易所市场和银行间市场,特殊机构、商业银行、信用社等主要参与银行间市场,部分非金融机构和个人投资者则参与交易所市场和银行柜台市场。因此,整个债券市场投资者层次多样、结构复杂。而股票市场投资者构成则相对简单,其仍以个人投资者为主。而不同类型投资者在信息获取能力、处理能力以及对风险控制能力都有显著差异,债券市场(尤其是银行间债券市场)以"批发性融资"为主,投资者多为机构,较于股票市场的个人投资者,这些机构投资者凭借其雄厚的资金实力、专业的分析团队以及丰富的投资经验,具有更强的经济实力、专业能力和风险控制能力。这意味着在债券市场作为个人的底层投资者在权利实现上存在更多环节和道德风险,因此需要法律上设计更多的组织性保护机制。

诸多差异的外在表现形式映照着债券与股票同样作为证券投

[①] 仇晓光:《公司债权人利益保护对策研究——以风险控制与治理机制为中心》,中国社会科学出版社2011年版,第99—100页。

工具也存在本质上的差别。因此，对于债券市场风险防范的法制化建设，需要明确对债券具有针对性的法律规制逻辑。众所周知，信息披露制度的主要功能在于揭示和防范风险，更多地注重事前监管。而目前的信息披露制度仅针对股票的风险属性以投资决策为核心，显然不利于债券法律关系的维护，对事后违约风险化解中的信息规制欠缺制度设计，使得债券运行从投资决策到投资收回缺乏一条完整的信息规制路径。

故此，本书结合上述具有明显特性的债券风险属性和监管逻辑，为弥补债券权利实现的事前局限性，尝试从债券违约处置这一事后监管活动出发，对事后的信息监管制度提出债券违约信息处理机制。其是指，指定的信息处理机构对有利于实现债券契约目的的所有信息，有针对性地进行收集、提炼并专业加工，提供给符合条件的申请人用于实现自身债券契约利益的一项公共信息服务。作为一项公共的市场制度，债券违约处置中的信息处理机制应属于政府服务的内容，即其作为公共资源可以为市场主体所用。

信息时代的背景下，债券违约导致的一系列市场影响瞬息万变：债券发行人的再融资成本将会增加、行业评级可能出现变动、投资者的恐慌情绪可能蔓延，等等。重要的是，债券发生违约之后，债券发行人、承销商以及信用评级机构等主体的市场反应对于持有人的违约求偿至关重要。同时，监管机构的反应也会进一步影响市场主体的情绪和反响。相比于债券事前监管所要求的披露信息，这些违约之后发生的所有与处置有关的信息构成了一个相对独立的整体。

首先，违约信息比披露信息更加复杂，其不仅包括与发行人资产信用有关的信息，还包括其他所有与债券实现有关的信息，如发行人的赔付方案、违约触发原因，等等。其次，违约信息的核心集中于债券利益的具体实现，而披露信息更多地关注投资风险和价值可能性。比如，违约信息需要深入确定担保物的可执行性和执行方案，而披露信息仅需关注担保物的有无，不必更为严格地考察其在未来的具体实现。再次，从信息接受对象和利用效率上来看，违约信息处理机制的受众更具针对性和特定性，信息利用效率较高，而披露信息的受众是不特定的公开市场主体，其信息利用更加主观、效率相对不确定。最后，违约信息的目的是要化解风险，披露信息的目的是防范风险和提示风险。前者是为解决现实客观问题，后者仅是提供主观判断依据。

从整体上理解，债券信息披露制度和债券信息处理制度分别从债券违约的事前防范和事后处置两个环节，共同构成了债券的信息监管制度。债券违约信息处理制度是债券信息披露制度的当然延伸，信息披露服务于投资决策，信息处理服务于投资收回，二者核心是投资者保护，衔接起债券的整个运行过程。二者只有相互协调配合才能保证监管充分利用好信息工具，以克服债券市场固有的信息不对称障碍。在违约爆发的市场背景下，信息处理制度的提出无疑是促进市场深化改革的重要举措，如果利用得好，甚至可能带来当前信息监管模式的变革，成为整个证券市场的事后风险化解机制之一。

债券违约风险化解是多方利益横平的过程，本质上是信息的交流与博弈。相比股票发行注册制，审核制下的债券市场信息质量一般较高，这也取决于债券投资的回报确定、到期兑付的特质。信息工具作为一种公共规制手段，仅需要体现出一种引导性，而不必强制于市场。因此，债券违约信息处理机制应当作为一种制度资源，提供给符合条件的市场主体。实际上，美国证券市场存在一种信息处理机构。其经 SEC 批准注册成立，目的是为促进市场公平有序发展和保护投资者以及公共利益等，相当于市场信息集中和归纳提取的机构，投资者和相关监管机构都可以在一定条件下取得有利的市场信息。[1] 在投资者信息获取上，该机构注重加强渠道建设和扩充信息内容，比如投资咨询商和经纪商的相关登记信息、相关人信息等，

---

[1] 15 U.S.C.S. § 78k-1 (b).

其强调信息获取的便利性和完整性。① 这种市场化的证券信息处理机构有利于促进真实公平的信息披露，对违约之后的投资者信息收集和举证能够提供很大便利。

在我国债券违约信息处理的制度设计上，处理违约债券信息的主体应是作为服务者的政府，具体可以独立的市场信息处理机构或者自律监管主体来实现。处理的主要债券信息应当包括债券价值、发行人资产变动信息、偿债能力信息，处理方案信息、危机处置信息，发行人的重要行动、报告审查进度和处置结果信息等与实现债券契约目的有关的所有重要内容。可以利用违约处理信息的主体，即债券违约信息处理报告的申请人，包括债券发行人、债券持有人以及债券代理机构和服务机构等中间主体，对于债券持有人应当限定在现有的持有人组织性代表，包括债券受托管理人、债券持有人大会以及持有人代表。因为，违约债券信息属于市场的公共资源，在债券违约处置的个案中具有一定的普适性，应当保障整体公平。对于违约信息处理报告的申请范围，原则上应当与申请人密切相关，申请人应当在申请书中详细说明申请的范围、原因以及利用目的（如起诉、协商解决、执行担保物）等内容。同时，申请人还要声明信息利用的责任。

需要着重强调的是，作为一项公共服务机制，债券违约信息处理的结果应当秉持专业性、市场自治性以及客观中立性。专业性要求信息处理的人员具有一定的债券违约处置经验，市场自治性则要求处理人员包含不同的市场主体，客观中立性则要求实行无利害关系原则。在市场服务做到以上要求时，对于信息处理报告的客观性和真实性后果，理论上应当由利用者自行承担责任，比如法院不采信该信息处理证据。因为，信息处理报告仅作为一项资源提供给公共市场，如同银行流水单、房屋登记等工商信息一样，仅仅具有形式上的行政真实性，是否符合法院诉讼或其他求偿认定标准，则应当遵循具体的求偿规则和逻辑。

---

① 段丙华：《美国债券违约风险化解路径及启示：基于市场演进》，黄红元、徐明主编：《证券法苑》第 17 卷，法律出版社 2016 年版，第 261—283 页。

第二节 债券违约处置中的政府协调

一 债券违约先行赔付机制

证券市场上，作为一种投资者赔偿方式，先行赔付不乏先例。2013年9月出现"万福生科案"，2014年出现"海联讯案"，[①] 2016年6月出现"欣泰电气"IPO欺诈案。[②] 在三起证券侵权案件中，证券承销商分别设立投资者利益补偿专项基金，积极赔付相关证券投资者。[③] "海外IPO发行中，虽然没有明确的先行赔付制度，若有中小投资者起诉造假或者欺诈时，中介机构通常主动跟投资者和解，也可以理解为一种先行赔付。"[④] 在2017年全国"两会"上，即有代表建议设立投资者赔偿基金以保障证券投资者获取民事赔偿。[⑤] 证监会新闻发言人张晓军于2016年1月22日曾表示，将按程序由证券业协会制定保荐机构先行赔付规则。[⑥] 值得注意的是，在我国《证券法》的修改进程中，先行赔付制度已经得到重视，[⑦] 并且在

[①] 朱宝琛：《万福生科案：试水先行赔付，投资者主动维权》，《证券日报》2015年9月15日第A02版。

[②] 孙宪超：《欣泰电气行政复议延期，是否影响股民维权和先行赔付》，《证券时报》2016年11月12日第A04版。

[③] 如在2016年6月的"欣泰电气案"中，保荐机构兴业证券在收到中国证监会《行政处罚及市场禁入事先告知书》后，设立5.5亿元先行赔付专项基金，成为股票注册制改革后首个券商先行赔付的案例。

[④] 《外资投行质疑IPO先行赔付制度》，财新网，http://finance.caixin.com/2016-01-26/100903796.html，2017-6-7。

[⑤] 本报两会报道组：《芮跃华：建议证券法设立投资者赔偿基金》，《上海证券报》2017年3月7日第003版。

[⑥] 新华网，http://news.xinhuanet.com/fortune/2016-01-23/c_128659387.htm，2017-3-18。

[⑦] 2014年7月全国人大财政经济委员会审议通过的《中华人民共和国证券法（修订草案）》在"投资者保护"专章中制定了重大违法行为先期赔付措施。

2019年12月全国人大常委会第十五次会议通过的正式版本中，以受托协议先行赔付的形式确定下来，无疑对市场起到积极的引导作用。

然而，不管是从现有案例还是制度关注上，先行赔付制度作为一项保护投资者的重大创举，更多地集中于股票市场，对债券市场的适用性还需要深入地分析和论证。笔者认为，对于先行赔付证券投资者的法律逻辑，有必要在认识证券侵权的基础上，厘清债券违约这一典型的证券违约行为的适用和构造逻辑。[1] 定义上，债券违约先行赔付机制是指，在发生债券违约时，由独立的第三方主体先行赔偿债券持有人的损失，以提高债券违约处置效率的一系列制度安排。[2] 作为实现投资者保护的措施，债券违约先行赔付机制体现出债券违约处置程序的矫正正义，需要依靠政府力量强制推行，无疑是政府实现利益协调角色的重要体现。在当前债券违约事件愈演愈烈之时，政府协调下的先行赔付债券持有人对保护投资者、控制市场系统风险和培育市场信用体系具有重要的理论意义和实践价值。[3]

（一）先行赔付证券投资者的制度基础

从现有法领域的先行赔付制度来看，[4] 不同领域中的先行赔付制度，各自发挥着重要作用。在一般消费者保护中，[5] 先行赔付消费者是为矫正产品生产者、销售者或服务提供者信息和地位的不对等，

---

[1] 有学者认为所谓的证券违约行为与一般的合同责任纠纷并无区别，参见赵万一主编《证券交易中的民事责任制度研究》，法律出版社2008年版，第48页。

[2] 详细分析可参见段丙华《先行赔付证券投资者的法律逻辑及其制度实现》，《证券市场导报》2017年第8期。

[3] 徐强胜：《论我国证券投资补偿基金制度的构建》，《法商研究》2016年第1期。

[4] 以法领域为视角符合问题导向，对既有领域的立法进行分析，有助于认识先行赔付的内容及其在证券法领域实施的正当性。参见熊伟《问题导向、规范集成与领域法学之精神》，《政法论丛》2016年第6期。

[5] 《消费者权益保护法》第40条第1款、第43条规定，商品销售者、展销会的举办者以及柜台的出租者等主体在一定条件下具有先行赔偿消费者的法定义务；《消费者权益保护法》第40条第2款、《侵权责任法》第43条、《产品质量法》第43条规定了产品缺陷责任中销售者的先行赔付义务。

对保护消费者权益发挥着重要作用。[1] 在医疗纠纷领域,[2] 医疗机构一定情形下的先行赔付义务尽管尚存争议,[3] 但对缓解医患关系矛盾和保护患者权益具有重要意义。在网上交易领域,[4] 网络平台实行先行赔付旨在规制网络诈骗等不法行为,有助于矫正交易双方严重失衡的信息地位和纠纷处置成本。在重大社会利益保障领域,[5] 先行赔付的制度构造是为保障重大社会公共利益,保护紧急情形下的人身安全。[6]

证券法上需要构建先行赔付制度的主要基础在于,证券作为金融商品,具有与一般产品或服务相同的市场交易模式;[7] 证券投资者作为金融消费者,如同患者、工伤劳动者等一样,[8] 属于具有社会性

---

[1] 胡立彪:《先行赔付有利市场规范》,《中国质量报》2016年8月29日第008版;廖海金:《网购先行赔付是对消费者权益最大保护》,《中国工商报》2016年9月8日第007版。

[2] 《侵权责任法》第59条规定,因药品、消毒药剂、医疗器械的缺陷,或者输入不合格的血液造成患者损害的,患者可以向生产者或者血液提供机构请求赔偿,也可以向医疗机构请求赔偿。患者向医疗机构请求赔偿的,医疗机构赔偿后,有权向负有责任的生产者或者血液提供机构追偿。

[3] 李洪奇:《医院为何要"先行赔付"》,《健康报》2016年4月21日第6版。

[4] 根据《网络预约出租汽车经营服务管理暂行办法》《网络预约出租汽车运营服务规范》《巡游出租汽车运营服务规范》,网络预约出租汽车经营者对于服务过程中发生的安全责任事故等,应承担先行赔付责任。对于提供网上约车的服务行为,以行业标准规范的形式实行比一般网上消费平台更为严格的先行赔付责任。《消费者权益保护法》中规定网上交易平台在不能提供销售者或者服务者的真实名称、地址和有效联系方式时应承担先行赔付责任,其先行赔付的前提是未尽审查义务。

[5] 《机动车交通事故责任强制保险条例》(2016年修订)第22条和第24条规定,保险公司和道路交通事故社会救助基金在一定情形下承担先行垫付抢救费用的义务。根据《社会保险法》第30条、第41条和第42条,基本医疗保险基金和工伤保险基金在一定条件下有义务替第三人或用人单位先行支付医疗费用或保险待遇。

[6] 参见张荣芳《先行支付制度法理分析》,《社会保障研究》2012年第6期。

[7] 在证券的发行与交易环节,同样存在生产者(证券发行人)与销售者或辅助销售者(证券交易商等中间主体)。

[8] 杨东:《论金融消费者概念界定》,《法学家》2014年第5期。

和公共性的特殊群体，存在相同的特殊保护基础。特别是在证券无纸化时代，网上证券交易比一般网上交易（网购、约车等消费行为）存在更为严重的信息沟壑，[1] 其交易需要更多的公共规制。因此，证券法领域与消费者保护等领域一样，具有极强的社会性和公共性。此外，基于维护资本市场的社会功能和市场功能的要求，[2] 先行赔付证券投资者在公法要求上满足社会责任和市场责任逻辑，即法律制度基于维护市场整体利益，赋予政府提供公共协调机制的义务。从制度效用上来看，先行赔付证券投资者具有弱者保护、降低私权救济的成本、提高风险处置效率和引导构建市场信用等方面的重要意义。[3]

（二）债券违约先行赔付机制的适用逻辑

有观点认为，股票违法行为中需要先行赔付制度来保障的基础在于股票投资收益的不确定性，因此，债券投资由于其固定的投资回报不需要特别的先行赔付制度来保障。笔者认为，这种看法是割裂了证券市场的整体逻辑。相比于一般民事交易，证券交易行为发生于特定的环境，具有多层次的中间主体如证券交易商、保荐人、担保方以及增信评级机构等。不管是侵权之债还是违约之债，证券交易的中间主体与违法事实当事人之间皆存在复杂的契约关系，证券交易处于相对封闭并且独立于外部市场的空间之中。同时，由于严重的信息不对称，证券投资者在交易中处于不可逆转的弱势地位，极可能遭受不公正对待。因此，需要在制度上对其提供特殊或倾斜

---

[1] 冯果等：《网上证券交易监管法律问题研究》，人民出版社2011年版，第200—202页。

[2] 冯果：《资本市场为谁而存在——关于我国资本市场功能定位的反思》，《公民与法》2013年第6期。

[3] 段丙华：《先行赔付证券投资者的法律逻辑及其制度实现》，《证券市场导报》2017年第8期。

性保护，以实现真正公平。①

在债券违约处置中，债券发行人与债券投资者之间产生继续履行、采取补救措施和赔偿损失的基本债券违约责任。债券发行人始终承担还本付息的债券义务，如同证券侵权行为中侵权人也实际存在赔偿义务一样，投资者都应受到一定义务主体的赔偿责任保护，只是在实施上存在客观困难或不能（股票侵权关系的认定和计算障碍、债券违约关系中客观支付不能，如破产），需要赋予先行赔付的制度保障。在此意义上，证券运行逻辑的差异并不会影响证券投资者保护的同一逻辑，在先行赔付的制度设计上都是将违法导致的赔付义务基于一定的正当性考虑，由实际违法关系人暂时转移至其他主体。证券本包含股票、债券以及其他证券投资工具，将证券违法救济仅限定于侵权行为无疑会抑制市场活力和制度效用。显而易见，投资者保护要求具有公法规则的属性，债券违约处置具有与股票侵权纠纷解决同样的公法要求，以独立的行政保障模式实现的先行赔付即是政府协调角色的体现。

（三）债券违约先行赔付的制度构造

作为政府协调机制，政府的作用可以通过两种方式来实现。一是政府提供独立的行政保障机制，先行赔付债券违约处置中的求偿人，用来弥补市场自身的协调缺陷；二是通过一定的行政指引，引导市场主体实现先行赔付。不同的政府协调模式，存在不同的制度构造路径。

独立的行政性保障模式可以使投资者利益得到充分协调保护，国际上运用较多的方式是设置投资者保护基金。如澳大利亚、德国和我国台湾地区对投资者保护基金专门立法，又如我国香港和日本分别在《证券及期货条例》《金融商品交易法》等证券综合性立法

---

① 何庆江：《论我国证券民事赔偿中的弱者保护——以虚假陈述制度为中心》，《政法论丛》2003年第6期。

中专章规定投资者保护基金。[1] 作为成熟债券市场的代表之一，美国也有专门的投资者保护基金实现先行赔付，比如于 2002 年在《萨班斯-奥克斯利法案》中创立了公平基金（Fair Fund），其将市场罚金用作投资者补偿，[2] 同时在美联储设置独立的金融消费者保护基金，这两种基金保护模式都通过行政第三方实现对投资者的先行赔付。我国证监会、财政部和央行于 2016 年 4 月 19 日联合发布了新修订的《证券投资者保护基金管理办法》，[3] 对基金赔付条件作出较为有限的规定。要想真正起到协调债券违约处置中的利益关系，有必要进一步完善投资者保护基金先行赔付的适用规则。

具体而言，发生债券违约时，债券投资者或其代表向基金管理主体提出先行赔付的申请，申请内容应包括违约事实、投资者与违法主体纠纷解决进程与方案等，基金对其资格和相关内容进行审查并评估违法事件综合影响，同意后启动先行赔付程序。同时，政府执法机构为维护公共利益也可主动启动保护基金先行赔付的债权申报程序。在运用投资者保护基金先行赔付债券持有人时，应当坚持重大公共性的事件标准，以维护社会利益和公共利益为中心，注重控制债券市场、证券领域乃至整个金融领域系统性风险。需要明确的是，在先行赔付的协调对象上，应适用于较差承受能力的投资者；应赋予证券投资者对独立保护基金的求偿诉讼权，但应以拒绝先行赔付申请的行政决定为前提，在先行赔付证券投资者时有效平衡效率与公平价值，注重风险化解的法治

---

[1] 张东昌：《证券市场先行赔付制度的法律构造——以投资者保护基金为中心》，《证券市场导报》2015 年第 2 期。

[2] 赵晓钧：《完善证券投资者赔偿机制的美国经验》，《证券市场导报》2013 年第 9 期。

[3] 根据其中第 19 条规定，基金用于证券公司被撤销、被关闭、破产或被证监会实施行政接管、托管经营等强制性监管措施时，按照国家有关政策规定对债权人予以偿付，或者国务院批准的其他用途。根据第 20 条规定，为处置证券公司风险需要动用基金的，证监会根据证券公司的风险状况制定风险处置方案，基金公司制定基金使用方案，报经国务院批准后，由基金公司办理发放基金的具体事宜。

保障。

在第二种模式下，政府自身不承担先行赔付的直接责任，但可以引导市场主体实现先行赔付，政府在其中扮演游说和论证的协调角色。美国设立的证券投资者保护公司（SIPC）即是一种市场自律性组织，[1] 其设立投资者保护基金，专门用于先行支付权益受损的投资者。[2] 债券违约处置的市场化要求下，引导市场主体先行赔付培育成熟信用体系的应有之义。从既有的几起证券先行赔付案例来看，政府引导市场主体实行先行赔付具有一定的现实基础，更具有机制创新的重要意义。但是，在完成政府协调的制度构造上，尚需要注意几点问题。

首先，创设市场主体的先行赔付义务具有强制性，需经严格的立法程序确定。政府力量推动市场主体先行赔付，需要一定的强制性。[3] 具体存在两种可能的路径：一是以《消费者权益保护法》为基础，将证券投资者和证券视为特别消费者（金融消费者）与商品或服务适用消费者保护的制度逻辑，在法律以下层级进一步类比规定先行赔付证券投资者的制度内容。二是直接在《证券法》"投资者保护"专章中规定相关中间主体的先行赔付义务。当然，这需要经过严格的立法论证。当前，以协会等组织机构的自律方式来实现，或许更加现实和具有可行性。

其次，政府评估机制要基本确定存在违约事实和损害赔偿关系，即申请先行赔付应以对同一证券违法行为存在行政处罚为条件，行政执法应确定在证券违法行为中存在基本的损害赔偿关系。同时，为防止政府角色本身失灵，需要赋予先行赔付的义务主体以追回权。毕竟在没有穷尽司法救济的情况下，不宜以追求效率而放弃公正，

---

[1] 15 USCS § 78ccc.
[2] 15 USCS § 78fff-3，78fff-4.
[3] 曹中铭：《保荐机构先行赔付制度需要更多"刚性"》，《上海证券报》2016年1月25日第6版。

也不能放大政府行政监管的权力边界和衍生政府权力。

再次，对于市场主体的自律性先行赔付，不应视为自认。在自律性保障机制中将市场主体主动赔付行为视为自认，无疑会阻碍市场的自我救赎，打消市场主体的积极性。反而，应该对积极主动承担责任的主体给予适当恩惠，对那些真正无责任者给予一定的市场声誉激励，以构造良好的市场信用风气。

最后，在赔付方式上应当允许证券回购或者现金补偿等方式。理论上，责任对权利的救济功能皆在于对证券权利人的权利修复、还原或者实现，只要在技术条件允许的范围内，能够最大限度地平衡侵害人和受害人的权利义务以及维护市场秩序，都应当承认并加以发展。

此外，值得一提的是，除了个案中的市场主体先行赔付之外，还可以借鉴行业保险的做法，由证券业存在共同高风险的行业机构设立专门的先行赔付保险基金，如债券行业的承销机构、评级增信机构等常设债券违约保险基金，用以赔偿发生违约事件的债券投资者。政府可以基于公共市场建设的目的，进行一定的倡导乃至提供制度或组织资源。

二 债券违约过错追责机制

"过错追责"是指，对于债券持有人，如果其他处置手段无法满足求偿，则可以向违约债券的其他相关主体寻求过错损害赔偿。[①] 过错追责，一方面能有效实现债券契约利益，另一方面，也能促进债券市场的良好信用风气，平衡市场各方主体的权利与责任。实际上，债券投融资市场体现为一种公共资源，得以进入并获取公共利益的主体需要承担一定的公共责任，其内容应至少包含维护市场交易的稳定和安全。认识到投资者是形成公共资源的基础，是公共利益理

---

① 李盼盼：《债券违约愈演愈烈"过错追责制"需扬鞭》，《中国经济导报》2017年7月18日第B01版。

念的回归。① 因此，构建我国的债券违约过错追责机制，需要政府以利益协调者的身份，引导市场的利益分配，以实现市场整体的实质公平。

法理上，民事违约责任并不以主观过错为要件，其基础在于一般民法理论认为侵权行为的客体应是绝对权，不包含合同债权等典型的相对权。② 这构成在我国构建债券违约过错机制的最大理论障碍。在笔者看来，债券市场作为商事交易环境，债券违约处置实质上是一个兼含公共治理和私人治理的综合过程，其以债券商事交易的特殊性为基础。本书第二章已经初步论证，相比于一般民事违约，债券违约具有其特殊的商事交易逻辑。因此，在债券违约处置的制度构建上，应当充分重视商事交易基础，不必苛囿于一般民事法律规则。如果有必要，甚至可以在债券商事交易逻辑下，构建其独立的商事法律规则。

债券违约过错追责机制的法理基础在于两个方面，一是债券契约债权体现出一定的绝对化特征，二是契约债权本身可能被侵犯。③

第一，如同股权投资一样，债券债权也体现出一定的绝对化（物化）属性，其以合同债权为基础又超越了合同债权。债券债权的物化主要表现为三个方面：债券契约的标准化交易；债券流转中权利义务关系的封闭性和稳固性；债券契约中组织法条款的公示性。首先，债券契约的标准化交易是债券债权物化的表现形式，从市场整体债权实现的动态视角审察，发行人对一定范围内（交易市场）的不特定多数人（持有人和潜在交易者）负有义务。其次，债券流转过程中可能面临债务人的所有权人变动，而此时的债券债权不变体现出一定的绝对性。再次，债券所表征的债权不同于一般债权，

---

① 参见张春丽《证券交易中的个人投资者保护——以公共利益理念的回归为核心》，《法学》2011年第6期。

② 侵犯合同债权的理论详细参见卢文道、英振坤《侵害合同债权的侵权行为》，《法学》1994年第9期。

③ 参见崔文星《债法专论》，法律出版社2013年版，第37页。

债券发行与交易受金融公法规制，信息披露、监管公告等使债券契约产生一定的市场公示性。整体上以实现投资者债权为视角，债券的商事程序外观决定了交易相关人之间的相对性和稳固性，债券交易的信息不对称模式下，发行人、中介主体与债权人皆存在直接或间接的复杂契约关系，同处于债券运行的封闭空间。因此，债券契约所表征的持有人债权，在债券相对封闭的运行空间内，具有一定的绝对性。

第二，基于债券契约的证券投资属性，承销机构、信用评级机构和担保机构等中介服务主体，对债券契约目的实现负有保障责任，与发行人作为共同的债券契约义务主体。在中介机构等主体对债券违约产生的损失具有过错的情况下，其侵害行为具有直接性。故而，其他市场主体具有债权保护的可责性，在明知自己的中介行为会导致契约失败的情况下，如故意或者过失侵害债券债权则应承担一定的侵权责任。在市场公共利益理念下，其他市场主体负有保护投资者的公共义务，这种义务具有行政性，主要体现为以债权实现为目的交易安全保障义务（监督、审计以及评价债务人履约能力）。比如，在2014年"11超日债"违约中发行人存在虚假陈述行为，导致被行政处罚。因此，对于债券违约导致投资者受损这一市场后果，市场主体都应当承担一定的市场责任，而这一责任就可以体现为过错责任。

此外，基于债券契约交易的组织性，债券违约可能会产生发行人股东的过错责任，比如在公司治理共同体义务内承担的积极治理义务、赔偿责任及其他补救责任。政府有时作为发行人股东，也应当承担一定的过错责任。在股东责任的逻辑下，政府的一切行为都应依照市场逻辑，依法履行相应的补救义务。

如此看来，在债券违约过错追责机制的具体构建上，可以设置以下几种情形。对于发行人的股东，如果存在滥用公司人格等情形，适用公司人格否认制度对其追偿；如果存在恶意转移资产和其他恶意行为导致债券违约发生，比如侵占、转移、违法担保借贷等严重影响发行人信用的恶意治理行为，股东对债券违约承担过错赔偿责任。对于发行人违约以外的其他行为，如果存在虚假陈述等欺诈情形，或者其他与中介有关的信息责任，比如不实评级而引诱投资使得债券无法受偿、串通的债券发行承销与评级等，持有人可以向公司的负责人、控股股东或实际控制人、评级机构、保荐人等主张赔偿责任。对于债券受托管理人，在对其进行积极义务构造的基础上，如果其严重违反求偿义务、资产管理义务造成违约损失扩大或导致不能实现，持有人也可以向其追偿。而对于债券销售等代理机构，如果其存在不当销售或购买等过错行为，持有人也可以向其主张损害赔偿。①

债券的商事交易逻辑使债券契约的履行与实现突破了一般民事契约责任的相对性，使得债券违约处置中的第三人责任具有必然性和合理性。同时，也赋予政府利用公权力对市场私主体进行利益协调一定的正当性。因此，构建债券违约过错追责机制在债券违约的风险化解中意义重大，其不仅能解决债券违约处置中的私法责任，还提供政府作为利益协调者进行引导的公法手段，能够成为债券违约处置中定位政府的有效机制。

第三节 债券违约处置中的政府监管

一 债券违约监督报告机制

作为对债券违约处置进行政府监管的一种方式，监督报告机制借鉴了美国监管主体一对一报告的思路。② 美国证券交易委员会（SEC）和证券自律监管组织都承担着投资者保护的重要职责，证券

---

① 梁峰康：《国际债券违约应对处理机制及启示》，《金融时报》2016年10月31日第012版。

② 参见段丙华《美国债券违约风险化解路径及启示：基于市场演进》，黄红元、徐明主编：《证券法苑》第17卷，法律出版社2016年版，第261—283页。

自律监管组织包括证券交易所、证券业协会以及证券清算机构,[①] 由SEC进行注册审查。自律组织在发现证券交易商面临财务危机时,应当通知证券投资者保护公司（SIPC）和SEC；当SEC发现证券交易商面临财务危机时,则应通知SIPC。在危机处置中,证券交易商可以接受自律组织的求助,但不视为自律组织承担风险责任。在一般监管程序中,各个监管主体之间的关系如下：SEC主要作用是监督SIPC和审查其报告,在SIPC拒绝支出基金时可以提请美国SIPC办公机构所在地的地区法院强制SIPC履行其义务；证券自律监管组织是SIPC的收款代理人,对SIPC成员享有监督检查权,SIPC应当配合自律组织对其成员的财务检查,并参考和咨询其检查报告；SEC可根据成员财务检查情况根据公共利益需要,要求自律组织对SIPC成员提供资金支持；在危机处置中,证券清算管理人负责经营和管理债务人,接受SIPC监督,就清算事宜对法院负责。

笔者认为,在当前债券违约处置中政府既不能完全放手又不能过度干预的风险处置过渡时期,政府的监管者身份应体现为不同监管主体的相互配合,并需要付诸一套科学有效的监管报告和反馈机制。一方面,债券违约处置中政府单一主体所实施的监管措施被赋以强大的权力,容易被市场俘获和不受控制,并且具有不稳定性,有损政府行为的权威性。另一方面,政府监管以纵向监管和横向监管综合体现,在监管权力配置上更为科学合理,能够充分发挥政府不同部门角色的功能,有利于权力之间相互制衡。况且,债券违约处置这一综合治理过程,本身存在多个环节、涉及多种主体和面临多种可能的后果,政府分时分地以不同的主体来实施监管能够提高处置效率,也更加能够发挥政府监管的能动性和有效性。

在政府作为危机监管的角色下,债券违约监督报告机制以债券违约事件评估机制为前提,监督报告是纵向监管主体之间的分工和配合,而违约事件评估是各个主体为市场提供评估服务,同时也为

[①] 15 U.S.C.S. § 78s.

监管提供资源。具体而言,债券违约监督报告机制是指,在债券违约事件发生时,政府不同部门为控制市场整体风险和实现投资者保护,以行政指导的形式引导债券投资纠纷实行市场化、法治化的解决路径。采取违约监督报告形式的目的是,通过一定的程序引导实现债券违约纠纷解决的平等协商,在控制市场整体风险的前提下有效配置市场责任,在引导风险市场化释放的同时利用必要的强制手段促成公平受偿。

美国在市场危机处置程序中,存在"未决违约"(uncured default)的概念,其于2011年在《美国担保债券法案》中为化解市场危机被提出,指在一定时间内(法律规定或者约定的时期)未得到有效解决的违约事实。[①] 违约事实的未决期实质上是给予违约行为一定的法律宽恕期,该违法行为如未能在一定期限内得到妥善自主解决(包括自律监管组织负责达成的和解或者调解),则面临行政指导这一程序上的行政干预。实际上,在我国当前债券违约事件的处置中,存在设置违约未决期的现实基础。如2015年《东方证券股份有限公司公开发行公司债券募集说明书》中规定,违约事件发生且一直持续五个连续工作日仍未解除,则持有人可执行加速到期条款。因此,在进入违约监督报告这一指引性程序之前,为鼓励发行人和投资者积极寻求解决方案,同时筛选出市场能够进行自我风险化解的事件,可以设置15个工作日的期限。即15个工作日未解决的债券违约事件将进入行政指导程序,由相关的行政监管主体实施监督报告机制,以化解债券违约风险。对在期限内达成解决方案的违约事实不再加以程序干预,能够有效减轻市场压力、缓释风险。

对于在未决期内不能得到有效解决的违约事件,进入违约监督报告阶段。"一对一分层递进"的报告和反馈模式以事件为中心,有助于厘清当前我国债券市场的多头监管局面,达成各个监管主体的有效配合。

---

① United States Covered Bond Act of 2011, SEC. 3. (b)(6).

首先，基于债券受托管理人的积极发现、发行人的信息披露和监管发现，如果债券违约事件经过未决期仍然未能平息，则发行人和承销商、评级机构等服务主体共同向交易所出具违约处置一级报告。一级报告内容是解决方案，包括债券契约中的违约处置计划，主要是所有主体的违约事前监测反思和事后处置分工，重点是详细的违约救济措施和进度安排。行政监管和自律监管负责违约解决方案的实质性审查义务，审查结果是启动违约行政指导机制或者司法破产程序的依据。

其次，交易所或其他交易平台在行政监管的督促和指导下，审查一级报告的内容，批准或者修改备案后向证券业协会出具违约处置二级报告。二级报告应当包括对事件的客观描述和各方的处置方案，以及二级主体独立的审查意见，比如保证在自身的处置方案下能够妥善化解风险，或者需要监管配合，或者建议移交上级监管部门处置。

再次，如果违约纠纷各方尚未达成和解，证券业协会向证监会出具违约处置三级报告。作为自律监管手段，三级报告首先应包含受托管理人的处置报告，即受托管理人对债券违约的判断、争议点、已采取的偿债保障措施以及处置进展等详细事项。同时，证券业协会独立的审查意见也应当包含在内。

最后，证监会根据三级报告对违约事件进行风险评估，确定当次或当类事件违约处置方式并制定违约处置四级报告。四级报告的内容主要是行政命令，包括针对性指导意见、担保物处置申请、保护性基金申请（先行支付等）甚至破产程序申请等。在多头监管下，四级报告主体除证监会之外，还可以是财政部或中国人民银行，其内容由各主体共享。四级报告的对象以法院为主，在全国性或重大的债券违约处置事件中，还应包括国务院。

债券违约监督报告机制中，各级报告主体若对于市场主体的解决方案能达成一致意见，包括同意或修改，则报告程序自动终止。最后做出的报告经过同意审查后则形成终止报告，行政指导程序结束。终止报告作为行政和解的产物,具有行政确定性,成为债券违约处置的最终方案,并且具有司法适用性,即当事人可以据以申请司法执行。

需要强调的是,违约处置的程序引导机制应当符合比例原则、合法性原则以及正当程序和平等保护的要求,以防止行政力量对市场过度干预。[1] 在债券违约监督报告程序中,由于行政指引成为程序主导,行政手段本身的合法性和合理性问题应当得到保障。并且,当前法院的司法保障功能在违约处置中体现得尚不明显,行政监管面对纷繁复杂的违约事件难免力不从心,也终究无法替代司法权威。此外,行政监管本身也是司法审查的对象,错误执法也需要通过司法来纠正。因此,法院作为最后的法治保障防线,其地位需要摆正。需要做到,法院在违约处置的任何阶段都是任何纠纷的最终裁判者,同时,也需要充分发挥金融司法的能动性,以提升法制保障在资本市场的积极效应。这是债券违约处置法治化发展的基本要求。

二 债券违约声誉规制机制

经济发展中的政府监管制度应该具有重要作用,但必须基于矫正和弥补市场失灵的理由。[2] 当市场机制自身存在问题时,政府作用便应在一定条件下产生并发挥绩效。[3] 本书第二章已经指出,债券违约的市场约束机制存在失灵,其中,声誉规制机制便是当前亟待改善的重点。经济学理论认为,声誉是对契约的保证执行,具有经验品的动态博弈效应,[4] 有助于解决代理人问题,并且能够利用到金

---

[1] 冯果、段丙华:《债券违约处置的法治逻辑》,《法律适用》2017 年第 7 期。

[2] 文贯中:《市场机制、政府定位和法治——对市场失灵和政府失灵的匡正之法的回顾与展望》,《经济社会体制比较》2002 年第 1 期。

[3] 盛学军:《政府监管权的法律定位》,《社会科学研究》2006 年第 1 期。

[4] See D. Kreps, R. Wilson, "Reputation and Imperfect Information", *Journal of Economic Theory*, 1982, 27 (2), pp. 253-279; P. Milgrom, J. Roberts, "Predation, Reputation and Entry Deterrence", *Journal of Economic Theory*, 1982, 27 (2), pp. 280-312.

融、政府管理等领域。① 经济学上对声誉机制更多地讨论声誉激励，主要指通过提升市场主体的声誉评价来促使其完成某一行为，比如通过声誉激励提升社会公众监督的效果。笔者认为，债券违约处置中，市场主体更多地存在不履行义务的消极动机，在最低限度内需要令其积极履行自身的法定或约定义务，还未达到奢求更多作为的地步。从行为规制的角度而言，实现最低层次的要求必须首先保证对不履行义务的惩罚，其次才是采取激励性手段促使一定作为来达到规制效果。因此，对于债券违约处置不积极履行债券契约义务的发行人、违法违规的信用评级机构以及其他未能尽职尽责的中介机构，需要进一步加强监督和规范。特别是在当前还存在发行人欺诈甚至逃废债、信用评级不受约束和虚高现象严重，以及其他主体对债券违约有恃无恐的情况下，需要加大对市场主体的监管和处罚力度，这也是当前严控金融风险的基本要求。

本书认为，声誉规制机制是指，对于发生信用违约事件的发行人、存在信用过错行为的中介机构等市场主体，赋以一定的声誉评价，以规范、约束或惩罚其在市场活动的信用。对于声誉规制的方式，作为政府监管的一种体现，可以是行政评价或者是行政指导下的市场评价。债券违约声誉规制机制的主要作用是对市场主体施加信用约束，进一步影响其在市场中的资源获取，以达到培育市场信用体系的目的。而作为构建债券市场信用体系的核心机制，当前债券市场的信用评级制度面临严重的信任危机和角色失衡，信用评级对市场信用体系的维护功能未能充分和有效发挥。② 比如我国债券市场的违约事件发生后，发行人不仅没有受到信用评级收紧的负面影响，反而存在被高估的现象，债券信用评价对于降低企业融资成本

---

① 参见刘承毅、王建明《声誉激励、社会监督与质量规制——城市垃圾处理行业中的博弈分析》，《产经评论》2014年第2期。

② 参见冯果等《债券市场风险防范的法治逻辑》，法律出版社2016年版，第177—179页。

的作用显著降低。①信用评级作为当前存在的声誉机制对规制债券违约的影响存在一定的局限,不能完全实现其调节功能。

在以信用评级制度为基础的声誉规制机制设计上,需要兼顾以下问题。

首先,对于声誉规制主体,需要进一步加强对信用评级机构的监管,因为评级作为一种市场资源,天生存在逐利性,容易被交易而丧失客观性和中立性,进一步沦为市场主体的"镀金"工具。信用评级机构自身也面临声誉评价的问题,其市场准入、业务规范、责任规制等也需要进一步加强规范。信用评级机构的主体诚信问题需要通过提升声誉资本的价值、加强机构内部控制建设和促进市场竞争等手段来解决。

其次,对于声誉规制的方式,有时需要政府力量以行政引导或者强制的形式来保障信用评价结果的客观性,必要的时候可以用行政的方式来完成对市场主体的信用评价。比如在发行人恶意违约的情况下,证监会可以禁止其发行债券或附额外条件发债等,又如当发行人有能力而不履行赔偿义务时,将发行人列入失信人名单也未尝不可。

再次,声誉规制的对象,可以是发行人,也可以是市场中介机构,比如债券法律服务机构、债券代理人等。当然,对中介机构的行政评价或者行业评价需要以过错存在为前提,评价范围也需要严格限制,以免过度压抑市场自主性而牺牲市场活力。

又次,声誉规制的基础,应当是债券违约事件评估中的主体信用评估,即市场各方主体的履约或尽责的主观努力程度和契约实现的客观后果,应体现信用这一核心要素。

最后,声誉规制的效果,应当限于声誉价值,对市场主体的声誉约束或者惩罚限于影响其未来的信用活动,比如发行人再融资时

---

① 黄小琳等:《债券违约对涉事信用评级机构的影响——基于中国信用债市场违约事件的分析》,《金融研究》2017年第3期。

投资者的市场期望、信用评级机构未来评级行为的市场认可度，或其他服务主体未来市场活动中服务相对人的信赖度，等等。这决定了声誉规制应当以主观的行政评价或行业评价为中心，不包括物质处罚，其主要目的在于对相应主体做出一定的指引性评价、调整其市场声誉价值。声誉规制结果与客观的资产信用共同构成市场主体的信用基础。

三　债券市场危机救助机制

经济学上的金融危机救助一直是比较重要的话题，与法学相比，其谈论得更多的是救助方式和工具问题，对救助的正当性、合理性和适度性谈论得相对较少。① 在严防金融风险的背景下，构建债券市场危机救助机制具有现实性和正当性，但在具体设计上需要以金融危机救助的经济逻辑为基础。

相对于资本主义市场，长期以来我国对于市场风险控制都比较谨慎。原因主要在于：在我国经济领域，金融行业是经济命脉；在经济体制的转轨背景下，金融领域的"公私"属性不甚明确，行政管制色彩较浓；改革进程中，社会稳定也是重要的任务。在当前债券违约事件频频发生的背景下，债券市场风险处于极度不稳定的状态，政府固有的危机管理职能决定了其在债券违约处置中需要控制市场整体风险。在发生重大的证券市场风险事件中，为维护证券市场的健康发展秩序，保护投资者合法利益，政府为代表的行政主体可以采取一定的紧急措施，以降低市场损失和控制市场风险。政府参与市场主体的救助，主要基础在于维护市场整体安全，防止风险扩散和积聚导致市场崩溃。美国在次贷危机中选择性地救助"两房"尽管遭到诸多非议，也出现诸多失误和矛盾，② 但从事后风险控制效

---

① 参见周小川《金融危机中关于救助问题的争论》，《金融研究》2012年第9期。
② 参见朱民、边卫红《危机挑战政府——全球金融危机中的政府救市措施批判》，《国际金融研究》2009年第2期。

果来看，还是必要的。但是，政府救助面临的最大障碍在于政府能否利用公共资源来救助市场私主体。这也是美国社会直到现在还在争论不休的话题，包括参众两院也一直争执不下。从我国情况来看，政府宏观管理政策具有一定的法律"超前性"，比如当年的4万亿元救市计划，这其实是遵从了市场风险管理的实质正义。本书第二章充分论证了证券法上政府定位问题和应急性原则，指出政府在证券市场的风险控制中，具有实施宏观风险控制措施的正当性基础。

在债券市场危机救助的机制设计上，应当解决好如下几个问题。

首先，对于救助条件，由于政府危机救助具有公共性，应当坚持前述债券违约事件评估机制的公共性标准，对一般公共性事件和重大公共性事件需要采取不用程度的救助措施，对不具有公共性的债券违约事件，则应当谨慎运用危机救助手段。

其次，对于救助主体，政府作为市场监管者，提供救助机制存在两种模式。一是政府主体利用财政资金或者政策手段提供直接支持或间接扶持，比如财政救助、税务减免或提供其他便利的企业运营条件。二是政府通过合理的方式引导市场主体对危机主体进行救助，比如引导其他强大的市场主体以并购重组或者提供贷款的形式拯救危机主体。从政府救助资金来源上看，存在两种途径，即财政支持和非财政性支持。财政支持是指地方或中央政府在债券违约处置中，直接提供财政资金用以兑付债券或其他违约支出。比如在黑龙江省龙煤集团的债务困境中，黑龙江省政府将中央政府拨付的用于帮助煤炭企业的财政补贴，支持龙煤集团化解债务危机，其中包括用于支付到期债券的20亿元人民币。但是，从我国政策上来讲，尽管是国有企业的债券违约处置，通过财政支持面临巨大的困难。从2014年10月发布的《国务院关于加强地方政府性债务管理的意见》以来，政策便多次明确限制地方政府为国企债务偿付兜底，国企债务当然包括国有企业债券。如若地方政府要动用财政资源为国企债券兑付提供特殊支持，则要面临复杂而且漫长的政策制定或人大审批过程。非财政支持是指政府动用财政资金以外的其他支持措施，主要包括安排有实力的国企为违约国企提供贷款或注入资产，在某些情况下实施国有企业的债务重组，或者在银行为债权人时实施债转股等措施。① 此外，有时地方政府还可以帮助受困国企出售资产，利用变现资金偿付债券，但实践中国企资产出售的案例较少。政策上，地方政府通过非财政手段所实施的违约救助，基于国企风险控制是被允许的。非财政性支持的一个常见路径，是争取实力更强的其他国企的支持，政府在其中起到协调安排的作用。

再次，对于救助对象，以金融机构救助为基础，必要的时候为维护区域性经济发展或重要行业建设，也可包括一般企业。在金融危机救助中，"系统重要性金融机构"是核心对象，② 其具有"大而不能倒"特质，③ 尽管存在诸多限制，在全球经验中都存在事中的政府救助。④ 而对于其他金融机构或者一般企业，如果符合事件的公共性评估标准，基于我国地方政府债券违约的属地处置角色，也应当允许一定限度和范围内的救助措施。比如，根据《地方政府性债务风险应急处置预案》规定，企事业单位因公益性项目举借，由非财政性资金偿还，地方政府在法律上不承担偿债或担保责任的存量或有债务出现风险，政府为维护经济安全或社会稳定亦需要承担一定救助责任。这是符合我国当前债券市场的建设、转型以及区域经济发展和供给侧结构性改革等现实要求的。当然，对于一般企业的

---

① Moody's Investors Service, *Sector In-Depth*, *Regional and Local Governments-China*: *FAQ*: *RLGs' Approach to Supporting Distressed State-Owned Enterprises*, 14 Oct 2016, https://www.moodys.com/researchdocumentcontentpage.aspx?docid=PBC_1042777.

② 指由于自身规模、复杂性、系统性关联等原因，一旦无序倒闭将对更大范围的金融体系和实体经济运行造成显著破坏的金融机构。See FSB, *Reducing the Moral Hazard Posed by Systemically Important Financial Institutions*, 20 October 2010.http://www.financialstability-board.org/publications/r_101111a.pdf。

③ 黎四奇：《后危机时代"太大而不能倒"金融机构监管法律问题研究》，《中国法学》2012年第5期。

④ 陈斌彬：《系统重要性金融机构的监管法制研究——以美国法为镜鉴》，《重庆大学学报（社会科学版）》2016年第6期。

救助，需要设定更为严格的适用标准，比如企业存续年限、经营前景、行业发展以及规模要求，等等。

有必要再次强调，债券市场危机救助机制的制定和适用，需要解决的主要问题在于公共支持市场主体的必要性和正当性，这与制度的具体设计息息相关。从债券违约处置本身的法律逻辑来看，市场化和法治化是不可动摇的方向，政府作用必然会一步一步减少，市场的主体地位日益凸显。并且，由于我国政府财政实力的差异性和当前的政策限制，债券违约处置中的政府财政保障需要更为严格的条件和标准。而政府采取非财政性支持的途径，具有很大的优势，一是具有充分的政策空间，二是存在很大的创新余地。因此，我国债券违约处置中的政府定位，在提供危机救助的资源上，还是需要充分挖掘更多可行的非财政性支持措施和手段。

第四节　债券违约处置中的政府责任

一　政府债券违约的偿债机制

作为政府的或有角色，债券融资主体应当承担违约损害赔偿的市场责任。在政府债券发生违约的情形下，政府应当采取一定的措施对投资者实施补偿。财政部发布的《地方政府性债务风险应急处置预案》即明确规定：对地方政府债券，地方政府依法承担全部偿还责任。自 2015 年《预算法》修改实施以来，政府债券的运行主要受到《2015 年地方政府专项债券预算管理办法》、《2015 年地方政府专项债券预算管理办法》、2014 年 10 月发布的《国务院关于加强地方政府性债务管理的意见》、2016 年 11 月发布的《地方政府性债务风险应急处置预案》以及财政部等六部委于 2017 年 5 月发布的《关于进一步规范地方政府举债融资行为的通知》等法律法规的规范。

根据相关规定，地方政府一般债券是指省、自治区、直辖市政府（含经省级政府批准自办债券发行的计划单列市政府）为没有收益的公益性项目发行的、约定一定期限内主要以一般公共预算收入还本付息的政府债券,其发行和偿还主体为地方政府,主要以本地区的财政收入为基础。① 政府专项债券是指为了筹集资金建设某专项具体工程而发行的债券,专项债券收入、安排的支出、还本付息、发行费用纳入政府性基金预算管理。省级财政部门应按时兑付专项债券本息,主要以项目建成后取得的收益为基础。省级财政部门代市县级政府发行的专项债券,市县级财政部门应按照协议约定及时向省级财政部门足额上缴还本付息资金。

从来源上看,我国政府债券的偿债资金主要为公共预算和政府性基金。根据《地方政府性债务风险应急处置预案》及其配套文件《地方政府性债务风险分类处置指南》的规定,地方政府应当统筹安排预算资金妥善偿还到期地方政府债券。其中,一般债券主要以一般公共预算收入偿还,专项债券以对应的政府性基金或专项收入偿还。具体而言,对于一般债券,在保障必要的基本民生支出和政府有效运转支出前提下,可以采取调减投资计划、统筹各类结余结转资金、调入政府性基金或国有资本经营预算收入、动用预算稳定调节基金或预备费等方式筹措资金偿还,必要时可以处置政府资产;对于专项债券,因政府性基金收入不足造成债务违约的,在保障部门基本运转和履职需要的前提下,应当通过调入项目运营收入、调减债务单位行业主管部门投资计划、处置部门和债务单位可变现资产、调整部门预算支出结构、扣减部门经费等方式筹集资金偿还债务。

美国市政债券的违约处置机制比较成熟,其在危机中也受到政府的特殊规制。② 市政债券的财产往往享有主权豁免,使得在债券违约处置的财产执行中,需要获得特别授权和进行复杂的司法论证,

---

① 《地方政府一般债券发行管理暂行办法》第 20 条规定:各地应切实履行偿债责任,及时支付债券本息、发行费等资金,维护政府信誉。

② Cory Howard, "The Economic Expectations of Investors and Municipal Corporate Constituents on Public Entities: How the Legal Framework Guiding Public Finance Diverges from Current Economic Realities", 14 *Appalachian J. L.* 75, Winter 2014.

债券投资者的司法救济能力非常有限,需要政府起到重要作用。[1] 除了债券投资者的自我诉讼救济,破产程序和政府作用是市政债券违约处置的重要方式。而破产程序中,往往由巡回法院首席法官任命破产法官,政府利益受到优先保护。[2] 政府作用主要通过各州设立的金融委员会来实现,主要是平衡当地政府和债券投资者的利益。[3] 这种由行政监管主导的违约处置,行政色彩浓厚,政府利益也是居于主要地位。在三种不同的债券违约处置方式中,债券违约损失分别由当地纳税人、投资者以及政府主要承担。而不同的地方政府在具体程序的选择上具有一定自主性。[4] 此外,国际经验中有偿债准备金制度,目的是当地方政府不能偿还到期债务时,可先行从偿债准备金中支付,以减少债务风险对地方正常财政运行的冲击。[5] 比如,日本对地方公债的偿还机制就有财政重组和偿债准备金保障,具体由中央政府对地方政府进行转移支付,地方政府按规定提取偿债准备金。选择借鉴政府偿债准备金制度和损失分担评估,对构建我国政府债券违约偿债机制具有一定参考价值。

自分税制实施以来,我国曾实行的中央转贷地方、中央代地方发行、中央代地方偿还等三种地方债模式中,都受限于中央发债规模的控制,且都由中央承担最后偿还责任。[6] 并且,根据现行分税制

---

[1] See Note, "Creditors' Remedies in Municipal Default", 1976 *Duke L. J.* 1363, pp. 1369-1373.

[2] Thomas M. Horan and Ericka Fredricks Johnson, "Why Chapter 9 Looks Different from Chapter 11", 32-10 *ABIJ* 22 (Nov. 1, 2013).

[3] Omer Kimhi, "Reviving Cities: Legal Remedies to Municipal Financial Crises", 88 *B. U. L. Rev.* 633, June, 2008, pp. 647-655.

[4] Christine Sgarlata Chung, "Bankruptcy and Beyond: Exploring the Causes of and Solutions to Municipal Financial Distress: Municipal Distress: Municipal Bankruptcy, Essential Municipal Services, and Taxpayers' Voice", 24 *Widener L. J.* 43, 2015, p. 79.

[5] 荣艺华、朱永行:《地方政府债券市场发展的国际经验》,《金融时报》2014 年 4 月 3 日第 006 版。

[6] 熊伟:《地方债券制度中的政府间财政关系》,《新视野》2012 年第 3 期。

财政体制的内容，财政收支划分和转移支付由国务院单方决定和调整，地方政府无法成为独立的财政主体，进而独立对外偿还债务，亦即，地方政府在财政上并不是独立主体，而只是中央政府在地方的派出机构。① 在此背景下，地方政府虽然具有一定的独立性和自主性，但还是受到中央政府的隐性兜底保障，政府债券不太可能面临本质上的无法兑付。

尽管如此，政府债券发生违约之后，如何实现债券的契约目的尚需进一步探索，有必要防患于未然，充分考虑并完善政府债券违约的偿债机制。由于地方政府在财政关系上并不具有独立地位，其违约责任的承担具有特殊性。对此，《地方政府性债务风险应急处置预案》提出地方政府财政重建程序，包括拓宽财源渠道、优化支出结构、处置政府资产、申请上级政府救助、加强预算审查以及改进财政管理等方面。有学者提出，为化解政府债务问题的当务之急，政府有必要考虑动用存量资产，变卖竞争性领域的国有企业；而着眼于长远的制度建设，则有必要用法律形式规范政府间财政关系，赋予地方财政自主权，隔断政府之间的财政责任；同时可以引入政府资产负债表和信用评级制度，允许地方政府进行债务重整，让其完全置于充分竞争的市场。② 总体上看，现有的政府财政偿债机制已经比较具体和现实，但在制度的具体适用上，尚需要进一步制定细则，比如动用财政资金进行赔偿的主体、受理对象以及具体流程，又如政府资产处置采取何种产权交易方式，等等。如果将来发生政府债券违约事件，应当如何偿债和是否存在其他现实问题或许会更加明确和具体。

二 政府处置失灵的矫正机制

本质上，债券违约处置中的政府行为都是对市场一定程度上的

---

① 熊伟：《地方债券制度中的政府间财政关系》，《新视野》2012年第3期。
② 熊伟：《地方债与国家治理：基于法治财政的分析径路》，《法学评论》2014年第2期。

外力影响，研究其中政府定位是为合理界定政府与市场边界，以保证政府力量对市场起到调节作用的科学性和恰当性。在前文描述的政府角色及其相应的实现机制中，都是一种积极意义上的"作为"，即政府该干什么和能干什么。而习近平总书记曾经强调："转变政府职能……实质上要解决的是政府应该做什么、不应该做什么。"[①]政府自身也如同市场中运行的主体一样，需要实现自我约束、接受监督，以更好地规范自身行为、更好地监管市场和为市场服务。因此，本书在债券违约处置中政府的或有角色构建中，对政府约束尝试构建政府处置失灵的矫正机制，原因有二：其一，政府角色不管如何定位，都会对市场产生影响，该种影响的经济和社会效果都需要不断接受评价和反思，以更好地发挥作用；其二，政府参与债券违约处置的基础在于市场自我调节失灵，而同时，政府处置也可能出现政府失灵，这就需要对其进行防范和控制。

具体而言，政府违约处置失灵的矫正机制可以分为政府自我审查、政府处置信息披露和政府处置责任追究等三个方面，在未来政府参与债券违约处置的进一步实践中，还需要不断完善和探索新的政府行为约束机制。

政府参与债券违约处置的自我审查机制是指，政府应当对自身在债券违约处置事件中的态度以及作为进行自我评估和事后效果检测，以审查政府行为的正当性和合理性。政府作为自己的监管者，主要以上下级监督指导和不同部门相互制衡的形式来实现。比如，实际在债券违约处置中直接起到引导作用的证监会或证监局，上级应对其处置行为进行监督，严防超出市场底线的行为，如干预协商方案、无根据救助行为等。又如，对于政府利用财政资金承担债券违约处置中赔偿责任的情形，处置中的政府责任主体在资金利用上则需要受到公共资金管理部门的监管，以防止出现贪污腐败等问题。

[①] 中共中央宣传部：《习近平总书记系列重要讲话读本（2016年版）》，学习出版社、人民出版社2016年版，第176页。

由于政府的主体特殊性，容易出现监管者不受监管的情形，强调政府的自我审查非常重要，包括加强党的领导和思想建设。提高执政队伍的思想认知水平是充分发挥政府作用和防止政府失灵的关键因素。

政府处置信息披露制度建立在政府信息公开制度的基础之上。政府行为需要接受社会公众的监督，债券违约处置这一以市场主体为中心的法律治理活动中的政府行为更是如此。政府对市场的引导也好，干预也罢，通过信息披露使其接受社会公众监督，符合政府行为约束的逻辑，能够防止和矫正政府处置出错，以进一步实现政府利益与市场利益的统一。同时，更是维护政府权威和提升政府公信力的重要途径。就内容而言，政府应当披露的处置信息主要是政府在具体的债券违约处置活动的行为、理由及预期效果。因为，政府对市场产生影响的一切行为都必须具备相当的正当性和合理性，需要政府对自身行为向公众作出说明，并且需要明确的根据。就披露的对象而言，政府处置信息公开对应的是政府行为监督，在我国当前的政府监督体制中，可以尝试进一步完善公民监督、社会组织监督和社会舆论监督等三个方面。对于公民监督，政府应当面向社会大众公开处置活动的相关信息，必要的时候需要接受人民代表大会的监督；对于社会组织监督，政府应当向债券行业的非政府组织比如证券业协会或区域性的行业组织等披露相关的信息；对于社会舆论监督，政府应在必要时通过公开的新闻舆论平台发布相关的处置信息，以供业内人士分析解读。政府处置信息披露制度有助于真正实现人民根据宪法享有的监督、检举和建议等权利，以更好地规范政府引导市场的行为。

政府责任追究机制主要是指，在债券违约处置活动中，对代表政府行使权力的相关负责人课以一定的义务，在其违反处置义务时追究相应的责任。2017年7月中旬在北京召开的第五次全国金融工作会议即提出，对于地方政府在金融监管中存在领导责任的，实行终身问责制。对政府责任人终身问责的基础在于当前政府机构的任期制，为防止政府部门被少数人滥权渎职，责任人在位期间的所有政府行为都应当终身担责，而不是几年退位之后就不用负责。毋庸置疑，终身问责制有助于提高政府行为的科学性和合理性，并防止权力被滥用甚至寻租。由于政府作为独立的主体具有拟制性，其最终的行为必然通过一定的决策机制由负责人做出。责任人在政府行为决策和具体执行中，都代表政府。为保证权威性和公信力，责任人必须严格依照相应的决策机制和行为机制行动，并对自己的代表行为负责。在常态意义上，政府责任包括政府作为债券融资者的债务人责任，政府作为程序引导者的服务者责任、监管者责任、协调者责任，这些都需要一定的制度来实现，比如政府支付、补偿或赔偿等，还可以包括特定的政府政策如税收优惠、免除登记、工商信誉评级，等等。在非常态意义上，政府责任主要指政府处置中相关责任人应承当的政治责任、行政责任和刑事责任等，主要功能在于惩治党内腐败、严重违法等政府活动中的恶劣行为。总而言之，政府责任追究机制旨在约束政府权力的行使，将权力关在笼子里，保障政府权力的法治化运行。

结　　语

在塑造健康的商事信用和市场信用的市场化改革背景下，如何实现契约自由与法律强制、市场自治与国家强制相融合，是债券市场风险防控的发展趋势。本书围绕债券违约处置中的政府定位这一个中心，挖掘债券市场刚性兑付和政府兜底的争议误区，厘定政府作用存在的理论基础，界定政府角色的"央地配置"和内容分工，并构建债券违约处置中的政府行为及其约束机制。债券违约处置中政府定位的深入研究，既有助于解决债券违约纠纷的法律适用和市场监管问题，也有助于厘定债券市场契约自治与公权干预的界限。

总体而言，债券违约处置活动中，代表着商事信用的契约法制应当成为核心依据。其中，政府应当保障债券契约的市场化、法制化实现，以市场服务者和利益协调者的身份发挥作用。而基于市场公共秩序维护、经济建设和社会发展，政府必须保留必要的干预性措施，需要作为市场监管者惩治市场乱象，和作为政策执行者贯彻落实国家方针。同时，当政府作为市场主体参与市场活动，也须受到市场的同等对待、承担融资者责任。此外，政府自身也可能出现"调控失灵"，需要接受法治约束。

具体而言，本书的研究可以归纳出以下基本结论：

（1）债券市场"刚性兑付"现象的形成，有其自身的合理性和必然性，所谓"政府兜底"的弊端存在理解误区。保证债券的兑付是这一金融商品的法律本质，亦即，债券本就具有兑付刚性。误解有四：其一，普遍认为债券市场违约"非常态"甚至零违约是有误的。在单一信用时期，债券违约事件也时有发生，甚至导致过严重的社会信用危机；其二，认为"债券违约"少有发生或未发生，并因此认定债券市场存在"刚性兑付"现象，其原因一方面在于历史上曾发生的违约事件最终得到妥善处理，另一方面在于舆论往往错误地认为，只有债券投资者不能获得全面赔付才是"债券违约"；其三，将债券市场"刚性兑付"等同于其他金融领域的"刚性兑付"，理所当然地认为债券市场也存在以往谈论其他领域刚性兑付所存在的"脱离于市场的收益"的问题，忽略了不同金融领域、不同金融工具的兑付属性，是对以往"刚性兑付"印象的错误延续；其四，将笼统的"刚性兑付"危害归咎于政府兜底，刻板印象基于对以往高风险金融领域的"刚性兑付"的认识，把以往的"发行人、资产管理人承诺保本收益"的矛头直指"政府承诺保本收益"，将政府对促进债券目的实现的作用视为所谓的债券市场"刚性兑付"危害的根源。

（2）债券违约处置并非不需要政府，而是政府必须有所作为。证券法视野下的政府定位，旨在维护证券市场的制度规范，并保障其能正常发挥作用，以保障市场交易公平公正，控制和化解市场风险，维护市场秩序，并进一步促进市场健康发展。因此，矫正当前政府在债券违约处置中所存在的问题，需要深入考察政府作用对于实现债券契约目的有否依据及其障碍如何化解。其关键在于，要通过建立债券违约处置中政府参与的确定性和权威性，来消除以往政府作用的不稳定性、侵犯市场的可能性及其带来的不良的市场信用效应。政府力量在债券违约处置中发挥作用的直接理论基础是应急性原则，即在发生重大的证券市场风险事件中，为维护证券市场的健康发展秩序，保护投资者合法利益，政府为代表的行政主体可以采取一定的措施，以降低和控制市场损失。债券违约处置是为矫正和维护债券交易的公共秩序，需要综合运用政府力量和市场手段引导债券投融资矛盾市场化、法治化解决，其本身就是一项私人权利实现和市场秩序维护的"公私合治"活动，需要私权和公权的合力共治。

（3）以实现债券契约目的为核心的债券违约处置，不仅需要合同法、公司法等私法规制，也需要证券监管法等公法保障。当前债券违约处置除了面临合同法、公司法等私法规制所存在的契约解释受限、组织性保护不足等困境，也面临证券法上公法保障不足的困境。对债券契约目的的法律实现，单一的合同法制路径存在缺陷，还需要公司法制和证券法制的共同发力。在现代公司法的发展历史中，大部分观点已经接受债券持有人的合同私法保护作为规制公司破产道德风险的合理途径。而实现合同目的的主要因素为，合同的强制执行机制、债务人组织的代理问题以及投资者的谈判能力。除了合同本身为了创造或设定保护性权利，债券持有人没有理由要求债务人公司为了持有人利益采取正确合理或者违反自身利益的行动。因此，需要引入公司法作为团体法和组织法的实质公平权利，平等地对待公司债券持有人与股东。此外，契约的规范审查和指引以及行政处罚等证券监管的保障手段，在债券违约处置活动中，对于培育市场信用和维护政府信誉也发挥着重要的作用。

（4）债券违约处置需要解决政府错位、制度困境以及现阶段市场实际需求等问题，并需适当借鉴先进经验。我国当前债券违约处置面临多头规范导致债券违约处置缺乏统一路径、债券违约处置的商事自治理念不明确、债券持有人保护的制度体系低效甚至无效等制度困境，并且存在厘定债券违约处置的统一与特殊、突出债券违约处置的市场化导向、协调投资者保护与市场培育目标以及平衡债券违约处置的监管定位等现实需求。进一步，债券违约处置中政府定位面临的核心问题是政府错位，即政府存在越位和缺位的现象，政府作用要么是过度存在，要么是缺乏保障。而政府发生错位的原因在于政府信用与市场信用混同，表现在政府对市场缺乏足够尊重以及缺乏明确的政府行为机制。而债券违约处置中政府定位的比较经验表明，要实现债券市场的成熟发展，需要区分政府作用的模式、范围以及程度，制定合理的政府作用机制。其中，政府信用支持需要考量债券违约事件的涉众性、违约风险的扩散性以及投资者承受能力的强弱性等因素，可以选择经常性支持、特殊支持及违约后的支持等模式，以及财政支持和非财政性支持等方式。

（5）债券违约处置中的政府作用表现为政府的多种角色。债券违约处置中的政府角色，可以从形式上界定为中央政府的指导与协调角色，和地方政府的属地处置角色。中央政府在债券违约处置中的指导与协调角色，主要包括宏观引导金融监管的协作与配合，指导和协调各个地方政府的具体行动及处置职责。中央政府居于主导和指导地位，地方政府需要严格履行中央的宏观市场调控政策，克服地方保护主义、消除短视行为，在自身利益追求上应力求与中央保持一致，共同实现债券市场的长远发展和经济繁荣的长期目标。内容上，债券违约处置中的政府需要承担市场服务者、利益协调者和市场监管者等基本角色，以及政策执行者和投资责任等或有角色。多向度和多层次的政府角色，体现了债券违约处置中政府定位的复杂性，将政府定位立体化，使政府人格化特征更加栩栩如生、更加鲜活。

（6）债券违约处置中的不同政府角色，需要通过不同的法律机制来实现，主要体现为政府行为的保障和对政府行为的约束。在债券违约处置中，政府的市场服务者角色可以通过债券违约事件评估机制、违约债券市场转让机制以及债券违约信息处理机制来实现；政府的利益协调者角色可以通过债券违约先行赔付机制和债券违约过错追责机制来完成；政府的市场监管者角色可以通过债券违约监督报告机制、债券违约声誉规制机制以及债券市场危机救助机制来实现；政府的融资责任者角色则需要构建政府债券违约的偿债机制；而政府作为政策执行者和弥补自身失灵，则可以通过政府处置失灵的矫正机制来实现。

（7）债券市场中政府作用的历史经验表明，当前市场的发展障碍本质上是来自政府早期的盲目干预，解决之道在于重新厘清政府权威的确定性和稳定性，不仅应立足于理论界定，还应立足于实践需要。政府需要参与债券市场，不仅在于市场的阶段性需要，也在于债券交易本身具有公共性，因为政府作用本身具有其一定的独立性，有着其公共秩序规制、经济建设和社会发展的调控逻辑。政府对市场信用支持的积极要求是保障和实现市场在纠纷化解和风险消除中的决定性作用，消极要求是政府权力的运行必须遵循适度干预、有限干预和法治干预的逻辑。进而，定位政府作用的边界，除了技术层面需要构建政府行为框架以外，更为重要的是使政府权力在具体领域内按照科学稳定的逻辑运行，而不能恣意妄为。这需要进一步加强对市场基础理论的研究，以确定市场的能力边界和实际需求。

参考文献

一 中文文献

（一）著作

［波兰］米哈乌·费德罗维奇，［西班牙］鲁特·V. 阿吉莱拉编：《转型经济和政治环境下的公司治理：制度变革的路径》，北京大学出版社2007年版。

［德］迪特尔·梅迪库斯：《请求权基础》，陈卫佐等译，法律出版社2012年版。

［美］R. W. 汉密尔顿：《公司法》，刘俊海等译，中国人民大学出版社2001年版。

［美］奥利弗·E. 威廉森：《治理机制》，王健等译，中国社会科学出版社2001年版。

［美］弗兰克·B. 克里斯、罗伯特·A. 普伦蒂斯：《法律与公司金融》，伍巧芳等译，北京大学出版社2011年版。

［美］弗兰克·J. 法博齐：《债券市场：分析与策略》，路蒙佳译，中国人民大学出版社2011年版。

［美］莱纳·克拉克曼等：《公司法剖析：比较与功能的视角》，刘俊海等译，北京大学出版社2007年版。

［美］罗伯塔·罗曼诺编：《公司法基础》（第二版），罗培新译，北京大学出版社2013年版。

[日] 神田秀树：《公司法的精神》，朱大明译，法律出版社 2016 年版。

[日] 我妻荣：《债权在近代法中的优越地位》，王书江等译，中国大百科全书出版社 1999 年版。

[新加坡] 陈惠华：《变革：市场中的政府角色》，刘阿钢译，北京大学出版社 2014 年版。

[英] 艾利斯·费伦：《公司金融法律原理》，罗培新译，北京大学出版社 2012 年版。

[英] 罗杰·布托：《市场的麻烦》，孙颖译，中国人民大学出版社 2011 年版。

安义宽：《中国公司债券：功能分析与市场发展》，中国财政经济出版社 2006 年版。

巴曙松等：《政策性银行商业化改革对债券市场的影响研究》，经济科学出版社 2009 年版。

白莉：《公司清算制度法律问题研究——以债权人利益保护为中心》，法律出版社 2011 年版。

陈赤平：《公司治理的契约分析》，中国经济出版社 2006 年版。

陈国富：《契约的演进与制度变迁》，经济科学出版社 2002 年版。

陈华彬：《债法各论》，中国法制出版社 2014 年版。

仇晓光：《公司债权人利益保护对策研究——以风险控制与治理机制为中心》，中国社会科学出版社 2011 年版。

崔文星：《债法专论》，法律出版社 2013 年版。

邓峰：《普通公司法》，中国人民大学出版社 2009 年版。

丁广宇：《有限责任公司的债权人保护：理论与实践》，法律出版社 2011 年版。

冯光华：《中国债券市场发展问题研究》，中国金融出版社 2008 年版。

冯果：《公司法》，武汉大学出版社 2017 年版。

冯果：《证券法》，武汉大学出版社 2015 年版。

冯果等：《网上证券交易监管法律问题研究》，人民出版社 2011 年版。

冯果等：《债券市场风险防范的法治逻辑》，法律出版社 2016 年版。

甘培忠：《公司控制权的正当行使》，法律出版社 2006 年版。

高坚：《中国债券资本市场》，经济科学出版社 2009 年版。

葛伟军：《公司资本制度和债权人保护的相关法律问题》，法律出版社 2007 年版。

郭锋：《投资者权益与公司治理——为投资者的权利而斗争》，经济科学出版社 2003 年版。

郭富青：《公司权利与权力二元配置论》，法律出版社 2010 年版。

何德旭、高伟凯等：《中国债券市场：创新路径与发展策略》，中国财政经济出版社 2007 年版。

何志刚：《中国债券市场微观结构研究》，中国经济出版社 2010 年版。

黄茂荣：《债法通则之一：债之概念与债务契约》，厦门大学出版社 2014 年版。

黄茂荣：《债法通则之二：债务不履行与损害赔偿》，厦门大学出版社 2014 年版。

季卫东：《法治秩序的建构》，中国政法大学出版社 1999 年版。

江必新：《法治政府的制度逻辑与理性建构》，中国法制出版社 2014 年版。

焦富民等：《合同履行障碍及其救济制度研究》，中国法制出版社 2011 年版。

李博：《日本公司治理契约关系变革研究》，经济管理出版社 2011 年版。

林毅夫：《新结构经济学：反思经济发展与政策的理论框架》，苏剑译，北京大学出版社 2014 年版。

刘道远：《证券侵权法律制度研究》，知识产权出版社 2007 年版。

刘少波：《市场准入、制度设计与风险防范：我国市政债券市场的开禁与发展研究》，经济科学出版社 2011 年版。

刘迎霜：《公司债：法理与制度》，法律出版社 2008 年版。

刘云生：《中国古代契约思想史》，法律出版社 2011 年版。

刘祖云：《十大政府范式：现实逻辑与理论解读》，江苏人民出版社 2014 年版。

罗培新：《公司法的合同解释》，北京大学出版社 2004 年版。

马俊驹、余延满：《民法原论》，法律出版社 2009 年版。

马其家：《证券民事责任法律制度比较研究》，中国法制出版社 2010 年版。

乜小红：《中国中古契券关系研究》，中华书局 2013 年版。

彭澎：《政府角色论》，中国社会科学出版社 2002 年版。

漆多俊：《经济法基础理论》，武汉大学出版社 2000 年版。

沈炳熙、曹媛媛：《中国债券市场：30 年改革与发展》，北京大学出版社 2014 年版。

沈朝晖：《证券法的权力分配》，北京大学出版社 2016 年版。

时文朝主编：《中国债券市场：发展与创新》，中国金融出版社 2011 年版。

谭立：《证券信息披露法理论研究》，中国检察出版社 2009 年版。

汪世虎：《公司重整中的债权人利益保护研究》，中国检察出版社 2006 年版。

王满四：《负债融资的公司治理效应及其机制研究》，中国社会科学出版社 2006 年版。

王旭：《契纸千年：中国传统契约的形式与演变》，北京大学出版社 2013 年版。

王艳华：《反思公司债权人保护制度》，法律出版社 2008 年版。

王泽鉴：《民法学说与判例研究》（第七册），北京大学出版社 2009 年版。

王佐发：《公司重整制度的契约分析》，中国政法大学出版社 2013 年版。

王作全等:《公司利益相关者法律保护及实证分析》,法律出版社 2010 年版。

徐邦友:《政府的逻辑:现代政府的制度原理》,上海人民出版社 2011 年版。

闫屹:《我国公司债券市场发展滞后的制度因素研究》,人民出版社 2012 年版。

杨宗科:《法律机制论:法哲学与法社会学研究》,西北大学出版社 2000 年版。

曾大鹏:《商事物权与商事债权制度研究》,中国法制出版社 2012 年版。

张鹏:《债务契约理论》,上海财经大学出版社 2003 年版。

张瑞萍:《公司权力论——公司的本质与行为边界》,社会科学文献出版社 2006 年版。

赵万一主编:《证券交易中的民事责任制度研究》,法律出版社 2008 年版。

赵万一主编:《证券市场投资者利益保护法律制度研究》,法律出版社 2013 年版。

赵一强:《契约伦理的形上基础与现实建构》,中国社会科学出版社 2013 年版。

郑曙光、胡建新:《现代商法:理论基点与规范体系》,中国人民大学出版社 2013 年版。

郑永年:《中国的"行为联邦制":中央——地方关系的变革与动力》,邱道隆译,东方出版社 2013 年版。

中共中央宣传部:《习近平总书记系列重要讲话读本(2016 年版)》,学习出版社、人民出版社 2016 年版。

中国人民银行金融稳定分析小组:《中国金融稳定报告(2016)》,中国金融出版社 2016 年版。

中央国债登记结算公司编:《债券市场》,中国金融出版社 2008 年版。

朱慈蕴：《全球化与本土化互动中的公司制度演进》，法律出版社 2015 年版。

(二) 期刊论文

阿尔多·穆萨基奥：《巴西债券市场的债权人保护：法律还是政治?》，黄韬，陈儒丹译，黄红元、徐明主编：《证券法苑》第 17 卷，法律出版社 2016 年版。

敖小波等：《内部控制质量与债券信用评级》，《审计研究》2017 年第 2 期。

毕于榜：《市场起决定性作用前提下的政府角色定位》，《环渤海经济瞭望》2014 年第 12 期。

藏波等：《企业债券违约的治理结构重塑——现状、原因与有效规制》，《新金融》2016 年第 9 期。

曹萍：《美国公司债券发展和制度安排及启示》，《金融与经济》2013 年第 7 期。

曹顺之：《企业债券：歪嘴和尚念的经——企业债券兑付难现象透视》，《山东金融》1994 年第 9 期。

陈斌彬：《系统重要性金融机构的监管法制研究——以美国法为镜鉴》，《重庆大学学报（社会科学版）》2016 年第 6 期。

陈灿：《国外关系治理研究最新进展探析》，《外国经济与管理》2012 年第 10 期。

陈超、李镕伊：《债券融资成本与债券契约条款设计》，《金融研究》2014 年第 1 期。

陈浩、刘明：《从非正式契约角度看利益相关者参与现代公司治理的影响——基于"雷士照明控制权之争"的案例研究》，《现代管理科学》2015 年第 5 期。

陈洁：《转型时期我国证券法学研究的特点及趋势》，桂敏杰、黄红元、徐明主编：《证券法苑》第 8 卷，法律出版社 2013 年版。

陈甦：《商法机制中政府与市场的功能定位》，《中国法学》2014 年第 5 期。

陈天华：《企业债券为什么不能如期兑付》，《银行与企业》1996 年第 3 期。

陈婉玲：《经济法权力干预思维的反思——以政府角色定位为视角》，《法学》2013 年第 3 期。

陈晓红等：《债权治理机制、企业特征与成长性——来自中国中小上市公司的经验证据》，《管理工程学报》2008 年第 4 期。

陈秀梅：《我国债券市场信用风险管理的现状及对策建议》，《宏观经济研究》2012 年第 2 期。

陈秧秧：《公司债发行缘何半途折戟？——"11 超日债"违约与兑付警示录》，黄红元、徐明主编：《证券法苑》第 17 卷，法律出版社 2016 年版。

程恩富、方兴起：《评 2016 年诺奖得主奥利弗·哈特的不完全企业契约理论——兼论"社会经济契约"概念和理论》，《福建论坛（人文社会科学版）》2017 年第 1 期。

程永明：《探索日本公司治理变革的一部力作——评李博〈日本公司治理契约关系变革研究〉》，《东北亚学刊》2013 年第 3 期。

崔宏：《中国企业债券市场呼唤"债券违约"》，《银行家》2009 年第 10 期。

邓峰：《资本约束制度的进化和机制设计——以中美公司法的比较为核心》，《中国法学》2009 年第 1 期。

邓娇娇等：《关系治理研究的发展及演化趋势——基于共词聚类与文献分析结合视角》，《华东经济管理》2015 年第 5 期。

邓娇娇等：《中国情境下公共项目关系治理的研究：内涵、结构与量表》，《管理评论》2015 年第 8 期。

董根茂等：《解决企业债券兑付问题刻不容缓——渭南地区企业债券兑付困难的调查与思考》，《陕西金融》1994 年第 8 期。

董亚男：《有效政府角色的理论溯源与现实塑造》，《东北师大学报（哲学社会科学版）》2012 年第 5 期。

窦鹏娟：《新常态下我国公司债券违约问题及其解决的法治逻辑》，

《法学评论》2016 年第 2 期。

杜国庆:《债券违约风险市场化处置机制研究》,《西部金融》2015 年第 8 期。

段丙华:《美国债券违约风险化解路径及启示:基于市场演进》,黄红元、徐明主编:《证券法苑》第 17 卷,法律出版社 2016 年版。

段丙华:《先行赔付证券投资者的法律逻辑及其制度实现》,《证券市场导报》2017 年第 8 期。

段丙华:《债券市场风险防范的法治逻辑——"债券市场风险防范法制建设高峰论坛"会议综述》,《证券市场导报》2016 年第 10 期。

段丙华:《债券违约风险化解:理念、制度与进路》,《西部法学评论》2016 年第 5 期。

樊涛:《我国商事责任制度的缺陷及重构》,《法商研究》2009 年第 4 期。

冯果:《经济法本质探微——经济法概念界定和制度构建的理性基础分析》,《学习论坛》2007 年第 2 期。

冯果:《经济法的价值理念论纲》,《经济法研究》(第 14 卷),北京大学出版社 2014 年版。

冯果:《权力经济向法治经济的伟大变革——中国经济法制建设三十年回顾与展望》,《南都学坛(人文社会科学学报)》2009 年第 2 期。

冯果:《债券的证券本质与债券市场法制化——〈证券法〉修订背景下的债券法律体系重构与完善》,黄红元、徐明主编:《证券法苑》第 17 卷,法律出版社 2016 年版。

冯果:《资本市场为谁而存在——关于我国资本市场功能定位的反思》,《公民与法》2013 年第 6 期。

冯果、段丙华:《公司法中的契约自由——以股权处分抑制条款为视角》,《中国社会科学》2017 年第 3 期。

冯果、段丙华:《供给侧制度改革与我国上市公司退市制度的完善》,《楚天法学》2016 年第 6 期。

冯果、段丙华：《债券违约处置的法治逻辑》，《法律适用》2017 年第 7 期。

冯果、南玉梅：《论股东补充赔偿责任及发起人的资本充实责任——以公司法司法解释（三）第 13 条的解释和适用为中心》，《人民司法（应用）》2016 年第 4 期。

冯果、万江：《社会整体利益的代表与形成机制探究——兼论经济法视野中的国家与政府角色定位》，《当代法学》2004 年第 3 期。

冯果等：《投资者保护法律制度完善研究》，黄红元、徐明主编：《证券法苑》，法律出版社 2014 年版。

冯继康、蒋正明：《论我国转型期中央政府与地方政府的职能界定及其耦合》，《东岳论丛》1998 年第 2 期。

高远：《谁来化解债券违约危机与信托兑付危机》，《现代企业》2015 年第 2 期。

龚祥瑞、陈国尧：《行政应变性原则》，《法学杂志》1987 年第 6 期。

韩德洋、张晓宇：《当前经济纠纷的成因及其法律对策》，《政法论坛》1995 年第 4 期。

何凤隽：《中央政府与地方政府的金融资源配置权博弈》，《重庆大学学报（社会科学版）》2005 年第 11 期。

何庆江：《论我国证券民事赔偿中的弱者保护——以虚假陈述制度为中心》，《政法论丛》2003 年第 6 期。

何显明：《没有普适的政府角色模式》，《人民论坛》2009 年第 16 期。

何显明：《市场化进程中的地方政府角色及其行为逻辑——基于地方政府自主性的视角》，《浙江大学学报（人文社会科学版）》2007 年第 6 期。

何运强、方兆本：《债券信用评级与信用风险》，《管理科学》2003 年第 2 期。

洪艳蓉：《公司债的多头监管、路径依赖与未来发展框架》，《证券市场导报》2010 年第 4 期。

洪艳蓉：《公司债券违约零容忍的法律救赎》，《法学》2013 年第 12 期。

胡改蓉：《回归地方政府融资平台公司的公益性定位》，《法学》2012 年第 10 期。

胡钧：《科学定位：处理好政府与市场的关系》，《经济纵横》2014 年第 7 期。

胡田野：《公司资本制度变革后的债权人保护路径》，《法律适用》2014 年第 7 期。

黄辉：《对公司法合同进路的反思》，《法学》2017 年第 4 期。

黄辉：《公司资本制度改革的正当性：基于债权人保护功能的法经济学分析》，《中国法学》2016 年第 6 期。

黄小琳等：《债券违约对涉事信用评级机构的影响——基于中国信用债市场违约事件的分析》，《金融研究》2017 年第 3 期。

黄晓明：《企业债券安全性探讨》，《现代法学》1994 年第 4 期。

黄训江：《生态工业园生态链网建设激励机制研究——基于不完全契约理论的视角》，《管理评论》2015 年第 6 期。

黄耀文：《认缴资本制度下的债权人利益保护》，《政法论坛》2015 年第 1 期。

简泽：《银行债权治理、管理者偏好与国有企业的绩效》，《金融研究》2013 年第 1 期。

江必新：《紧急状态与行政法治》，《法学研究》2004 年第 2 期。

蒋大兴：《被忽略的债券制度史——中国（公司）债券市场的法律瓶颈》，《河南财经政法大学学报》2012 年第 4 期。

蒋大兴：《公司法中的合同空间——从契约法到组织法的逻辑》，《法学》2017 年第 4 期。

蒋大兴：《论公司治理的公共性——从私人契约向公共干预的进化》，《吉林大学社会科学学报》2013 年第 6 期。

蒋大兴：《论私法的公共性维度——"公共性私法行为"的四维体系》，《政法论坛》2016 年第 6 期。

蒋大兴：《质疑法定资本制之改革》，《中国法学》2015年第6期。

蒋建湘、李依伦：《认缴登记资本制下债权人利益的均衡保护》，《法学杂志》2015年第1期。

蒋银华：《政府角色型塑与公共法律服务体系构建——从"统治行政"到"服务行政"》，《法学评论》2016年第3期。

解正山：《对衍生合同在破产中豁免的反思——系统性风险的视角》，《法学评论》2016年第4期。

孔迅：《企业债券到底有多少能兑现》，《经济师》1993年第12期。

匡爱民、李小华：《合同的内涵及合同法的地位新探》，《江西社会科学》2010年第7期。

黎四奇：《后危机时代"太大而不能倒"金融机构监管法律问题研究》，《中国法学》2012年第5期。

李长源：《新型农村社区建设进程中乡镇政府角色定位与重塑》，《中共青岛市委党校（青岛行政学院）学报》2015年第1期。

李红雨、刘礼和：《债券持有人的权利谁来维护？》，《中国质量万里行》1996年第9期。

李辉、王学栋：《政府角色的隐喻：理论意蕴与现实启示》，《行政论坛》2012年第4期。

李敏、李良智：《关系治理研究述评》，《当代财经》2012年第12期。

李名峰等：《中央政府与地方政府在土地垂直管理制度改革中的利益博弈分析》，《中国土地科学》2010年第6期。

李晓慧、杨子萱：《内部控制质量与债权人保护研究——基于债务契约特征的视角》，《审计与经济研究》2013年第2期。

李应：《关系契约治理动态性研究》，《经济问题探索》2012年第8期。

林斌等：《内部控制、公司诉讼与债务契约——基于A股市场的经验研究》，《审计与经济研究》2015年第3期。

刘承毅、王建明：《声誉激励、社会监督与质量规制——城市垃圾处理行业中的博弈分析》,《产经评论》2014年第2期。

刘娥平、施燕平:《盈余管理、公司债券融资成本与首次信用评级》,《管理科学》2014年第5期。

刘海龙:《债券定价与债券风险预警方法综述》,《系统管理学报》2016年第1期。

刘华:《中国地方政府职能的理性回归——中央与地方利益关系的视角》,《武汉大学学报(哲学社会科学版)》2009年第4期。

刘文革等:《不完全契约与国际贸易:一个评述》,《经济研究》2016年第11期。

刘莘:《行政应急性原则的基础理念》,《法学杂志》2012年第9期。

刘燕:《公司法资本制度改革的逻辑与路径——基于商业实践视角的观察》,《法学研究》2014年第5期。

刘再杰、李艳:《我国债券市场信用违约的特征、风险与应对措施》,《新金融》2016年第10期。

卢文道、英振坤:《侵害合同债权的侵权行为》,《法学》1994年第9期。

鲁敏:《转型期地方政府角色研究述评》,《湖北行政学院学报》2012年第1期。

陆巍峰等:《我国债券市场违约处置的现状及市场化处置方式探讨》,《金融市场研究》2016年第2期。

罗伯塔·罗曼诺、陈秧秧:《司法判决与金融创新:债券契约中保护性约定的一个案例》,张育军、徐明主编:《证券法苑》第4卷,法律出版社2011年版。

罗培新:《论资本制度变革背景下股东出资法律制度之完善》,《法学评论》2016年第4期。

孟科学、魏霄:《金融市场跨市场关联关系、市场分派与政府角色》,《新金融》2015年第5期。

孟勤国、张素华:《公司法人人格否认理论与股东有限责任》,《中国法学》2004年第3期。

莫于川:《公共危机管理·行政指导措施·行政应急性原则——公共危机管理中的行政指导措施引出的行政法学思考片断》,《公法研究》2005 年第 1 期。

南玉梅:《契合债券属性的信息披露规则研究》,黄红元、徐明主编:《证券法苑》第 17 卷,法律出版社 2016 年版。

倪娟:《奥利弗·哈特对不完全契约理论的贡献——2016 年度诺贝尔经济学奖得主学术贡献评介》,《经济学动态》2016 年第 10 期。

聂方红:《转型时期地方政府与上级及中央政府的博弈行为分析》,《重庆社会科学》2007 年第 9 期。

潘小娟:《中央与地方关系的若干思考》,《政治学研究》1997 年第 3 期。

皮建才:《中国经济发展中的中央与地方政府边界研究——基于不完全契约理论的视角》,《财经问题研究》2008 年第 5 期。

戚建刚:《风险规制的兴起与行政法的新发展》,《当代法学》2014 年第 6 期。

强昌文:《公共性:理解软法之关键》,《法学》2016 年第 1 期。

屈茂辉、张红:《继续性合同:基于合同法理与立法技术的多重考量》,《中国法学》2010 年第 4 期。

屈雯、常丽娟:《债券融资、内部控制有效性与债权治理效应——基于我国上证 A 股的实证研究》,《西安电子科技大学学报(社会科学版)》2015 年第 5 期。

汝绪华、汪怀君:《政府权力清单制度:内涵、结构与功能》,《海南大学学报(人文社会科学版)》2017 年第 2 期。

盛学军:《政府监管权的法律定位》,《社会科学研究》2006 年第 1 期。

石新中:《论信用概念的历史演进》,《北京大学学报(哲学社会科学版)》2007 年第 6 期。

孙彬彬等:《债券违约了怎么办?——债券投资者保护机制和司法救济程序梳理》,《银行家》2016 年第 6 期。

孙点婧：《偿债保障条款的契约困境及其补救》，《金融法苑》总第93辑，中国金融出版社2016年版。

孙华等：《"互补"还是"替代"？——关系治理、正式治理与项目绩效》，《山东大学学报（哲学社会科学版）》2015年第6期。

孙晋：《经济法视角下政府经济权力边界的审读——以政府职能转变为考察中心》，《武汉大学学报（哲学社会科学版）》2014年第2期。

孙雁冰：《宏观调控下中央政府与地方政府的演化博弈分析》，《山东理工大学学报（社会科学版）》2016年第2期。

谈毅、慕继丰：《论合同治理和关系治理的互补性与有效性》，《公共管理学报》2008年第3期。

唐旭：《中国债券市场信用风险分类及特点》，《债券》2015年第11期。

田侃等：《"次优"债务契约的治理绩效研究》，《经济研究》2010年第8期。

王乐兵：《金融创新中的隐性担保——兼论金融危机的私法根源》，《法学评论》2016年第5期。

王利明：《论合同法组织经济的功能》，《中外法学》2017年第1期。

王满四：《企业负债的债权治理机制分析》，《广州大学学报（社会科学版）》2006年第8期。

王满四等：《银行债权监督与公司内部治理——研究综述》，《工业技术经济》2014年第6期。

王宁宁、肖红春：《自我所有、分配正义与政府角色》，《伦理学研究》2015年第2期。

王千红、张敏：《我国中小企业信用违约风险识别的实证研究》，《上海经济》2017年第1期。

王瑞娟、姬江帆：《债券违约求偿途径及相关问题探讨》，《债券》2015年第9期。

王文军：《关系合同与继续性合同——一个比较分析框架》，《法学论坛》2013 年第 7 期。

王远胜、周中举:《论政府实施部门 PPP 项目合同风险管理——基于不完全契约理论的分析》,《西南民族大学学报(人文社科版)》2017 年第 4 期。

文贯中:《市场机制、政府定位和法治——对市场失灵和政府失灵的匡正之法的回顾与展望》,《经济社会体制比较》2002 年第 1 期。

文一、乔治·佛梯尔:《看得见的手:政府在命运多舛的中国工业革命中所扮演的角色》,《经济资料译丛》2017 年第 2 期。

吴飞飞:《从权利倾斜到责任倾斜的弱者保护路径转换——基于法经济学视角的解读》,《广东商学院学报》2013 年第 6 期。

吴锦瑜:《集资易 偿还难——企业债券延期兑付引发的思索》,《瞭望》1995 年第 48 期。

吴祺:《债券持有人保护理论的重构》,《厦门大学法律评论》第 14 辑,厦门大学出版社 2007 年版。

伍坚、黄入凌:《债权人参与公司治理视野下的债券持有人会议制度研究》,《上海金融》2016 年第 7 期。

湘湘:《企业债券:打给社会的白条》,《价格与市场》1995 年第 6 期。

项庆、王世林:《对我国债券工作的思考》,《计划经济研究》1990 年第 2 期。

肖萍、朱国华:《农村环境污染第三方治理契约研究》,《农村经济》2016 年第 4 期。

肖宇、罗滢:《中国债券市场的发展路径》,《宏观经济研究》2009 年第 2 期。

谢庆奎:《中国政府的府际关系研究》,《北京大学学报(哲学社会科学版)》2000 年第 1 期。

熊伟:《地方债券制度中的政府间财政关系》,《新视野》2012 年第 3 期。

熊伟:《地方债与国家治理:基于法治财政的分析径路》,《法学评论》2014 年第 2 期。

熊伟：《问题导向、规范集成与领域法学之精神》，《政法论丛》2016 年第 6 期。

熊伟：《预算管理制度改革的法治之轨》，《法商研究》2015 年第 1 期。

徐聪：《论转轨背景下证券法治逻辑与制度的现代化——兼评〈证券法（修订草案）〉"一读稿"》，《法学评论》2016 年第 2 期。

徐国栋：《诚实信用原则的概念及其历史沿革》，《法学研究》1989 年第 4 期。

徐国栋：《股票和债券的若干法律问题》，《中国法学》1992 年第 5 期。

徐强胜：《论我国证券投资补偿基金制度的构建》，《法商研究》2016 年第 1 期。

徐伟、金晶：《企业债券不能按期兑付辨析》，《中南财经大学学报》1996 年第 1 期。

徐习兵、王永海：《不完全契约、企业能力与内部控制》，《审计研究》2013 年第 6 期。

薛军：《在市场监管体制中，政府承担托底角色》，《中国市场监管研究》2017 年第 1 期。

燕继荣：《中国政府改革的定位与定向》，《政治学研究》2013 年第 6 期。

阳建勋：《论我国地方债务风险的金融法规制》，《法学评论》2016 年第 6 期。

杨德勇、郑建明：《契约治理的内在逻辑、内生演进与三大扩展》，《国际贸易问题》2010 年第 1 期。

杨东：《论金融消费者概念界定》，《法学家》2014 年第 5 期。

杨宏力：《不完全契约理论前沿进展》，《经济学动态》2012 年第 1 期。

杨继伟等：《债权治理与盈余质量：来自中国证券市场的经验证据》，

《管理评论》2012 年第 9 期。

杨瑞龙、聂辉华：《不完全契约理论：一个综述》，《经济研究》2006 年第 2 期。

姚铮等：《风险投资契约条款设置动因及其作用机理研究》，《管理世界》2011 年第 2 期。

姚铮等：《风险投资契约条款设置对风险企业成长绩效影响研究》，《财务研究》2016 年第 1 期。

叶林：《公司利益相关者的法学分析》，《河北学刊》2006 年第 4 期。

佚名：《购买企业债券要慎之又慎——"兑付难"已成为一个社会问题》，《统计与信息》1994 年第 6 期。

应飞虎：《弱者保护的路径、问题与对策》，《河北法学》2011 年第 7 期。

应松年、宋功德：《应对突发事件与依法行政》，《中国改革论坛》2003 年第 3 期。

于健慧：《中央与地方关系的现实模式及其发展路径》，《中国行政管理》2015 年第 12 期。

喻中：《行政权的性质与政府的角色》，《新视野》2010 年第 1 期。

曾勇：《法乃权益之保障——南雄人行依法解决企业债券兑付资金的启示》，《广东金融》1996 年第 3 期。

曾铮：《金融市场的风险处置》，《中国金融》2017 年第 2 期。

翟学伟：《诚信、信任与信用：概念的澄清与历史的演进》，《江海学刊》2011 年第 5 期。

张闯等：《契约治理机制与渠道绩效：人情的作用》，《管理评论》2014 年第 2 期。

张春丽：《证券交易中的个人投资者保护——以公共利益理念的回归为核心》，《法学》2011 年第 6 期。

张德峰：《我国合作金融中的政府角色悖论及其法律消解》，《法学评论》2016 年第 1 期。

张东昌：《证券市场先行赔付制度的法律构造——以投资者保护基金

为中心》,《证券市场导报》2015 年第 2 期。

张刚等:《企业债券到期偿还难问题亟待解决》,《经济论坛》1995 年第 16 期。

张洪海:《我国债券市场的发展历程》,《辽宁经济》2010 年第 1 期。

张玲、刘启亮:《治理环境、控制人性质与债务契约假说》,《金融研究》2009 年第 2 期。

张荣芳:《先行支付制度法理分析》,《社会保障研究》2012 年第 6 期。

张胜林、张善林:《对企业债券偿还能力情况的调查》,《中国金融》1994 年第 3 期。

张婉苏:《中央政府不救助地方政府债务的纠结、困惑与解决之道》,《苏州大学学报(哲学社会科学版)》2016 年第 5 期。

张维迎:《公司融资结构的契约理论:一个综述》,《改革》1995 年第 4 期。

张文魁:《企业负债的作用和偿债保障机制研究》,《经济研究》2000 年第 7 期。

张文显:《治国理政的法治理念和法治思维》,《中国社会科学》2017 年第 4 期。

张亦春等:《债权治理对企业投资效率的作用研究——来自中国上市公司的经验证据》,《金融研究》2015 年第 7 期。

张育军:《什么叫"有价证券"?》,《中国金融》1990 年第 12 期。

赵晓钧:《完善证券投资者赔偿机制的美国经验》,《证券市场导报》2013 年第 9 期。

赵旭东:《从资本信用到资产信用》,《法学研究》2003 年第 5 期。

赵旭东:《资本制度变革下的资本法律责任——公司法修改的理性解读》,《法学研究》2014 年第 5 期。

赵颖:《对行政应急性原则研究的回顾与展望》,《行政法学研究》2005 年第 4 期。

郑雪晴:《交易所债券市场违约后交易规则的思考与完善》,《证券市场导报》2017 年第 3 期。

钟海燕：《公司治理作用机制下的债权治理效应研究》，《经济与管理》2012 年第 11 期。

周黎安：《晋升博弈中政府官员的激励与合作——兼论我国地方保护主义和重复建设长期存在的原因》，《经济研究》2004 年第 6 期。

周黎安：《中国地方官员的晋升锦标赛模式研究》，《经济研究》2007 年第 7 期。

周小川：《金融危机中关于救助问题的争论》，《金融研究》2012 年第 9 期。

周佑勇：《法治视野下政府与市场、社会的关系定位——以"市场在资源配置中起决定性作用"为中心的考察》，《吉林大学社会科学学报》2016 年第 2 期。

朱慈蕴：《公司法人格否认：从法条跃入实践》，《清华法学》2007 年第 2 期。

朱慈蕴：《公司资本理念与债权人利益保护》，《政法论坛》2005 年第 3 期。

朱慈蕴：《股东违反出资义务应当向谁承担违约责任》，《北方法学》2014 年第 1 期。

朱慈蕴、沈朝晖：《不完全合同视角下的公司治理规则》，《法学》2017 年第 4 期。

朱光磊：《全面深化改革进程中的中国新治理观》，《中国社会科学》2017 年第 4 期。

朱光磊、孙涛：《"规制—服务型"地方政府：定位、内涵与建设》，《中国人民大学学报》2005 年第 1 期。

朱红军等：《中央政府、地方政府和国有企业利益分歧下的多重博弈与管制失效——宇通客车管理层收购案例研究》，《管理世界》2006 年第 4 期。

朱民、边卫红：《危机挑战政府——全球金融危机中的政府救市措施批判》，《国际金融研究》2009 年第 2 期。

庄玉友：《日本金融商品交易法述评》，《证券市场导报》2008 年第 5 期。

邹晓梅：《刚性兑付不应持续》，《中国金融》2014 年第 8 期。

左传卫：《论债与责任的关系》，《法商研究》2003 年第 5 期。

（三）报刊资料

本报两会报道组：《芮跃华：建议证券法设立投资者赔偿基金》，《上海证券报》2017 年 3 月 7 日第 003 版。

曹中铭：《保荐机构先行赔付制度需要更多"刚性"》，《上海证券报》2016 年 1 月 25 日第 006 版。

陈梦阳：《东北特钢为何走上破产重整之路》，《人民日报》2016 年 10 月 11 日第 023 版。

陈燕青：《债券违约频发波及股市》，《深圳商报》2016 年 4 月 23 日第 B01 版。

达萨：《当我们不得不面对债券违约》，《中国企业报》2014 年 8 月 12 日第 005 版。

杜静：《刚性兑付加剧金融生态失衡》，《证券时报》2014 年 5 月 13 日第 A03 版。

范传贵：《国内首例债券违约 债权人陷维权困境》，《法制日报》2014 年 4 月 12 日第 004 版。

龚雯等：《开局首季问大势——权威人士谈当前中国经济》，《人民日报》2016 年 5 月 9 日第 001 版。

顾怿磊：《稳步破除"刚性兑付"，信息披露是当务之急》，《中国经济周刊》2014 年 3 月 31 日。

河山：《谁来给信用违约风险兜底》，《上海证券报》2013 年 1 月 10 日第 F07 版。

胡立彪：《先行赔付有利市场规范》，《中国质量报》2016 年 8 月 29 日第 008 版。

黄斌：《审视债券违约国企"政府兜底"逻辑：政府支持程度分化、过剩产能行业融资削减》，《21 世纪经济报道》2016 年 6 月 2 日第

10 版。

李光磊:《债市违约处理制度亟须完善》,《金融时报》2015 年 1 月 29 日第 007 版。

李洪奇:《医院为何要"先行赔付"》,《健康报》2016 年 4 月 21 日第 006 版。

李盼盼:《债券违约愈演愈烈"过错追责制"需扬鞭》,《中国经济导报》2017 年 7 月 18 日第 B01 版。

梁峰康:《国际债券违约应对处理机制及启示》,《金融时报》2016 年 10 月 31 日第 012 版。

廖海金:《网购先行赔付是对消费者权益最大保护》,《中国工商报》2016 年 9 月 8 日第 007 版。

彭兴韵:《信用债券违约现状与对策》,《上海证券报》2016 年 5 月 27 日第 012 版。

荣艺华、朱永行:《地方政府债券市场发展的国际经验》,《金融时报》2014 年 4 月 3 日第 006 版。

孙璐璐:《债券违约频繁出现 信用信仰该如何维系》,《证券时报》2016 年 4 月 26 日第 A01 版。

孙宪超:《欣泰电气行政复议延期,是否影响股民维权和先行赔付》,《证券时报》2016 年 11 月 12 日第 A04 版。

王观:《国务院金稳会 做什么怎么做》,《人民日报》2017 年 7 月 18 日第 002 版。

王兆同、李泽帅:《处理地方债最终手段:政府财政重建》,《经济参考报》2013 年 9 月 24 日第 008 版。

徐燕燕:《东北特钢债务违约困局:债权人坚决不要"债转股"》,《第一财经日报》2016 年 7 月 27 日第 A06 版。

许艳姬、江帆:《寻找债券市场中的"僵尸企业"》,《中国经济导报》2016 年 7 月 5 日第 B01 版。

杨虹:《打破刚性兑付,市场化违约机制才能建立》,《中国经济导报》2014 年 3 月 27 日第 B02 版。

杨燕青：《专访亚行行长中尾武彦："市场决定"不等于弱化政府角色》，《第一财经日报》2014年4月4日第A07版。

张承惠：《只要市场能做的，政府就不做》，《上海证券报》2013年10月9日第A01版。

张晓琪：《兑付危机不断 违约债券处置机制待完善》，《中国证券报》2017年1月23日第A02版。

钟源：《川煤集团深陷债券违约泥潭》，《经济参考报》2017年5月26日第016版。

周科竞：《政府不应该为债券违约兜底》，《北京商报》2015年11月23日第006版。

朱宝琛：《万福生科案：试水先行赔付，投资者主动维权》，《证券日报》2015年9月15日第A02版。

宗良：《金融产品刚性兑付违背市场规律》，《金融时报》2014年5月19日第009版。

（四）学位论文

丁希炜：《金融改革与债权治理机制研究》，博士学位论文，南京大学，2011年。

黄双双：《债券契约条款的限制力研究》，硕士学位论文，东北财经大学，2015年。

芮云凯：《企业债券违约的法律规制》，硕士学位论文，华东政法大学，2016年。

沈晨光：《债权人参与公司治理问题研究》，博士学位论文，首都经济贸易大学，2012年。

王爱和：《传统契约设计模型的不完全性及其改进》，博士学位论文，华中科技大学，2012年。

王旭：《中国上市公司债权人治理机制及效应研究》，博士学位论文，山东大学，2013年。

张弛：《内部控制质量对债券契约条款的影响研究》，硕士学位论文，天津财经大学，2012年。

张钦润:《公司债权人保护问题研究》,博士学位论文,中国政法大学,2011年。

周慧:《论公司债信用风险的法律控制》,博士学位论文,中国政法大学,2008年。

周雪峰:《中国上市公司债务融资治理研究——基于非效率投资与破产威胁效应的视角》,博士学位论文,东北财经大学,2013年。

二 外文文献

Andrew B. Dawson, "Pensioners, Bondholders, and Unfair Discrimination in Municipal Bankruptcy", 17 *U.Pa.J.Bus.L.*1, Fall, 2014.

Annerose Tashiro, "European Update: From Bondholder to Equityholder: Still a Difficult Route in Germany?" 31-5 *ABIJ* 44, June 2012.

Billett, M.et al., "The Effect of Growth Opportunities on the Joint Choice of Leverage, Maturity and Covenants", *Journal of Finance* 62, 2007, pp.697-730.

Bo Becker and Per Strömberg, "Fiduciary Duties and Equity-Debtholder Conflicts", *NBER Working Paper*, No.17661, December 2011.

Brent Nicholson, "Recent Delaware Case Law Regarding Director's Duties to Bondholders", 19 *Del.J.Corp.L.*573, Fall, 1994.

Brian M.Resnick, Darren S.Klein and P.Alexandre De Richemont, "On the Edge: Bondholders Encounter Unexpected Turbulence, Second Circuit Grounds Make-Whole Provision in AMR", 32-10 *ABIJ* 38, November 2013.

Brook E.Gotberg, "Conflicting Preferences in Business Bankruptcy: The Need for Different Rules in Different Chapters", 100 *Iowa L.Rev.*51, 2014-2015.

Cheng-Few Lee, Alice C.Lee, *Encyclopedia of Finance*, New York: Springer US, 2013.

Christine Sgarlata Chung, "Bankruptcy and Beyond: Exploring the

Causes of and Solutions to Municipal Financial Distress: Municipal Distress: Municipal Bankruptcy, Essential Municipal Services, and Taxpayers' Voice", 24 *Widener L.J.*43, 2015, p.79.

Clayton P. Gillette, "Bondholders and Financially Stressed Municipalities", 39 *Fordham Urb.L.J.*639, March 2012.

Clifford W.Smith, "Jr.and Jerold B.Warner, On Financial Contracting: An Analysis of Bond Covenants", 7 *J Fin Econ*, 1979, p.117.

Consumer Financial Protection Act of 2010.

Cory Howard, "The Economic Expectations of Investors and Municipal Corporate Constituents on Public Entities: How the Legal Framework Guiding Public Finance Diverges from Current Economic Realities", 14 *Appalachian J.L.*75, Winter 2014.

D.Kreps, R.Wilson, "Reputation and Imperfect Information", *Journal of Economic Theory*, 1982, 27 (2), pp.253-279.

Dale B.Tauke, "Should Bonds Have More Fun? A Reexamination of the Debate over Corporate Bondholder Rights", *Columbia Business Law Review* 1, 1989, pp.1-136.

David Hahn, "The Roles of Acceleration", 8 *DePaul Bus.& Comm.*229, 2009-2010, pp.233-235.

Debora Ann Chan, "Whoops! Another Bond Default", *International Financial Law Review*, August 1983, pp.9-13.

Douglas Arner, Jae-Ha Park, Paul Lejot and Qiao Liu, *Asia's Debt Capital Markets Prospects and Strategies for Development*, New York: Springer New York, 2006.

Efrat Lev, Adv, "The Indenture Trustee: Does It Really Protect Bondholders?" 8 *U.Miami Bus.L.Rev.*47, Winter, 1999.

Emanuele Borgonovo, Stefano Gatti, "Risk Analysis with Contractual Default: Does Covenant Breach Matter?" *European Journal of Operational Research* 230, 2013, pp.431-443.

Erica Johansson, *Property Rights in Investment Securities and the Doctrine of Specificity*, Berlin: Springer Berlin Heidelberg, 2009.

F.John Stark, Ⅲ, J.Andrew Rahl, Jr. and Lori C.Seegers, "Marriott Risk: A New Model Covenant to Restrict Transfers of Wealth from Bondholders to Stockholders", *Colum.Bus.L.Rev.* 503, 1994.

FSB, Reducing the Moral Hazard Posed by Systemically Important Financial Institutions, 20 October 2010.

George S. Corey et al., "Are Bondholders Owed a Fiduciary duty?" *Florida State University Law Review*, Summer, 1991, pp.971-992.

George W.Shuster, Jr. and Benjamin W.Loveland, "The International Scene: Can Chapter 15 Be an Ally to Bondholders in Foreign Insolvency Cases?" 33-8 *ABIJ* 50, August 2014.

Greg Nini et al., "Creditor Control Rights and Firm Investment Policy", *Journal of Financial Economics*, 92, 2009, pp.400-420.

Investor Protection and Securities Reform Act of 2010.

James J.Park, "Bondholders and Securities Class Actions", 99 *Minn.L.Rev.*585, December, 2014.

James J.Park, "Reassessing the Distinction between Corporate and Securities Law", *UCLA Law Review*, Vol.64, Issue 1, January 2017, pp.116-183.

Jensen, M., Meckling, W., "Theory of the Firm: Managerial Behavior, Agency Costs, and Ownership Structure", *Journal of Financial Economics*, 3, 1976, pp.305-360.

John C. Anderson, "Secured Creditors: Their Rights and Remedies Under Chapter XI of the Bankruptcy Act", *Commercial Law Journal*, 1976.

John C.Coffee, Jr.and William A.Klein, Bondholder Coercion: The Problem of Constrained Choice in Debt Tender Offers and Recapitalizations, 58 U.Chi.L.Rev.1207, Fall, 1991.

John L. Kraft et al., "Accommodating the Rights of Bondholders and State Public Purposes: Beyond United States Trust", 55 *Tul. L. Rev.* 735, April, 1981.

Joy Dey, "Collective Action Clauses Sovereign Bondholders Cornered?" 15 *Law & Bus. Rev. Am.* 485, Summer, 2009.

Juliet M. Moringiello, "Goals and Governance in Municipal Bankruptcy", 71 *Wash & Lee L. Rev.* 403, Winter, 2014.

Kay Giesecke et al. "Corporate Bond Default Risk: A 150-Year Perspective", *NBER Working Paper* No. 15848, March 2010, JEL No. G12, G33, p.31.

Laurence P. Wiener, "Suffrage Denied: Sociedad Comercial Del plata and the Disenfranchisement of Its Bondholders", 13 *Sw. J. L. & Trade* Am. 377, 2007.

Lawrence E. Mitchell, "The Fairness rights of Corporate Bondholders", *New York University Law Review* 1165, 1990, pp.1165-1229.

Marcel Kahan, Edward Rock, "Hedge Fund Activism in the Enforcement of Bondholder Rights", 103 *Nw. U. L. Rev.* 281, Winter, 2009.

Marcel Kahan, "Michael Klausner, Antitakeover Provisions in Bonds: Bondholder Protection or Management Entrenchment", 40 *UCLA L. Rev.* 931, October, 1992 / August, 1993.

Maria O'Brien Hylton, "Central Falls Retirees V. Bondholders: Assessing Fear of Contagion in Chapter 9 Proceedings", 59 *Wayne L. Rev.* 525, Fall, 2013.

MaryJane Richardson, "The Disguise of Municipal Bonds: How a Safe Bet in Investing Can Become an Unexpected Uncertainty During Municipal Bankruptcy", 37 *Campbell L. Rev.* 187, Symposium 2015, p.198.

McDonough, "WPPSS Bond Default Largest Bond Loss in U.S. History", *Oregonian*, July 26, 1983, at A1, col.1.c.

Mehnaz Safavian, Siddharth Sharma, "When Do Creditor Rights Work?"

Journal of Comparative Economics 35, 2007, pp.484–508.

Michael Hünseler, *Credit Portfolio Management*, New York: Palgrave Macmillan, 2013.

Moody's Investors Service, *Sector In‐Depth, Regional and Local Government (RLG) –Related Issuers–China: Moody's Support Assumptions for Entities Owned by Chinese RLGs*, 24 Aug 2016.

Moody's Investors Service, *Sector In‐Depth, Regional and Local Governments‐China: FAQ: RLGs' Approach to Supporting Distressed State‐Owned Enterprises*, 14 Oct 2016.

Moody's Investors Service, *Special Comment: Incorporating Government Support in the Ratings of Chinese SOEs Amid Rising Defaults (Presentation)*, 28 Jun 2016.

Niamh Moloney, *How to Protect Investors*, Cambridge: Cambridge University Press, 2010.

Note, "Creditors' Remedies in Municipal Default", 1976 *Duke L.J.* 1363, pp.1369–1373.

Omer Kimhi, "Reviving Cities: Legal Remedies to Municipal Financial Crises", 88 *B.U.L.Rev.* 2008, pp.633–684.

P.Milgrom, J.Roberts, "Predation, Reputation and Entry Deterrence", *Journal of Economic Theory*, 1982, 27 (2), pp.280–312.

Penny Berger, "Due Process and Prejudgment Creditors' Remedies: Sniadach and Fuentes Revisited", *Nebraska Law Review*, Vol.54, 1975, pp.206–216.

Raymond A.Diaz, "Creditor's Rights", *California Law Review*, Vol.61, March 1973, pp.413–417.

Richard C.Schragger, "Citizens Versus Bondholders", 39 *Fordham Urb. L.J.* 787, March 2012.

Richard J.Corbi and Oscar N.Pinkas, "Latin America Update: Argentina Bondholders Are 2-0 Enforcing Their Contractual Rights", 33-1 *ABIJ*

26, January 2014.

Richard J.Corbi and Oscar N.Pinkas, "Majority Bondholders Cannot Oppress Minority Bondholders", 31-9 *ABIJ* 54, October 2012.

Robert B.Thompson, Anti-Primacy: Sharing Power in American Corporations, Georgetown Law Faculty Publications and Other Works, 2015.

Robert C.Nash et al., "Determinants of Contractual Relations Between Shareholders and Bondholders: Investment Opportunities and Restrictive Covenants", *Journal of Corporate Finance* 9, 2003, pp.201-232.

Robert Dean Ellis, "Securitization Vehicles, Fiduciary Duties, and Bondholders' Rights", 24 *Iowa J.Corp.L.* 295, Winter, 1999.

Simeon Djankov et al., "Private Credit in 129 Countries", *Journal of Financial Economics* 84, 2007, pp.299-329.

Simeon Djankov et al., "The Law and Economics of Self-dealing", *Journal of Financial Economics* 88, 2008, pp.430-465.

Smith, C., Warner, J., "On Financial Contracting: an Analysis of Bond Covenants", *Journal of Financial Economics* 7, 1979, pp.117-161.

Steven L.Schwarcz & Gregory M.Sergi, "Bond Defaults and the Dilemma of the Indenture Trustee", 59 *ALA. L. REV.* 1037, 2008, pp.1037-1045.

Steven L.Schwarcz, "Rethinking Corporate Governance for a Bondholder Financed, Systemically Risky World", *William & Mary Law Review* 58, March, 2017, pp.1335-1364.

Takehiro Nobumori, "Aspects of Collective Will of Bondholders under Japanese Law", *Georgetown Journal of International Law*, Summer, 2004, pp.755-794.

Tammy C.Hsu, "Understanding Bondholders' Right to Sue: When a No-action Clause Should Be Void", 48 *Wake Forest L. Rev.* 1367, Winter, 2013.

Theodore J.Sawicki, "The Washington Public Power Supply System Bond Default: Expanding the Preventive Role of the Indenture Trustee", 34 *Emory L.J.*157, WINTER, 1985, p.198.

Thomas M.Horan and Ericka Fredricks Johnson, "Why Chapter 9 Looks Different from Chapter 11", 32-10 *ABIJ* 22, Nov.1, 2013.

Thomas W.Joo, "A Comparison of Liquidation Regimes: Dodd-Frank's Orderly Liquidation Authority and the Securities Investor Protection Act", 6 *Brook J Corp Fin & Com L* 47, 2011, pp.47-49.

Timothy E.Steigelman, "Of Admirals and Bondholders", 45 *J.Mar.L.& Com.*1, January 2014.

United States Covered Bond Act of 2011, SEC.3. (b) (6).

Victor Brudney, "Corporate Bondholders and Debtor Opportunism: in Bad Times and Good", *Harvard Law Review*, June, 1992, pp. 1821-1878.

World Bank.*International Debt Statistics 2017.*

Yvonne M.Rosmarin, "Stopping Defaults with Late Payments", *Clearinghouse Review*, May/June 1992, pp.154-156.

索 引

法治干预 225
刚性兑付 1,2,4,5,20,34,38,
　40,45,50-58,60-66,90,101,
　115,119,122,127,128,137,
　173,221,222
市场约束 15,44,49,60,85,89,
　104,121,125,154,162,
　172,208
违约风险 2,5,8,11,12,17,19,
　22,26,30,36,38,39,42,49,
　51,52,56,61,64,81,83,89,
　93,94,98,101,103,104,106-
　108,117,119,121,123,127-
　129,131,135,137-139,142,
　150,151,158,161,162,165,
　170,172,173,181-184,186,
　191-193,204,206,224
违约债券转让 39,188
有限干预 225

债券契约 4,5,7-10,12,16,18-
　20,22,50,52,54-56,58,59,
　78-88,90-94,96,106-109,
　112,114,115,118,119,125,
　127,134,152,159,164-168,
　172,177,180,191,193,201-
　204,207,209,221-223
债券市场 1-6,11,16,17,19-
　25,27-29,31-36,38-40,43-
　51,53,55-66,74,81,84-86,
　88-91,93,95,97-101,103-
　107,110,114,116-118,120-
　124,128,129,134-140,144,
　151,152,154,157,162,164,
　165,167,173,181-188,190-
　192,195,199,201,202,206,
　209,211,213,216,221,222,
　224,225
债券市场危机救助 211,212,

214,224

债券违约处置 2-6,8,10-12,14,16-20,22-224,228,230,232,234,236,238,240,242,244,246,248,250,252,254

债券违约监督报告 204-208,224

债券违约先行赔付 194,195,197,198,224

债券违约信息处理 188,191-193,224

债券债权 4,86,87,168,175,184,202,203

政府偿债 177,216

政府兜底 1,18,30,33,34,50-52,56-63,65,66,90,101,115-117,119,137,141,221,222

政府服务 164,181,191

政府监管 24,55,89,123,130,132,134,161,170-172,174,175,204,205,208,209

政府角色 5-7,24,26,65,67,69,78,97,102,136,137,145-149,151,153-155,157-167,169,171-175,177,179-181,183,185,187,189,191,193,195,197,199-201,203,205,207,209,211,213,215,217-219,221,224

政府协调 143,170,194,195,198,200

政府信用支持 137,138,141,142,224

政府约束 218

政府越位 114,115

政府职能 23,26,46,70,96-99,147,149,150,153,163,172,218

属地处置 155,159,160,162,213,224

后　　记

　　本书在我的博士论文基础上修改而成，在诸多师友的勉励与提携下惴然付梓。不揣浅陋，实在惶恐。文中难免多有误漏之处，恳请读者批评指正。本书的出版得益于国家社会科学基金后期资助项目的扶持，离不开中国社会科学出版社的大力支持和编辑宫京蕾女士的辛勤付出，在此一并致以诚挚的感谢。

　　一路求学，我有幸进入中南财经政法大学，在美丽的晓南湖畔完成了本科学业。又得幸被武汉大学法学院录取攻读经济法硕士学位，后在导师冯果教授的支持和鼓励下报考了博士研究生，承蒙恩师不弃，顺利毕业。研究生学习的六年里，我感受到了东湖水的激澈，珞珈山的庄重，还有樱花树的浪漫。优雅安静的武大校园屏蔽了世俗的喧闹，滋养了我的知识和人生经验，更让我有机会结识了许多优秀的师友，也赐予了我一些宝贵的财富。

　　以"债券违约处置中的政府定位"作为选题是一个长期的过程。2014年，导师冯果教授在学界最先开始关注债券市场风险的法律防范问题，在学习和参与讨论的过程中，商法视野下债券的契约属性引起了我的浓厚兴趣，并因此开始关注债券违约的法律规制问题。在一次学习讨论会中，冯老师提及美国债券市场比较成熟，其对债券违约的处置方式或许可资分析借鉴，这正好也符合老师对我们学习英语的要求。于是我搜集整理了大量英文法规和文献，花费数月深入最原始的规范去寻找美国如何应对债券违约的答案。随着搜集资料的增加，同时国内债券市场违约事件的日益爆发，我深感我国债券违约处置问题亟待解决，紧迫而且重大。但是这个问题面临过于技术化的局限性，极易言之无物且缺乏理论深度。导师对此表示过担心，还曾多次告诫我们，做法学研究不应陷于某一具体技术问题的狭窄视野，而需要有大局观和大情怀。这使我放开了视野和格局，不再拘泥于操作层面的规则分析，在导师以及诸位教研室老师的建议下，我转向拷问我国当前债券违约处置所面临争议的最本质问题：如何理解"政府兜底"？如何打破债券市场"刚性兑付"？这也契合了经济法学科对"政府与市场关系"的最原始的关注和最根本的落脚点。更为重要的是，其他成熟市场所谓的"先进经验"并非就是我们所需要的，深入分析我国的实际情况和解决我们自己的问题，还需要坚持中国立场。不求也不敢寻找政府与市场的普适定位，唯愿能发现我国债券违约处置这一具体的市场活动中需要一个什么样的政府。弄清政府面临质疑的本质，寻求债券违约处置的合理方案，是对自己学习过程中兴趣和疑问的最终解答，论文也就算达到目的。

　　求学之路固然艰辛，幸运的是收获了人间真情。一路多得贵人相助，让我能在顺利完成学业的同时拥有快乐和幸福。感谢我的硕士生导师和博士生导师冯果教授，老师多次牺牲休息时间为我挑灯批文，一路耳提面命、关爱有加，不仅学业上悉心指导，生活上也照顾关怀。老师为人正直、朴实豁达、治学严谨，不仅是我的学习导师，更是我的人生导师。感谢师母尚彩云老师，从入学时就一直关心着我，多次为我争取更为便利的学习和生活条件。导师和师母一直如慈父慈母般关爱着我，支持并激励着我在困难中前行。感谢武汉大学法学院经济法教研室卞祥平教授、熊伟教授、喻术红教授、张荣芳教授、宁立志教授、孙晋教授，老师们多次为我提供锻炼的机会，指导我成长，真情不忘。感谢武汉大学李安安副教授、袁康副教授、南玉梅副教授，一直以来毫无保留地帮助着我、鼓励着我。感谢中南大学李国海教授、安徽大学李胜利教授在答辩中对论文的细致指点和对我的肯定。感谢中南财经政法大学黎江虹教授、樊启荣教授、雷兴虎教授、万建华副教授、吴京辉副教授对我的提携与爱护。感谢窦鹏娟博士、杨梦博士、谢贵春博士、张东昌博士、杨为程副教授、张弋羲博士、唐骜、汪文渊、诸培宁、黄维平、张阳、阎维博等同门诸君的支持和帮助。感谢袁子轩、沈大力、林桂清、张威、白伟扬、彭玉玲、陈婷、孔天悦、谷盼、盛赛赛、李森林、杨磊、董维博士、王贵博士、张成松博士、罗高峰等友人的关怀和支持。无比幸运能够得到诸位的帮助，但还有诸多无法一一列举的师长和同学朋友，请一定接受我的感激之情。

最后要感谢一直在我身后为我默默付出的家人。父亲教会了我坚忍不拔、自强自立，他用自己苦难的一生铸就了我人生的基奠，教我奋斗不息、追求至上。母亲给予我最深沉的母爱，总是宽容并理解我，默默支持我前行。父母哺育了我的成长，为我的每一次进步历经艰辛。感谢兄嫂分担照顾父母的责任，能让我安心学习科研，侄儿段天成可爱聪颖，为这个大家庭带来欣慰和动力。感谢其他亲人们对我和我家庭的特别关怀，教会我男人的使命与担当。特别要感谢我的爱人严程程律师，在我人生中最困难的时刻出现并相伴至今，她不嫌弃不放弃，将自己的青春年华交付于我，默默支持着我的每一次选择。我的贫苦波及其身，于心有愧，然得佳人如斯，无憾矣。

我深知生有涯而学无涯，回首二十余年之过往，唯感学海浩渺，需要穷尽一生追求真理和情怀。作为学法之人，但愿能为法治进步贡献绵薄之力。

2019 年 12 月于文治楼